La cuisine

Armand Baratto - Jean-Luc Danjou - Philippe Jacquemin

NATHAN

SOMMAIRE

PANORAMA

L'ORGANISATION

LES USTENSILES

LES PRODUITS

LES TECHNIQUES

LES RÉALISATIONS

ANNEXES

 ISBN 2.09.182468.2 pour la présente édition.

MODE D'EMPLOI

Divisé en six parties, l'ouvrage s'organise par doubles pages.
Chaque double page fait le point sur un thème
et fonctionne de la façon suivante.

À gauche

Une page synthèse apporte toutes les informations pour comprendre le sujet de la double page.

À droite

Une page explication développe un point particulier qui illustre et complète la page de gauche.

Le menu aide à repérer les six parties du livre.

Le titre annonce le thème de la double page.

Le titre de la page de droite met en lumière un point particulier.

Quelques lignes d'introduction présentent les principaux éléments du sujet.

PANORAMA
L'ORGANISATION
LES USTENSILES
LES PRODUITS
LES TECHNIQUES
LES RÉALISATIONS

Les pâtes alimentaires

Fraîches ou industrielles, les pâtes apportent à la cuisine une diversité, une richesse de forme et de taille insoupçonnables. L'intérêt que la médecine porte aux pâtes, qui sont des sucres lents et se digèrent facilement, suscite un engouement amplement justifié dans la consommation contemporaine.

La technologie des pâtes

☐ Les pâtes industrielles sont composées de semoule de blé dur riche en gluten et pauvre en amidon, d'eau et de sel. La pâte est obtenue par malaxage mécanique de la semoule et de l'eau bouillante. La fabrication des pâtes est protégée par la loi qui impose aux fabricants français de n'utiliser que des blés durs. Il est interdit d'ajouter des colorants et des produits chimiques. En revanche, l'ajout de sel, d'œufs, de gluten, de lait, d'aromates, de légumes frais (sucs ou extraits de légumes) est permis. Dès l'obtention de la pâte, celle-ci, selon le type de pâtes, est soit abaissée dans des laminoirs pour obtenir les pâtes larges (nouilles, lasagnes, etc.), soit poussée à travers des filières de taille adéquate qui servent de moule ; on obtient alors les formes classiques : spaghetti, coquillettes, macaroni, qui sont coupées pour donner des pâtes longues ou courtes. Après la réalisation des formes, celles-ci sont séchées en soufflerie ou en étuve, pour une bonne conservation, elles ne doivent pas contenir plus de 12,5 % d'humidité.
☐ Les pâtes fraîches sont composées de farine de blé tendre, d'œufs, d'huile et de sel. Tous ces ingrédients sont mélangés intimement, la pâte obtenue est passée au laminoir pour obtenir l'épaisseur désirée, et elle est taillée selon l'appellation. La cuisson suit la confection des pâtes fraîches.
☐ La qualité de ce produit est jugée sur deux critères. Le premier porte sur l'aspect général : translucidité, élasticité des grandes pâtes, couleur ambrée, vitrosité de la pâte. Le second point concerne les caractéristiques de cuisson : une bonne pâte doit gonfler, ne pas coller et l'eau de cuisson doit rester claire.

Les pâtes et leurs dérivés

À côté des pâtes industrielles classiques existent sous la même dénomination diverses autres pâtes. Parmi les plus courantes figurent la pâte à raviolis. Elle est composée de farine, sel, jaunes d'œufs, huile, eau tiède. La consistance de cette pâte est légèrement plus molle que la pâte classique fraîche. La pâte à spätzle est une spécialité alsacienne.

Les pâtes et l'intérêt nutritionnel

Les pâtes présentent un intérêt alimentaire lié à leur composition chimique et à leur valeur énergétique. En effet, les pâtes sont riches en glucides simples et complexes, elles contiennent une certaine catégorie de fibres alimentaires de type insoluble, elles ont une teneur très réduite en matière grasse et ne contiennent pas de cholestérol, elles ont une bonne quantité de protéines, de fer et des vitamines du groupe B. Elles contiennent moins d'eau et plus de protéines que le pain. 100 g de pâtes fournissent 350 calories.

98

SAVOIR FAIRE ET CUIRE LES PÂTES

Bien choisir la farine

Avant d'acheter sa farine, il faut regarder le chiffre précédé du mot « type » sur l'emballage. Plus celui-ci est petit, plus la farine est légère et lève mieux. Les farines type 55 ou 65 sont les plus utilisées.

La semoule de blé

La farine de blé tendre est la poudre de l'amande écrasée du grain de blé. La semoule de blé dur est constituée par de minuscules fragments de l'amande cassée. La différence entre farine et semoule offre un intérêt pratique. Les fragments de grain conservent intactes la structure et la couleur naturelle jaune ambrée de l'amande, telles qu'on les trouve dans le grain vitreux. Les grains d'amidon restent protégés par leur maillage protéique qui leur donne le statut de sucre lent.

La cuisson des pâtes

On considère que pour cuire 100 grammes de pâtes, il faut 1 litre d'eau. Amenez cette eau à ébullition ; à ce stade, salez l'eau. En salant à ce moment, vous augmentez la force de l'ébullition. Aussitôt après, plongez les pâtes dans l'eau par petites quantités, remuez avec une fourchette doucement jusqu'à la reprise de l'ébullition. Selon le type de pâtes, il est admis que 10 minutes suffisent à les cuire *al dente*. Dès la fin de la cuisson, retirez les pâtes, versez un verre d'eau froide pour arrêter la cuisson. Égouttez, servez les pâtes fumantes. Dans l'eau de cuisson, on peut mettre un peu d'huile.

La législation

Seuls peuvent porter la dénomination « pâtes alimentaires » les produits prêts à l'emploi culinaire préparés par pétrissage sans fermentation de semoule de blé dur additionnée d'eau potable et soumise à des traitements physiques lui donnant un aspect consacré par les usages. Les pâtes alimentaires étiquetées « aux œufs » sont obtenues de la même façon, mais avec une incorporation lors du pétrissage d'un poids minimum d'œufs de 140 grammes par kilo de semoule.
On distingue :
– les pâtes à nouilles que l'on fabrique avec de la farine et des œufs entiers ;
– les pâtes ravioli qui demandent de la farine, des jaunes d'œuf, de l'huile, de l'eau et du sel.

Une poêlée de spätzles

L'Alsace

L'Alsace est réputée pour la confection des pâtes fraîches aux œufs. Les spätzles, spécialité de cette région, demandent un savoir-faire certain. Ils sont réalisés à partir d'un mélange œufs entiers, farine, semoule de blé, sel, muscade et lait. La pâte a une consistance molle. Le façonnage constitue le point délicat de sa réalisation. Elle est étalée sur une planche en bois et, à l'aide d'une spatule métallique, il faut sectionner de petits cordons qui tombent dans l'eau de cuisson. Les spätzles sont cuits quand ils remontent à la surface.

99

Les sous-titres permettent de saisir l'essentiel en un coup d'œil.

L'illustration apporte un précieux complément au texte.

L'encadré révèle un aspect pratique.

La cuisine de l'Antiquité à la Renaissance

L'histoire de la cuisine commence dès la préhistoire, avec la domestication du feu, mais il faut attendre la Renaissance pour voir se profiler les bases de la grande cuisine.

L'Antiquité

□ On peut considérer que la cuisine naît avec la maîtrise du feu. Dès lors, les hommes peuvent griller, rôtir ou fumer les viandes et les poissons. Durant l'Antiquité, on prépare des mets bouillis et des ragoûts. De nombreux condiments et épices – comme le sel, le poivre, le thym, la sauge, le cumin, le sésame, l'échalote, le persil, le raifort, les câpres, la moutarde – exacerbent la saveur des plats. Le garum, condiment à base d'entrailles de poissons fermentées que l'on peut comparer au nuoc-mâm asiatique actuel, sera utilisé jusqu'à la fin du Moyen Âge. Les Gaulois sont connus pour leurs préparations de charcuteries et oies gavées.

□ Les festins sont riches et opulents. Chez les Romains, les excès de table sont fréquents ; chacun peut se soulager dans un *vomitorium* afin de poursuivre son repas.

Le Moyen Âge

□ Cette période ne fait pas vraiment évoluer la cuisine. Les paysans se nourrissent presque exclusivement de bouillies de céréales, de glands, de roseaux. Les viandes sont très rares, les gibiers la plupart du temps interdits (la chasse étant le privilège des seigneurs). Il n'y a guère que dans les châteaux que l'on ripaille.

□ À la fin du Moyen Âge, le potager, ancêtre du fourneau, est inventé : c'est une construction en briques sur laquelle on pose, au-dessus d'ouvertures aménagées où chauffent des braises, les marmites. À cette époque apparaît la notion de *brigade* de cuisine.

□ L'usage est de manger avec les doigts et de s'essuyer les mains aux pans de la nappe. Les mets sont disposés en buffet sur les tables et renouvelés de trois à quatre fois (services) durant le repas.

La Renaissance

□ Avec Catherine de Médicis, épouse de Henri II, puis Marie de Médicis, épouse de Henri IV, l'influence italienne se fait sentir. Le service devient plus raffiné, avec l'apparition de la fourchette, de l'assiette en faïence – de la ville italienne de Faenza – et de la verrerie de Murano, qui remplace l'étain et l'argent.

□ Les mets s'affinent : les beatilles (ensemble de petits éléments, tels les abattis, formant des garnitures), les quenelles de volaille, etc., complètent les grosses pièces de viande rôtie. La pâtisserie progresse, avec les confitures, les gelées, les pains d'épices, etc. On prépare les légumes du Nouveau Monde : haricot, topinambour, maïs, tomate, etc. La pomme de terre, découverte au Pérou et importée en Europe à partir de 1540, n'est pas tout de suite appréciée ; il faut attendre un siècle et demi pour que sa consommation se développe. Pour l'instant, on lui préfère nettement le haricot. Les épices sont toujours abondamment consommées. La dinde et la pintade, fruits des conquêtes portugaises, apparaissent dans les basses-cours.

LES ANCIENS

Apicius (Ier siècle apr. J.-C.)

Bien que plusieurs Apicius se soient intéressés à l'alimentation, le plus célèbre d'entre eux est Marcus Gavius Apicius, qui vécut sous le règne de l'empereur Néron et que le grand philosophe Sénèque cite dans ses écrits.
Grand gastronome, il employa de nombreux cuisiniers et créa des recettes très élaborées à partir de produits de qualité : il gavait, par exemple, les truies avec des figues sèches et du vin miellé.
Soucieux de transmettre ses connaissances, il ouvrit une école de cuisine et écrivit l'*Ars Magirica,* le plus ancien ouvrage de cuisine qui nous soit parvenu, dans lequel on découvre les particularités de la cuisine romaine : grande utilisation d'herbes aromatiques, associations salé-sucré, assaisonnement au garum, etc.
Ruiné par ses fantastiques banquets, il convia tous ses amis à un dernier repas où il s'empoisonna.

Taillevent (v. 1310-v. 1395)

De son vrai nom Guillaume Tirel, Taillevent a fait franchir une étape très importante à l'histoire de notre cuisine. Il fit sa carrière de cuisinier au service de la cour de France, d'abord sous Philippe VI de Valois puis sous Charles IV. Il devint, en 1388, maître des garnisons des cuisines de France. Il nous a légué *Le Viandier,* premier ouvrage de cuisine écrit en français, en 1370.

Cet ouvrage marque le renouveau de la cuisine française à la fin du Moyen Âge ; il informe sur le rôle important donné aux sauces et aux épices. Quelques termes techniques, comme habiller, mouiller, appareiller, sont encore utilisés.

Histoire du Grand Alexandre, tapisserie du XVe siècle

XVIIe et XVIIIe siècles : la grande cuisine

Aux XVIIe et XVIIIe siècles, de grands chefs donnent à la cuisine française ses lettres de noblesse et une renommée qui ne fera que s'étendre. Les premiers restaurants font leur apparition.

Le XVIIe siècle : les fastes de la Cour

☐ Le début du siècle est marqué par un tournant dans l'évolution de la cuisine. L'utilisation des épices se démocratise ; c'est l'époque des grands voyages de découverte du monde, et de nouveaux produits sont introduits en Europe : thé de Chine, café d'Éthiopie, chocolat du Mexique.

☐ Dans la noblesse et à la Cour, les manières de table se sophistiquent. Les plats sont disposés en trois temps (appelés services, deux étant issus de la cuisine et un de l'office) sur les tables en respectant des règles strictes. Les convives, placés par l'amphytrion (celui qui reçoit), n'ont accès directement qu'aux plats qui se trouvent à leur portée : selon le rang social, on accède ainsi plus ou moins facilement à certains plats. Ce type de service, alors appelé service à la française (différent de celui du même nom d'aujourd'hui), est pratiqué dans bon nombre de cours européennes.

☐ Les conditions de vie du peuple ne s'améliorent pas, la base de la nourriture est composée de chou, de lentilles, de haricots, de soupes et de bouillies.

☐ De nouvelles techniques voient le jour : la liaison au roux (c'est-à-dire à la farine), remplaçant celle au pain ; les mousses de viande et de poisson ; les jus et coulis, ancêtres des fonds et sauces.

☐ De grands cuisiniers ont laissé des ouvrages de cuisine célèbres : Pierre-François La Varenne a publié *Le Cuisinier françois* (1651), Massialot, *Le Cuisinier royal et bourgeois* (1691), premier ouvrage de cuisine présenté comme un dictionnaire.

Le XVIIIe siècle : la naissance de la restauration

☐ On recherche la perfection, les progrès sont nombreux. Dès cette époque, on peut parler de science culinaire. La profession de cuisinier, qui jouit désormais d'un certain prestige, est régie par des statuts corporatistes.

☐ Menon (*Les Soupers de la Cour*, 5 vol., vers 1740) et Vincent de La Chapelle (*Le Cuisinier moderne*, 1742) ont marqué cette époque. Par ailleurs, une littérature gourmande fleurit, sous la plume de Grimod de La Reynière et Brillat-Savarin, tous deux fins gastronomes.

☐ Les appellations de plat données par les chefs le sont souvent en hommage à leurs maîtres. Citons, par exemple : le poulet à la reine, la chartreuse à la Dubarry, les cailles à la Duxelles, le filet de bœuf Wellington.

☐ La Révolution française bouleverse le milieu professionnel. Beaucoup de cuisiniers se retrouvent sans emploi. Certains s'exilent avec leur maître, d'autres entrent au service de la nouvelle bourgeoisie. D'autres enfin ouvrent leur propre restaurant. Le premier a été ouvert en 1765 par un certain Boulanger, qui ne pouvait proposer que des « bouillons restaurants » (bouillon de pot-au-feu censé restaurer celui qui le boit) et des préparations d'œufs.

LES PURISTES

Grimod de La Reynière

■ Grimod de La Reynière

Né à Paris en 1758 dans une famille aristocratique, Alexandre-Balthazar Grimod de La Reynière est élevé à l'écart de celle-ci à cause d'une infirmité aux mains (il a les doigts palmés). Contraint à voyager, il découvre la province et la Suisse. Après la Révolution, il revient à Paris, où il a l'idée, en 1802, de publier un périodique, *L'Almanach des gourmands*, dans lequel il présente et critique différents cafés, restaurants et boutiques. C'est un succès. L'année suivante, il crée les « jurys dégustateurs » qui, chaque mardi, testent des produits et des recettes, les produits élus obtenant un « label » et étant cités dans l'*Almanach*.

■ La Varenne

Pierre-François La Varenne est cuisinier chez Louvois puis chez le marquis d'Uxelles et de Caumartin, gouverneur de Chalon-sur-Saône. C'est à ce maître qu'il dédie son premier ouvrage, *Le Cuisinier françois,* en 1651. Par des recettes claires et détaillées, cet ouvrage installe les grands principes qui feront la grandeur de la cuisine française.

■ Massialot

De Massialot (1660-1733) on sait qu'il dirigea les cuisines de Monsieur, frère du roi, du duc de Chartres, du duc d'Orléans. Il propose une cuisine bourgeoise qui, lors de grandes manifestations, peut se hausser au niveau du goût de la Cour.

■ Brillat-Savarin

De solides études firent de Jean-Anthelme Brillat-Savarin (1755-1826) un homme cultivé, à la fois philosophe, musicien et juriste. S'il ne s'est pas rendu célèbre devant un fourneau, il fut un gastronome réputé. Ce que l'histoire a retenu de lui est concentré dans un seul ouvrage : *La Physiologie du goût,* paru en 1825, peu avant sa mort. Ce n'est pas un recueil de recettes, mais une passionnante suite de méditations gastronomiques à la fois scientifiques et philosophiques, le tout empreint de beaucoup d'humour.

Brillat-Savarin

Le XIXe siècle : le grand siècle de la gastronomie

L'avènement de la restauration impose de nouvelles formes de service. L'apparition de nouveaux matériels et la recherche du goût élèvent la cuisine au niveau d'une science.

L'évolution du service

□ Après la Révolution, le service à la russe fait son apparition dans les restaurants et entre en concurrence avec le service à la française. Les plats chauds sont découpés, dressés à la cuisine et présentés directement au convive qui ne se sert plus directement dans le plat. Si la pièce est trop importante, elle est servie sur un guéridon à part où elle peut être conservée au chaud. Le service à la française, s'il est encore de mise dans les maisons bourgeoises, voit le nombre des plats diminuer.
□ Avec le développement des palaces, les règles de service se fixent. Le service se subdivise alors en trois catégories :
- le service à la française, où le serveur présente le plat au convive qui se sert lui-même ;
- le service à la russe, que l'on appelle également le service au guéridon ;
- le service à l'anglaise, où le serveur passe les plats mais sert lui-même les convives, avec une fourchette et une cuillère réunies sous la forme d'une pince.

□ La présentation des menus s'organise selon de nouvelles règles de succession des plats, dont les appellations se multiplient. Les associations entre vins et mets se font plus précises.
□ L'usage de présentation des plats chauds se simplifie par souci de saveur et d'efficacité. L'art du service atteint l'excellence dans le domaine des buffets de plats froids, sous l'influence de maîtres comme Antonin Carême ou Urbain Dubois.

La cuisine raisonnée

□ La cuisine évolue également sur le fond. Certains ouvrages de cuisine deviennent de véritables précis scientifiques, comme par exemple le monumental *Dictionnaire universel de cuisine et d'hygiène alimentaire*, écrit par Joseph Favre entre 1883 et 1890.
□ La multiplication des appellations permet la mise en place d'un système classificatoire. Ainsi, sur la base d'un univers enfin stable, la théorie culinaire se développe et des raffinements techniques nouveaux apparaissent.

Les révolutions techniques et technologiques

□ Le fourneau en fonte remplace peu à peu le potager (en brique), et l'usage d'ustensiles en fer ou en cuivre étamé se répand.
□ Deux nouvelles technologies révolutionnent la profession : la conservation des aliments par la chaleur, grâce à la stérilisation ou appertisation (Nicolas Appert, 1809), et la conservation des aliments par le froid, grâce à l'utilisation combinée de deux nouveaux produits chimiques. En 1876, l'ingénieur Charles Tellier aménage, à Rouen, le premier navire à cales réfrigérées, le *Frigorifique*, dans lesquelles il fait enfermer des viandes et des légumes. Arrivé à Buenos-Aires, un banquet est organisé avec le contenu des cales car tout était parfaitement consommable.

DEUX BIENFAITEURS DE LA CUISINE

■ Antonin Carême (1789-1833)

Cadet d'une famille nombreuse miséreuse, Marie-Antoine Carême, dit Antonin, fait, à dix ans, son apprentissage de la cuisine populaire. Durant son temps libre il étudie la gravure et l'architecture. Après avoir complété sa formation chez Bailly, célèbre pâtissier-traiteur parisien, où il se fait remarquer par sa qualité d'exécution des pièces montées, il décide de ne travailler qu'en extra. Il aura ainsi l'occasion de rencontrer les plus grands cuisiniers et pâtissiers de l'époque. En 1815, il devient chef des cuisines de l'empereur Alexandre, tsar de Russie. Après plusieurs places dans les cours européennes, il termine sa carrière chez les Rotschild.

Organisateur et technicien hors pair, il est resté le maître dans la présentation des buffets monumentaux, véritables édifices architecturaux. Il a laissé de nombreux ouvrages, dont *Le Pâtissier royal*, *Le Maître d'hôtel français* et, surtout, *Le Cuisinier français au XIXe siècle.* C'est sans doute le grand maître de la cuisine moderne.

■ Nicolas Appert (1749-1841)

Confiseur de son état, Nicolas Appert a acquis dans sa jeunesse les bases de cuisine dans l'hôtel familial. Dans son laboratoire, en 1795, il réussit de façon empirique à conserver des aliments dans des bouteilles en verre fermées hermétiquement et soumises à une ébullition prolongée. Ce procédé de stérilisation portera par la suite son nom : appertisation. Lors d'un concours lancé par l'intendance de la Grande Armée napoléonienne afin d'améliorer l'alimentation des troupes en campagne, Appert perfectionne son procédé ; il devient fournisseur officiel de l'armée en 1809. Mais il ne dépose pas de brevet ; le principe de sa technique sera amélioré avec l'invention de la boîte en fer-blanc. Le titre de « Bienfaiteur de l'humanité » lui sera décerné. C'est son neveu, Raymond Chevallier-Appert, qui, en 1851, met au point l'autoclave et en dépose le brevet. Cette fois, l'industrie de la conserve peut se développer.

Le XXe siècle : vers la cuisine moderne

Au début du XXe siècle, dans les palaces, des chefs élaborent une cuisine de renommée internationale. Dans les années 50, cette cuisine s'essouffle. Elle renaît dans les années 70 avec la « nouvelle cuisine ».

La cuisine expliquée

Le début du siècle est marqué par un vaste mouvement de simplification et de codification de l'art culinaire. Autour d'Auguste Escoffier, plusieurs cuisiniers célèbres adaptent une cuisine encore sophistiquée aux impératifs de la vie de l'époque. Philéas Gilbert (1857-1943) participe, avec Émile Fetu, à la rédaction du *Guide culinaire* d'Escoffier, en 1901 ; Prosper Montagné (1865-1948) rédige le *Larousse gastronomique* ; Gringoire et Saulnier rassemblent, dans le *Répertoire de la cuisine*, plus de 7 000 recettes et appellations culinaires.

Les cuisines régionales

☐ Au début du siècle, on recherche les trésors gastronomiques de la France profonde, jusqu'alors négligés. L'influence de Maurice Edmond Saillant, dit Curnonsky (1872-1956), est déterminante ; il publie une *France gastronomique* en 28 volumes.
☐ Le *Guide Michelin*, créé en 1900, participe également à la découverte de la cuisine des provinces. C'est ainsi que, après-guerre, des talents comme ceux de la mère Brazier (1895-1977) à Lyon, Alexandre Dumaine (1895-1974) à Saulieu (à La Côte d'Or, occupée aujourd'hui par Bernard Loiseau), Fernand Point (1897-1955) à Vienne, ont pu être appréciés.

La nouvelle cuisine

☐ Dans les années 50, la cuisine s'essouffle, et il faut attendre vingt ans pour voir apparaître des chefs porteurs d'un courant nouveau : une cuisine plus légère, plus fraîche, aux saveurs et aux couleurs plus franches. Ce sont Michel Guérard, Jean et Pierre TroisGros, Paul Bocuse, puis Joël Robuchon.
☐ Peu à peu, les jus et les bouillons remplacent les sauces, les portions s'allègent. Cette recherche conduit certains chefs (Michel Guérard et Jacques Maximin, par exemple) à créer une cuisine diététique gourmande dans laquelle le yaourt remplace la crème et l'édulcorant de synthèse le sucre.

La néo-restauration

☐ Dans les années 70, on voit naître en France une restauration d'inspiration américaine : fast-foods, cafétérias. Des nouvelles enseignes apportent des éléments nouveaux, particulièrement au niveau de la gestion (fiche technique, coût matière, etc.). Parallèlement, la décentralisation des lieux de production et le développement du travail des femmes entraînent l'essor de la restauration d'entreprise.
☐ Enfin, depuis les années 80, il faut noter la montée en puissance de l'agroalimentaire, qui s'est imposé avec des produits (plus ou moins élaborés) permettant d'obtenir une meilleure productivité tout en améliorant les conditions d'hygiène et en ayant des moyens de contrôle plus performants.

DEUX FIERS CUISINIERS

■ Auguste Escoffier (1846-1935)

Né à Villeneuve-Loubet (Alpes-maritimes), Auguste Escoffier fait son apprentissage en cuisine chez son oncle François, au Restaurant français, à Nice. Après avoir occupé plusieurs places dans le Midi et à Paris, puis été mobilisé en 1870 où il est le chef de Mac-Mahon, il se retrouve au Grand Hôtel, à Monte-Carlo. C'est là qu'il fait la connaissance de César Ritz et que commence sa carrière internationale : réorganisation du Savoy à Londres, ouverture du Grand Hôtel à Rome, du Ritz à Paris et du Carlton à Londres. Outre ses qualités de technicien et d'organisateur, Escoffier s'est rendu célèbre par le rôle qu'il a joué dans la simplification et la codification de la cuisine. Il délaisse la carte pour le menu à prix fixe. Il a également beaucoup œuvré pour améliorer la condition des cuisiniers. Outre le *Guide culinaire* (1901), il a écrit plusieurs ouvrages comme *Le Livre des menus*, *La Cuisine, L'Aide-Mémoire culinaire*. Il est le maître incontesté de la cuisine moderne.

■ Paul Bocuse (né en 1926)

Né à Collonges-au-Mont-d'Or, près de Lyon, Paul Bocuse hérite du savoir culinaire familial.
Après-guerre, il entre chez la célèbre Mère Brazier ; il ira ensuite au restaurant La Pyramide de Fernand Point, à Vienne, au Lucas-Carton, à Paris, de nouveau chez Fernand Point, puis il reprendra le restaurant de ses parents.
En 1961, il reçoit la palme de meilleur ouvrier de France et, bientôt, le troisième macaron Michelin. Il a revalorisé le cuisinier devant la clientèle, qu'il n'a pas peur d'aller rencontrer à table. Il a écrit *La Cuisine du marché, le Gibier* et *Bocuse dans votre cuisine*, tous les trois traduits en onze langues. Ambassadeur de la cuisine française, il parcourt sans relache le monde entier pour assurer la promotion de nos produits.

La pêche Melba

En 1893, la cantatrice australienne Nelly Melba vient chanter *Lohengrin* à Covent Garden. Elle réside au Carlton, où règne Escoffier. Un soir, ébloui par la prestation de la diva, Escoffier décide de composer le menu. Il confectionne en guise de dessert un cygne en glace (rappelant Lohengrin) dans lequel il place une coupe pleine de glace à la vanille, des pêches pochées au sucre, une purée de framboises, le tout couvert de sucre pilé. « Comment s'appelle cette merveille ? » demande la cantatrice. Pris de court, Escoffier intimidé balbutie : « Une pêche Melba, Madame. »

L'évolution du goût au fil du temps

L'évolution du goût est liée aux changements sociaux, économiques et religieux, mais aussi à l'amélioration des techniques de préparation, de cuisson et de conservation des aliments.

De l'Antiquité au XVIe siècle

□ Depuis la préhistoire, la production de ressources domestiques (élevage et culture) a élargi la diversité alimentaire et a donc permis une amélioration qualitative de la nourriture et un développement du goût.

□ Durant la longue période qui va de l'Antiquité à la fin du Moyen Âge, les habitudes culinaires restent stables : les herbes et les épices sont consommées abondamment, leur fonction étant de masquer le goût intrinsèque des aliments qu'elles accompagnent (la viande, par exemple) ; le goût acide est très utilisé (vinaigre, préparations aigres-douces) ainsi que les mélanges salé-sucré.

□ L'amélioration des techniques de conservation (séchage, boucanage, salage, etc.) et l'utilisation de nouveaux matériaux pour les ustensiles de cuisson permettent une plus grande variété des goûts.

Du XVIIe au XIXe siècle

□ La distinction entre cuisine noble et cuisine populaire (où le goût est présent mais moins diversifié) ne relève plus obligatoirement de la richesse et de la profusion de mets rares, mais de la complexité des méthodes mises en œuvre par le cuisinier. Les ragoûts, les sauces et réductions, les mousses, les roux (à base de farine et non plus de pain) sont caractéristiques du goût de cette période. Seul Massialot, en 1716, parle de respect de la saveur des aliments à ses contemporains qui abusent des épices. Quant à Escoffier, lorsqu'il parle du respect du goût, c'est pour amener les cuisiniers à simplifier les associations sauces et garnitures. Les sauces, notamment, doivent préserver, révéler le goût du produit qu'elles accompagnent et non le dominer.

□ La révolution industrielle du XIVe siècle, les techniques importées d'Orient et du Nouveau Monde, l'avènement du cuisinier, l'apparition de la conserve appertisée, sont autant de facteurs qui modifient la cuisine et donc les goûts.

Le XXe siècle

□ Notre siècle se caractérise par une asepsie généralisée et par une homogénéisation des goûts, en partie liées au développement de l'industrie agro-alimentaire et des nouvelles méthodes de cuisson rapide.

□ Par ailleurs, la mise en valeur des cuisines régionales et naturelles (les grillades au feu de bois, les produits de la ferme, les huiles aromatisées, les pains de campagne, etc.), l'engouement pour les produits allégés et diététiques, l'arrivée des produits exotiques sur les marchés, la recherche de l'authenticité, du « goût vrai » constituent les paradoxes de la civilisation contemporaine, qui ne semble pas se diriger vers la consommation de pilules nourrissantes.

LA FORMATION ET L'UTILISATION DU GOÛT

La formation dès la prime enfance

La dégustation d'un aliment implique une mobilisation de tous nos sens et nous conduit à un jugement d'acceptation ou de rejet. Celui-ci est fortement conditionné par l'ensemble des images et messages sensoriels, acquis et mémorisés tout au long de notre expérience alimentaire. Dès la naissance, le nouveau-né a une prédisposition innée pour le sucré. Entre deux et trois ans, l'enfant mémorise les saveurs et a tendance à rejeter tout ce qui est nouveau. C'est à l'âge de huit ans qu'il accepte d'éduquer son palais et de découvrir d'autres saveurs, odeurs, textures, d'autres goûts, en somme. C'est également à cette période que la tradition familiale revêt toute son importance.

Les campagnes de sensibilisation au goût dans les classes élémentaires et la prise en compte de programmes d'éducation nutritionnelle dans les cantines tentent de mobiliser et d'éduquer très tôt nos papilles au vrai goût et au goût juste comme le montre l'exemple ci-dessous.

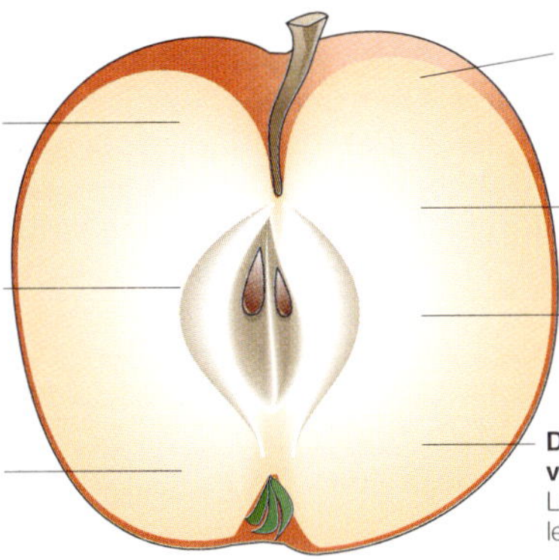

Ordre d'utilisation de nos sens lors de la dégustation

– *La vue :* l'apparence des aliments influence la mise en appétit. Les plats devront être bien présentés, colorés et brillants.

– *L'odorat :* l'odeur associée à la vue déclenche la salivation ou le rejet.

– *Le toucher :* il permet d'identifier la température et la texture des produits. Il nous permet de sélectionner la nourriture par rapport à des informations que la vue ou l'odorat n'ont pas permis d'identifier. Première analyse : j'aime ou je n'aime pas, c'est bon ou pas pour moi, imagination et souvenirs réapparaissent.

– *Le goût :* la bouche, véritable laboratoire, perçoit à la fois une saveur (sucré, salé, acide, amer), un arôme, une texture (mou, dur, croquant), une température et des sensations diverses (piquant).

– *L'ouïe :* les sons émis pendant la mastication favorisent l'identification des textures perçues en bouche.

Deuxième analyse : imagination, déduction, comparaison, mémorisation.

Impression finale : appréciation personnelle et jugement de valeur. C'est positif ou négatif pour moi.

Les caractéristiques de la consommation actuelle

Les grandes mutations de notre époque impliquent une évolution du comportement alimentaire et modifient les exigences des consommateurs à l'égard de l'aliment et de la restauration.

La modification du comportement alimentaire

L'évolution du comportement alimentaire a son origine dans plusieurs facteurs :
– des facteurs économiques, avec une conjoncture mauvaise qui entraîne une baisse du pouvoir d'achat ;
– des facteurs sociaux, avec, pêle-mêle, l'influence du modèle américain sur l'espace culinaire occidental, les changements de conditions de vie, les courants de la mode et la mise en garde du corps médical face à l'augmentation des maladies d'origine alimentaire ;
– des facteurs technologiques : le développement de la recherche scientifique et la mise au point de produits nouveaux, faciles à utiliser et d'une grande qualité sanitaire ; l'existence des marques d'identification sur la qualité des produits, qui permettent de les distinguer (labels, AOC, etc.) ; un choix alimentaire qui n'est plus lié à la disponibilité saisonnière comme autrefois ; une industrialisation de la production alimentaire qui fait apparaître des produits sans identité.

Hier	Aujourd'hui
– Les repas sont pris en commun.	– L'individualisme prédomine et entraîne l'éclatement de la famille.
– Le pain est l'aliment central du repas.	– La viande est l'aliment central du repas.
– Prise alimentaire échelonnée sur 3 ou 4 repas.	– Prise alimentaire multiple (grignotage)
– Le repas est structuré.	– Déstructuration du repas traditionnel (les trois plats cèdent la place à des combinaisons).
– Certains aliments sont affectivement identifiés.	– Objets comestibles non identifiables.
– Le repas est un moment socialement contrôlé.	– Les règles sociales éclatent.
– Le repas est le lieu où se construit la cohésion de la famille.	– Le loisir est le lieu de construction et d'épanouissement de la famille.
– L'alimentation tient une grande place dans le budget familial.	– Le budget alimentaire est en baisse.

Les attentes du consommateur

☐ Le produit consommé a plusieurs dimensions :
– une dimension physiologique : couverture des besoins de l'organisme en mangeant des aliments variés ;
– une dimension psychologique : l'acte alimentaire est un outil de différenciation sociale et culturelle qui permet à la fois de se distinguer et de montrer son appartenance ;
– une dimension symbolique : l'alimentation est un vecteur de rêve, de mythe, de croyance, de représentation sociale.

☐ Les produits disponibles dans les rayons doivent être d'une grande facilité d'utilisation, et allégés tout en semblant « authentiques ».

LE FACTEUR TEMPS

Quelle est la bonne formule ?

Pour ouvrir un restaurant aujourd'hui, il ne suffit pas d'avoir simplement des moyens financiers. La bonne volonté, l'esprit d'entreprise, mais surtout la connaissance du marché et de ses composantes sont fondamentaux.

Afin de trouver la bonne formule de restauration et le créneau porteur pour rentabiliser l'investissement, les futurs restaurateurs s'appuient sur des études prospectives qui définissent à court et moyen terme ce que sera la consommation de demain.

Le repas que nous prenons hors de notre domicile a globalement deux fonctions. Il peut être un loisir ou, le plus fréquemment, satisfaire un besoin physiologique de base qui est de se nourrir.

Repas loisir ou repas nutrition, l'un et l'autre s'appuient sur une dimension temporelle.

La Brasserie Excelsior de Nancy

Le repas comme loisir

Le consommateur souhaite prendre un repas hors de chez lui, après sa journée de travail, ou le week-end, ou durant ses congés. Il dispose donc d'un temps à densifier qui n'est pas limité dans sa durée. Le repas est assimilé à une activité de loisir décidée et s'associe à la notion de plaisir.

L'offre proposée par la restauration à thème (asiatique, tex-mex, bœuf, etc.) ou par la restauration gastronomique correspond à cette attente, et le prix moyen du repas, le cadre, la notion de spectacle, la qualité de la prestation devront être en adéquation avec celle-ci.

Le repas pour se nourrir

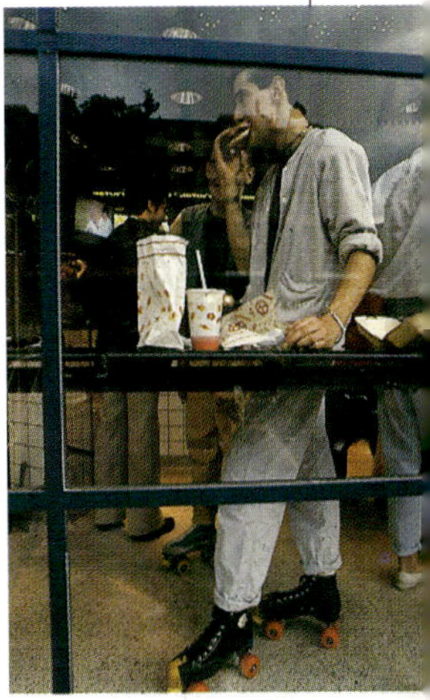

Le repas-minute

Toutes les prises alimentaires autres que celles attachées au repas considéré comme une activité de loisir peuvent être considérées comme des repas nutrition. La personne peut disposer d'un temps déterminé pour manger, imposé par son travail (entre 15 et 45 minutes). Elle choisira donc une formule de restauration susceptible de lui servir un repas pendant cette durée.

Le client peut souhaiter utiliser sa coupure professionnelle pour faire des achats, réaliser des tâches ménagères, etc. Se nourrir devient alors accessoire et le temps réservé à cette activité est minimisé ou nié.

Le client, enfin, est amené, en dehors des repas, à combler un creux horaire et alimentaire. Il dispose donc d'un temps à occuper qui sera essentiellement consacré au grignotage.

À chaque type de temps correspondent une ou plusieurs formules de restauration et des prix moyens qui sont fonction des catégories d'âge et de revenus.

Les cuisines du Nord et de l'Île-de-France

Pays de convivialité, le Nord cultive ses légumes, mijote ses plats et cuisine les produits de la mer. L'Île-de-France jouit de sa richesse maraîchère et de la gastronomie de Paris.

La Flandre française et l'Artois

☐ Situé à l'extrême nord de la France, ce plat pays est une région de culture maraîchère. Parmi les nombreux légumes cultivés figurent la pomme de terre, qui est de tous les repas, l'endive, le chou de Bruxelles. De nombreux légumes entrent dans la composition du *hochepot à la flamande* (où bœuf, porc et mouton mijotent avec les « légumes du pot »). Un autre grand plat mijoté du Nord est le *potjevleisch* (confit de viandes blanches et volailles). À Cambrai, outre les bêtises, on mange des andouillettes, et à Valenciennes, de la langue de veau ou de bœuf.
☐ Sur la côte, on déguste des crustacés – dont les moules – et des poissons – dont le hareng, roi de la gastronomie du Nord et préparé de mille façons.
☐ Le Nord a ses fromages célèbres, le plus ancien et le plus connu étant le maroilles. On fabrique aussi de la mimolette, parfois appelée « boule de Lille », et la boulette d'Avesnes, à base d'aromates.
☐ La bière est abondamment consommée ; elle entre naturellement dans la préparation de certaines spécialités : la soupe à la bière, la carbonade flamande (ragoût de bœuf à la bière), ou encore le coq à la bière.
☐ La cassonnade est bien entendu utilisée dans la préparation des desserts (tarte à la cassonnade). Comme dessert encore, on peut choisir un râton (crêpe épaisse), une tarte aux prunes ou une cramique (pain aux raisins au sucre).

La Picardie

☐ La Somme, riche d'étangs et de gibier d'eau, produit des spécialités telles que le pâté de canard d'Amiens et l'anguille au vert (ragoût d'anguilles cuit dans des herbes).
☐ Dans les potagers aquatiques cultivés aux portes d'Amiens (hortillonages), on prépare, avec les produits maraîchers, les soupes des hortillonages ou la fameuse flamiche aux poireaux. La *ficelle picarde* (crêpe fourrée de jambon et champignons dans une béchamel fromagée) est un autre célèbre plat de la région.
☐ Ici comme en Flandre, la bière est la première des boissons, mais le cidre est néanmoins beaucoup consommé.
☐ Les macarons d'Amiens sont la pâtisserie la plus réputée de Picardie. Les tartes (à la crème, à la rhubarbe…) sont très appréciées.

L'Île-de-France

☐ La tradition agricole et maraîchère de la région se retrouve dans les appellations de spécialités culinaires portant le nom de la commune d'origine du légume qui les compose : asperges d'Argenteuil, petits pois de Clamart, carottes de Crécy.
☐ L'Île-de-France produit aussi des fromages de vache très crémeux, comme le coulommiers et le brie.

CUISINE LOCALE ET TRADITION

Les géants du Nord

Dans le Nord gris et plat, pays de mines et de dur labeur décrit par Zola dans *Germinal*, les Géants représentent une sorte de conjuration de l'environnement. Grands pantins d'osier de sept à huit mètres de hauteur, richement vêtus, ils relatent un fait historique de la région. C'est ainsi que l'on trouve Gayant et sa famille à Douai, Martin et Martine à Cambrai, Kopierre à Aniche, etc.
Une fois par an, c'est l'effervescence dans la ville, à la sortie des Géants entourés de fanfares et autres compagnies folkloriques. La bière remplit les chopes, les baraques à frites appellent de leurs effluves gourmands chacun à venir déguster là des moules de la côte, plus loin différentes saucisses sur le gril. La soirée se termine souvent à la Ducasse (fête foraine).

Le hareng saur

À Boulogne, le hareng est mis en saumure pendant 30 heures avant d'être rangé par lits réguliers en barils. Il est dit « saur » lorsqu'il est séché à la fumée obtenue par la combustion d'un savant et mystérieux mélange de copeaux de chêne et de hêtre. L'épaisse fumée qui se dégage saure le poisson, le dore et lui donne son goût particulier. La température ne doit pas dépasser 24 ou 28 °C, sous peine de cuisson ou de ramollissement. Le « franc-saur » exige un fumage de 8 à 12 heures et peut se conserver un an ; le hareng « craquelot » ou « bouffi », légèrement fumé, ne dépasse pas 8 heures de fumage.
La consommation du hareng fumé remonte à la fin du XIXe siècle, lorsque les industriels boulonais eurent l'idée d'utiliser en filets des poissons maigres ou détériorés. Le succès fut si grand que les maisons de saurissage préparèrent de cette manière des harengs entiers.

Fête des géants à Douai dans la cour de l'hôtel de ville

Les appellations classiques

L'Ile de France est le berceau de la cuisine classique dont les appellations remplissent des ouvrages de référence. On les doit pour la plupart aux chefs célèbres des grands restaurants de la capitale : chez Maxim's on trouve l'omelette éponyme (écrevisses, cuisses de grenouille et truffes), la sole Murat, le fameux steak au poivre (créé par le Maître d'Hôtel Albert) ; la sauce Mornay fut créé par Voiron, chef des cuisines du restaurant Durant (1880) ; quant à la sole Normande, elle appartient à Langlois, chef d'un très célèbre restaurant du début du XIXe siècle : le Rocher de Cancale.

Du chevrier au hareng

Du 13 au 16 septembre, aller à Arpajon (Essonne) renouer avec une des plus anciennes foires de France : celle du chevrier, le petit haricot blanc.
Du 1er au 15 novembre, venir déguster avec les doigts les harengs de la foire Saint-Martin à Pontoise (Val-d'Oise) en souvenir des 5 000 harengs que l'abbaye percevait du Tréport au Xe siècle.

Les cuisines de l'Est

L'Est est une vaste région qui s'étale de l'Alsace à la Bourgogne. On peut cependant distinguer trois terroirs : l'Alsace-Lorraine, la Champagne-Ardennes, la Bourgogne. Ils rivalisent de spécialités culinaires mais ont une passion en commun : le vin, qui leur a conféré une réputation internationale.

L'Alsace-Lorraine

☐ C'est une des régions les plus gastronomiques de France, où le porc sous toutes ses formes, frais, fumé ou salé, règne en maître. Hormis ces spécialités charcutières et la célèbre choucroute, la cuisine alsacienne prépare aussi le *baeckeofe* (estouffade de bœuf et de porc aux pommes de terre, cuite traditionnellement dans le four du boulanger), la *flammekueche* (tarte au fromage blanc, aux oignons et aux lardons) et le *bretzel* (à base de simple pâte et de cumin), que l'on mange en buvant de la bière. Le gibier et l'oie, en particulier son foie, sont également appréciés.

☐ Le munster est le fromage de l'Alsace. Les desserts les plus connus sont le *kugelhof* (sorte de brioche moulée) et le *strudel* (gâteau roulé aux pommes).

☐ Quand on parle de la Lorraine, on pense immédiatement à la potée et à la quiche. Or on trouve aussi de nombreuses spécialités à base de cochon : le cochon de lait en gelée, les andouillettes d'Épinal, la soupe au jambon fumé, les saucissons fumés, etc. La vache garde sa place pour les fromages : géromé et gérardmer.

☐ Mais plutôt qu'avec les plats, c'est avec les desserts que la Lorraine se distingue de l'Alsace : le baba au rhum, le gâteau au chocolat et les macarons de Nancy, les madeleines de Commercy, les truffes de Metz, les dragées de Verdun.

La Champagne-Ardennes

☐ La Champagne doit plus sa réputation internationale à ses vins qu'à sa cuisine. Elle a cependant de quoi satisfaire les gourmets, en premier lieu par ses spécialités à base de champagne, les plats (matelote à la champenoise, poulet et saumon au champagne) comme les desserts (sorbet au marc de champagne, crème champenoise : sorte de sabayon au champagne).

☐ Comme dans beaucoup de provinces, la charcuterie de porc est à l'honneur, à Reims avec les jambons et jambonneaux, à Bar-sur-Aube et Bar-sur-Seine avec les andouillettes, à Sainte-Menehould avec les pieds de porc, etc.

☐ Les fromages de vache comme le chaource, le langres ou le carré de l'Est sont réputés.

La Bourgogne

Pays de vignobles, la Bourgogne a nombre de spécialités cuisinées au vin : œufs en meurette, bœuf ou civet bourguignon, pauchouse (matelote au vin rouge), brochet à la broche, en gelée, en quenelles, coq au chambertin… Au premier rang des fromages vient l'époisses, suivi entre autres du « bouton de culotte » et des chaources à pâte fraîche et blanche. Le fromage est aussi la base de desserts tels que la gougère de Sens ou d'Auxerre. Les matefaims (sorte de grosse crêpe) et le tartouillat (sorte de clafoutis) sont d'autres desserts connus. Enfin n'oublions pas les condiments, dont la moutarde, reine de Dijon depuis l'Antiquité.

CUISINE LOCALE ET TRADITION

Nonnettes, croquets et biscuits de Reims

Le biscuit de Reims

Les habitants de Reims furent longtemps appelés des « mangeurs de pain d'épice » (sans s). Alexandre Dumas affirmait que « depuis les temps les plus reculés, le meilleur pain d'épice s'est fabriqué à Reims. Sous Louis XII, il jouissait d'une grande réputation. À la fin du règne de Louix XIV, il était d'usage de faire présent de croquets et de nonnettes de Reims ». Ces dernières, petits pains d'épice glacés, doivent leur nom au fait qu'elles étaient fabriquées dans des couvents. Quant aux croquets, l'archidiacre de la cathédrale de Reims écrivait à une grande dame du XVIIIe siècle : « Voilà, Madame, les croquets de Reims que je vous envoie, qu'un ange y apporta à Clovis pour sa collation, dans le temps qu'un autre lui apporta la sainte ampoule pour son sacre et des fleurs de lys pour ses armes... »
Aujourd'hui, le biscuit de Reims a remplacé croquets et nonnettes. La tradition veut que ce biscuit ait été créé à la fin du XVIIIe siècle par des boulangers soucieux d'utiliser la chaleur de leur four. À l'origine blanc, il faudra attendre le début du XIXe siècle pour qu'il se teinte de carmin et se parfume à la vanille.

Le terroir et sa cuisine

Dans toutes les régions viticoles, le vin tient une place prépondérante dans la cuisine. C'est ainsi que l'on peut retrouver dans différentes régions une même recette cuisinée avec un vin différent, qui lui donne une saveur particulière et surtout une appellation plus régionale.
Ainsi, on pourra se régaler en Alsace avec un brochet au riesling, en Champagne avec un brochet aux coteaux champenois et en Bourgogne avec un brochet au meursault.
Les charcuteries, issues de la tradition paysanne, ont également souvent beaucoup de points communs ; chaque région y va de son jambon tantôt fumé tantôt séché, de ses saucisses et ses saucissons, de ses andouillettes, mais chacune avec une petite spécificité qui la rend, chauvinisme aidant, incomparable aux autres. Ainsi donc, en connaissant la situation géographique d'une région et les principaux produits de son terroir, on pourra assez facilement définir les grandes lignes de sa cuisine.

L'escargot de Bourgogne

Le Bourguignon n'avale pas l'escargot, il le mâche. La manière d'accommoder ne doit comporter que l'emploi exclusif du beurre. Une première cuisson au court-bouillon précède la cuisson au four, en coquille, qui ne doit à aucun prix faire bouillir le beurre parfumé par une pointe d'ail et de persil. Ainsi préparé, l'escargot de Bourgogne se conserve et voyage dans le monde entier.

Les cuisines du Lyonnais, du Jura et du Centre

Le Lyonnais cultive le plaisir de la bonne chère. Savoie et Jura donnent leurs spécialités issues de l'élevage. Auvergne et Limousin mettent leurs ressources naturelles à profit dans la cuisine.

Le Lyonnais

☐ La région est particulièrement riche en bons produits : la Bresse élève des volailles exceptionnelles, qui se reconnaissent à leurs plumes blanches et leurs pattes bleues. Les Dombes, fourmillant d'étangs, fournissent les poissons d'eau douce (brochets, carpes, anguilles) ainsi que les grenouilles, dont les Lyonnais mangent les cuisses poêlées à l'ail et au persil. Le Dauphiné cultive la pomme de terre et affine avec patience le saint-marcellin. Le Charolais fournit la viande de ses célèbres vaches, mais c'est en l'honneur du cochon qu'a lieu une fête annuelle.
☐ La tradition régionale est extrêmement marquée dans la restauration, et, du bouchon lyonnais au restaurant aux trois macarons, les spécialités sont toujours cuisinées : les oreilles de porc sont au gratin, le cervelas aux pistaches ou aux truffes ; le gras-double (tripes) pané et rissolé devient « tablier de sapeur », le jambon est au foin, le poulet au vinaigre, les cardons à la moelle. Ce petit inventaire peut se terminer par du fromage blanc aux herbes : la fameuse « cervelle de canut », et de nombreux fromages de vache (bleu de Bresse, claqueret, mont-d'or, rigotte de Condrieu...), qui se marient avec les beaujolais au nord et les côtes-du-rhône au sud.

La Savoie et le Jura

Le relief des terres savoyardes et jurassiennes a davantage favorisé l'élevage, en particulier bovin, que la culture. Ainsi, les spécialités fromagères sont nombreuses : beaufort, reblochon, tomme, vacherin d'Abondance pour la Savoie, comté, gruyère, cancoillotte, morbier pour le Jura. Le fromage est la base de la spécialité la plus connue : la fondue savoyarde, désormais concurrencée dans le cœur du touriste par la brazerade, qui grille la viande du bœuf. Comme partout, le porc fournit des spécialités : jambon fumé, saucisse de Morteau et saucissons. Les poissons d'eau douce abondent, on prépare partout pochouses et matelotes.

L'Auvergne et le Limousin

☐ La rusticité de ce terroir contraste assez fortement avec l'opulence des régions précédentes. Cette cuisine témoigne cependant de beaucoup d'imagination. Potée et soupe aux choux sont les deux plats phares de l'Auvergne. Après le porc, toujours viande de prédilection, le mouton, élevé de façon intensive dans ces terres pauvres, est très apprécié. Ainsi, on cuisine le gigot Brayaude, cuit au vin blanc, la selle, préparée au genièvre, et les tripoux, petits coussins d'estomac de mouton farcis de pied et de chair.
☐ Dans le Limousin, les préparations de porc dominent, avec, par exemple, l'andouillette ou le confit de porc ; le boudin aux châtaignes est couramment cuisiné. La châtaigne, d'ailleurs, comme les champignons entrent dans la composition de nombreux plats traditionnels.

CUISINE LOCALE ET TRADITION

Pochouse ou pauchouse

Il n'y a de pochouse qu'à Verdun-sur-le-Doubs, disent les Verdunois qui refusent qu'on puisse appeler ainsi celle que prétendent préparer les habitants de Seurre, à quelques kilomètres de là. Mais qu'est-ce que la pochouse ? Une matelote d'eau douce qui mêle l'anguille, la tanche, le brochet, la perche mouillés d'un vin blanc de Bourgogne aligoté agrémenté d'ail, de thym, de poivre et de sel. On écrit indifféremment pochouse ou pauchouse ce plat dont l'origine est attribuée à la déformation paysanne du mot pêche ou de l'expression à la gibecière dite « poche » dans laquelle on dépose les poissons. Une confrérie de la pauchouse siège en permanence à Verdun-sur-le-Doubs.

Un banquet Brillat-Savarin en 1921

Les fines gueules

Lyon rassemble maintes compagnies « de gueule » et bacchiques :
- le club Brillat-Savarin, fort sévère, tient ses assises depuis 1920 ;
- la Société des Amis de Guignol perpétue les recettes populaires lyonnaises ;
- les Amis des halles regroupe journalistes et peintres ;
- l'Académie des gastronomes lyonnais, que l'on trouve dans toutes les manifestations.

Les fameuses mères cordons bleus

La mère Brazier et sa fille

La seconde moitié du XIXe siècle voit naître et prospérer d'anciens cordons bleus retraités de maisons bourgeoises qui ouvrent un « bouchon », un « cani ». La mère Rijean, la mère Filioux, la mère Brigousse, la mère Brazier sont les plus célèbres de la région lyonnaise, dont les enfants ou les protégés ont conservé pieusement l'enseigne.

Des plats solides

Le millassou du Périgord est un gâteau très roboratif au goût particulier, fait de farine de maïs, de jaune d'œuf, de sucre, mélange dans lequel on incorpore des raisins gonflés d'eau-de-vie ou du miel.
La farcidure de Guéret est une boulette de pâte de sarrazin qui enferme un hachis d'« herbes » : oseille, bettes, feuilles de chou, etc.
Les miques, connues depuis le haut Moyen Âge entre Périgueux et Sarlat, sont des boulettes de farine de maïs et de froment. Elles peuvent remplacer le pain pour accompagner les civets, le salé aux choux et autres plats en sauce. Pochées à l'eau bouillante et salées, elles peuvent être découpées et frites, enrobées d'œufs battus. On les tartine de miel et surtout de gelée de groseilles.

Les cuisines de l'Ouest et de l'Atlantique

Sur ces sites côtiers, coquillages et crustacés rivalisent de qualité, la saveur des agneaux élevés en pré-salé est merveilleuse. L'arrière-pays offre d'excellentes charcuteries et des cultures variées.

La Normandie

☐ Réputée pour son cidre et ses produits laitiers, la Normandie est une province de haute gastronomie. Elle est un garde-manger, tant sur le plan de l'élevage (vache normande et agneau de pré-salé) que de la culture fruitière (vergers de pommes). La pêche fournit abondamment poissons, coquillages et crustacés. Porcs et volailles (du pays d'Auge) sont de qualité. Lorsqu'on parle d'une préparation « à la normande », il s'agit d'une recette réalisée avec de la crème.

☐ L'élevage bovin étant important, les fromages sont nombreux et de grande réputation : camembert, pont-l'évêque, livarot, neufchâtel, gournay, etc.

☐ Cuisinés, les produits des vergers deviennent des douceurs : bourdelots et douillons (pomme ou poire cuite dans de la pâte), gâteau normand (sorte de clafoutis aux pommes).

La Bretagne

☐ Sur la côte bretonne, on trouve poissons, coquillages et crustacés à profusion. Les huîtres sont réputées, le homard bleu de Bretagne est dit le meilleur au monde. Dans l'arrière-pays, on trouve de l'agneau de pré-salé, et de l'excellent porc.

☐ Les spécialités sont aussi variées que la production : pour le poisson, on déguste la cotriade (soupe de poissons), le brochet au beurre blanc, l'alose à la crème ; le gigot de pré-salé est accompagné de haricots dits « à la bretonne » ; avec le porc sont faits le délicieux jambon de Morlaix, les andouillettes de Bretagne ou de Quimperlé.

☐ Mais la Bretagne gastronomique doit avant tout sa réputation au sel de Guérande – avec lequel on fait du beurre salé, des caramels –, aux crêpes, qu'elles soient galettes de sarrasin ou crêpes de Quimper, et au far breton.

☐ Le pays de Nantes, avec le muscadet et le gros plan, offre les vins blancs.

La Vendée, les Charentes et le Poitou

☐ Sur le territoire côtier, on mange les huîtres, les moules, les escargots (cagouilles) et les haricots. Les escargots se préparent en potage, en vinaigrette, dans un hachis de lard et d'ail, en ragoût, etc. Les huîtres de Marennes sont très appréciées avec des saucisses grillées. Les moules, élevées sur des bouchots, se mangent en éclade (grillées sur un feu d'aiguilles de pin) ou en mouclade (à la crème).

☐ Les produits de la pêche couramment consommés sont les céteaux (petites soles), les casserons (petites seiches) et les sardines de Royan, que l'on mange grillées au sel ou crues avec pain et beurre.

☐ La tradition maraîchère privilégie le chou (qui donna le nom de Chouans) et les mojettes (gros haricots blancs). Dans les étangs du marais poitevin, on pêche l'anguille. Le repas peut commencer par un pineau et finir par un cognac, « monarque des liquides » selon Brillat-Savarin, liqueur des dieux selon Victor Hugo.

CUISINE LOCALE ET TRADITION

Marennes et portugaises

Il existe à Marennes deux espèces d'huîtres : l'huître plate qui porte le nom de la commune (elle est surnommée la reine des huîtres) et l'huître portugaise. La réputation des vertes de Marennes remonte à l'Antiquité. Les Romains les appréciaient et Germanicus s'en fit servir plusieurs centaines en guise d'apéritif. Les Marennes se qualifient par leur numéro qui correspond au poids aux mille ; les plus grosses sont les triple zéro (000), puis les double zéro (00) et ainsi de suite jusqu'à 6.

L'introduction des portugaises sur les côtes atlantiques est assez récente. La petite histoire raconte qu'en 1868 un navire à voile, le *Morlaisien,* était allé chercher des portugaises non loin de Setubal pour les livrer en Angleterre. Une forte tempête le contraignit à mouiller en Gironde, non loin de Pauillac. La cargaison souffrit du mauvais temps et ne tarda pas à sentir mauvais. Le capitaine la fit jeter par-dessus bord, mais toutes les huîtres n'étaient pas mortes ; elles se reproduisirent et formèrent des bancs importants. Cependant, il aura fallu attendre 1920 pour que les portugaises soient officiellement cultivées.

Catégories et poids

Huîtres plates

Catégories	Poids/pièce
000	120 g
00	100 g
0	80 g
1	70 g
2	60 g
3	50 g
4	40 g
5	30 g
6	20 g

Huîtres creuses

Catégories	Poids/pièce
Très grosse TG1	100 g et +
Grosse G2	80 à 99 g
Moyenne M3	65 à 79 g
Moyenne M4	50 à 64 g
Petite P5	40 à 49 g
Petite P6	– de 40 g

En bref

Mojette, mogette, mougette, trois orthographes pour un haricot dont l'aspect rappelle le port humble et recroquevillé d'une religieuse (mougette) en prière.

Les variétés d'huîtres en France

Région	Variétés	Particularités
Normandie	Huîtres creuses	De pleine mer fortement iodées
Bretagne	Creuses Belon	De pleine mer Huîtres creuses affinées dans la rivière Belon
Charentes	Marennes-Oléron Fines de claire Spéciales	Huîtres plates affinées en claires Creuses, affinées en claires (anciens marais salants) Creuses, plus grosses, plus charnues, plus vertes
Arcachon	Creuses Plates	Engraissées et affinées Dites « gravettes » élevées dans les parcs du bassin
Bouzigues	Plates et creuses	Élevées dans l'étang de Thau

Les cuisines du Sud-Ouest

Le Sud-Ouest (Midi toulousain, Gascogne, Béarn, Pays basque et Bordelais) est le pays du gras. Gras de porc, bien sûr, mais surtout gras de canard. Cet animal est au centre de la cuisine, et, lorsqu'il est gavé, il recèle un trésor : le foie. La région produit d'autres aliments précieux : la truffe, les cèpes et les vins.

Le Midi-Pyrénées et le Périgord

☐ Porc, oie et canard gras sont partout présents. Le Périgord doit sa réputation au diamant noir qu'est la truffe. Bien que sa production ait considérablement diminué, on peut toujours se régaler d'une omelette aux truffes ou d'une pomme sarladaise, ou, mieux encore, d'un lièvre à la royale (désossé et garni d'une farce aux truffes et au foie gras).

☐ De Périgueux à Toulouse, on prépare le tourin (soupe à l'ail et à l'oignon imbibée de pain rassis), mais le plat phare est le cassoulet, ragoût de haricots garni de viandes différentes (confit, mouton, saucisse, porc demi-sel…) selon qu'il est de Castelnaudary, Carcassonne ou Toulouse.

☐ La garbure (potage épais de légumes et de confit), l'alicuit (ragoût d'abattis et de légumes) et le salmis de palombe sont les spécialités du Béarn.

☐ L'Aveyron, outre des animaux de boucherie, produit de succulents fromages : le roquefort, bien sûr, mais aussi le cabécou et la tomme fraîche, utilisée dans la préparation de l'aligot (purée fortement fromagée).

Le Pays basque

☐ Pêcheurs, les Basques ont créé d'excellents plats comme le ttoro (sorte de bouillabaisse), la morue à la biscayenne, le thon à la basquaise, les chipirons (seiches) farcis ou à l'encre, ce plat se retrouvant en Espagne. Les pibales (alevins d'anguille) sont sautées à l'ail.

☐ Également paysans, les Basques ont composé un art culinaire terrien dans lequel la tomate, le poivron et le piment d'Espelette prédominent. Ces trois éléments, quasiment indissociables, sont la base de l'appellation « à la basquaise » – ainsi pour le poulet du même nom – et de la piperade (brouillade d'œuf avec tomate et poivron). Le jambon de Bayonne a pour particularité d'être salé et frotté au piment, quant au stripotcha c'est un boudin de tripes de veau épicé.

☐ Les fromages sont de brebis : ossau-iraty et bellocq, et ils sont servis avec l'unique vin de la région, l'irouléguy.

☐ Le gâteau basque et les tourons (pâte d'amande d'origine espagnole) composent les desserts les plus populaires.

Le Bordelais

☐ La gastronomie bordelaise s'est bien entendu développée autour du vin, qui mériterait un chapitre à lui seul. Autre élément au centre de la cuisine, l'échalote, que l'on retrouve dans la sauce bordelaise et dans l'entrecôte du même nom.

☐ La lamproie, que l'on pêche dans l'estuaire, est cuisinée en civet accompagné d'une garniture de poireaux. Ici comme plus haut sur la côte Atlantique, les huîtres (d'Arcachon) se consomment avec de petites saucisses, appelées crépinettes.

☐ En pâtisserie, le cannelé et le macaron de Saint-Émilion sont réputés.

Les ressources du canard gras

« Dans le cochon, tout est bon », dit l'expression populaire. On pourrait dire la même chose pour le canard gras (et l'oie grasse). Les mulards (race à foie) ou les musqués (race à viande) sont, après trois mois de vie en liberté, gavés 2 fois par jour au maïs pendant environ un mois. Ils sont alors abattus et vendus sur des marchés « au gras », soit entiers soit carcasse et foie séparés. C'est alors que commencent les préparations :

- le foie : de 6 à 700 g, il peut être préparé de multiples façons (cru assaisonné, en conserve, en terrine, escalopé et sauté, rôti, etc.) ;
- les magrets : de 4 à 500 g pièce, ils sont souvent grillés ou sautés ;
- les aiguillettes (petit filet collé sous le magret), ou demoiselles, ou misères, peuvent être sautées ou grillées ;
- les cuisses : elles sont le plus souvent confites, mais on peut les retrouver dans les rillettes de canard ;
- le gésier et le cœur sont confits pour agrémenter des salades ;
- le gras et les restes de peau sont fondus pour récupérer la graisse et les fritons ;
- la peau du cou est farcie pour en faire une délicieuse charcuterie ;
- les restes de chairs sur la carcasse sont récupérés pour les rillettes.

Un concours de cassoulet

Le tragédien Mounet-Sully, né à Bergerac en 1841, aimait tant le cassoulet qu'il organisa à Paris un concours où ses amis devaient se recevoir chaque semaine autour de ce plat, chaque fois agrémenté de quelques nouveautés. C'est Adolphe Brisson qui gagna le prix du concours : il avait parfumé son cassoulet d'un très vieil armagnac. L'histoire ne dit pas quel fut le prix de ce concours.

Quelques diamants noirs : les truffes

La truffe

George Sand l'appelait la pomme féerique, le chroniqueur Curnonsky prétendait que celle de Sarlat était le *nec plus ultra* de la succulence ; la truffe, puisque c'est d'elle qu'il s'agit, se récolte entre novembre et février dans les sols légers et chauds de la région périgourdine, autour de certains chênes dits truffiers. La chasse se fait à l'aide de chiens dressés ou de truies. Mais il arrive qu'on la chasse à la mouche attirée par le parfum du champignon.
Elle se mange cuite sous la cendre, à la serviette, en timbale, dans la pâte, entière, en beignets, en rissoles, etc., et les inconditionnels paient des sommes astronomiques pour l'azote, le fer, le phosphore, la potasse et le soufre composants du diamant noir.

Les cuisines du Midi méditerranéen

Les nombreux marchés débordent de fruits, de légumes et d'herbes odorantes ; les poissons envahissent les étals, et, dans les rues, des parfums d'ail et huile d'olive mêlés mettent l'eau à la bouche.

La Provence-Côte d'Azur

☐ Deux zones d'influence partagent la cuisine dite provençale : l'une autour de Marseille et Toulon, de pure tradition provençale, l'autre autour de Nice, d'inspiration plus italienne.

☐ À l'origine simple plat de pêcheur, la *bouillabaisse* est le plat provençal le plus célèbre. Autre plat de poissons, la *bourride* est faite avec des poissons blancs et un bouillon lié d'*aïoli* (mayonnaise à l'ail et à l'huile d'olive). Celui-ci devient *grand aïoli* quand il est servi avec un plat de poisson et de légumes. Du poisson encore avec la *poutargue* (œufs de mulet séchés), de l'olive mariée à l'anchois avec la *tapenade* (pâte d'olives noires et d'anchois) et l'*anchoïade* (purée d'anchois à l'huile d'olive). D'autres aliments cependant font des spécialités savoureuses : les pieds et paquets marseillais (tripes de mouton), ou la daube provençale. Sans oublier les petites douceurs : nougat de Montélimar et calissons d'Aix.

☐ Dans le comté de Nice, l'ail, les poissons et les légumes sont toujours rois : soupe au pistou (soupe de légumes à l'ail et au basilic), salade niçoise, pissaladière (tarte aux oignons et aux anchois), *stockfish* (églefin séché), ratatouille, petits légumes farcis, tourte aux blettes sont les plats typiques de la région.

☐ L'élevage provençal de brebis et de chèvres fournit d'excellents fromages, tels le banon, la brousse et le valdebléou.

Le Languedoc-Roussillon

☐ Sur la côte, on trouve la brandade de morue nîmoise, la bourride sétoise (uniquement à base de baudroie), les huîtres de Bouzigues, la *brazucade* (moules de l'étang de Thau grillées à la braise), l'anchoïade de Collioure, la morue à la catalane, le civet de langouste du Roussillon, la *zarzuela* (poissons, calamars, moules, langoustines, etc.).

☐ Dans l'arrière-pays, l'escargot est roi, et les recettes abondent, la plus connue étant la *cargolade* (escargots grillés sur des sarments).

☐ Les charcuteries de l'Aude et des Cévennes sont très réputées. Le lièvre rôti très saignant et préparé dans une sauce faite de son foie et de son sang, d'oignon et de vin piqué prend le nom de *saupiquet*. Le pélardon des Cévennes est un fromage de chèvre à la saveur délicate.

La Corse

La mer fournit poissons et coquillages en quantité. La terre donne de nombreux fruits. Le gibier est abondant. On élève des brebis et des chèvres, avec le lait desquelles on fait le *broccio* (fromage élaboré à partir des deux laits mélangés). Avec le porc, on fait des charcuteries réputées telles que le *lonzo* (filet de porc saumuré puis séché), la *coppa* (saucisson pimenté), les *figatelli* (saucisses au foie de porc).

CUISINE LOCALE ET TRADITION

La bouillabaisse

La bouillabaisse, plat mythique de la Provence, fait l'objet de nombreuses polémiques. Si tout le monde s'accorde à dire que c'est une soupe de poissons safranée dont le bouillon concentré se mange avec des tranches de pain séchées et une sauce rouille et dont les poissons sont servis à part, la discorde viendrait plutôt de ses origines et de ses variantes.

Certains s'accordent à penser que c'est Vénus qui imagina de faire cette soupe à son époux Vulcain afin de profiter des pouvoirs soporifiques du safran pour caresser d'autres projets ; d'autres expliquent que ce sont les anges qui ont offert ce plat à des femmes naufragées sur une côte méditerranéenne ; d'autres encore affirment qu'il s'agit d'un plat traditionnel de pêcheur dont les origines remonteraient aux Grecs.

Sur la recette, les discussions sont plus nombreuses encore. Tout le monde est à peu près d'accord sur la variété de poissons de roche à employer ainsi que sur la base aromatique, mais, pour certains, il faut rajouter des écorces d'orange et, pour d'autres, une goutte de pastis. D'autres y mettent de la pomme de terre. La véritable polémique se situe au niveau de la langouste. Les détracteurs, Marcel Pagnol entre autres, s'indignent de voir un poisson aussi noble dans un plat de pêcheur. La dernière discorde se situe au niveau de la cuisson. Certains font revenir les légumes et les poissons avant de mouiller alors que les autres préparent un bouillon avec les têtes dans lequel ils cuisent les poissons. Le problème du rythme de cuisson est plus aigu, certains recommandent de mener la cuisson à grosse ébullition (*boui* = la marmite boue, et *abaisso* = le niveau du liquide s'abaisse) alors que d'autres assurent qu'après avoir porté à ébullition, il faut cuire lentement (*boui* = la marmite boue, et *abaisso* = abaisse-la).

Le marché de la place aux Aires, à Grasse

La brandade

Afin que cette chair exquise ne vous leurre,
Au mortier, pilez-la, d'abord, d'un long travail
Peinez debout, comme un pilote au gouvernail
Dans un effort de bras et sans souci de l'heure.

Puis mêlez à la pâte une huile, la meilleure,
Et chauffez en virant. Râpez un soupçon d'ail
Saupoudrez de persil ; enfin, simple détail,
Servez avec croûtons frits et passés au beurre.

À vos palais gourmands, ô le mets onctueux !
Rien, ni le caneton, ni le paon fastueux,
Ni la grive en salmis, ni la fine pintade,

Ni la truffe embaumant la dinde ou le levraut,
Rien, vous dis-je, non, rien à la bouche ne [vaut
Le doux velours d'une morue à la brandade

Raymond Février

Les cuisines étrangères

La cuisine de chaque pays se caractérise par des produits typiques, mais aussi par des spécificités du mode alimentaire et une culture gustative influencées et modelées par la religion, le climat et l'histoire. Voici les quatre cuisines étrangères les plus appréciées en France.

La cuisine asiatique

☐ Elle accorde une grande place à la recherche des saveurs, en particulier par les contrastes de goûts. La présentation des plats doit séduire l'œil. La découpe des aliments en petits morceaux a une raison pratique : la pauvreté du combustible nécessitant une cuisson rapide, on fragmente la nourriture ; cela permet également aux aliments de mieux s'imprégner des assaisonnements.

☐ Certains produits se rencontrent presque partout : les plantes fraîches (citronnelle, coriandre), les épices et aromates (piment, gingembre, safran), les légumes (chou, concombre, champignons divers, soja), le porc et le poulet, les poissons, les crabes et les crevettes, le riz (gluant ou parfumé), les pâtes et vermicelles, les fruits (mangue, ramboutan, ananas, litchi, dourian), le glutamate (exhausteur de goût) et enfin les sauces condiments (nuoc-mâm, sauce soja, sho you à base de soja).

La cuisine italienne

☐ La diversité des climats, des modes de vie et des produits régionaux confère une grande richesse culinaire à un pays qui ne peut se résumer à la pizza et aux pâtes.

☐ Parmi les produits constituant les bases de cette cuisine inventive, citons les charcuteries (panzetta, mortadelle, prosciutto, salami, jambon), les poissons (rouget, morue, sardine, loup), les pâtes de diverses formes, la truffe blanche du Piémont, les fromages (mozzarella, gorgonzola, parmesan), les fruits (figue, melon, pastèque, raisin), les herbes aromatiques, la tomates et les haricots blancs.

La cuisine nord-africaine

☐ L'hospitalité et la fraternité constituent une donnée fondamentale de la table nord-africaine. Les mets, très variés, s'apprécient avec les doigts. L'utilisation des épices diffère selon les pays : l'Algérie et la Tunisie mangent très épicé ; au Maroc, le dosage des épices, plus subtil, se combine avec le goût du citron confit.

☐ Les produits de base sont les légumes secs et les céréales (blé, maïs, lentilles, pois chiches, fèves), l'agneau et le poulet, les fruits (dattes, figues, agrumes).

La cuisine tex-mex

☐ La cuisine tex-mex est née de la fusion entre les traditions indiennes, qui lui ont légué la diversité des ragoûts, les cuissons vapeur ou à l'étouffée, le maïs, les haricots rouges et les tortillas, et les apports de la colonisation espagnole, pour l'élevage du porc et du poulet, la culture du riz et la cuisson en friture.

☐ Les produits de base de la cuisine sont le piment (20 espèces, dont le populaire *chili*), les fruits (banane, avocat, papaye et ananas), les légumes (igname, gombo, courge, platano, christophine), les légumes secs (haricots rouges, noirs et blancs), les céréales (riz, maïs), les poissons et crustacés, le chevreau, le poulet et la dinde.

LES SPÉCIALITÉS

La cuisine asiatique

Pékin et le nord de la Chine font la fête au canard ; les régions de l'intérieur utilise les épices, surtout le poivre ; les provinces maritimes autour de Shanghai privilégient les potages et le poisson ; dans le sud et notamment à Canton, la gastronomie atteint la perfection. C'est de cette région que viennent la plupart des recettes connues en Occident. On y déguste nems, rouleaux de printemps, beignets de crabe, loup farci, poulet aux fruits, aux pousses de bambou, aux amandes, soupes aux nids d'hirondelles ou aux ailerons de requins, etc.
Le Japon privilégie les algues, le riz, le soja et le poisson que l'on sert cru ou cuit, coupé en fines tranches sous forme de sushis (boulettes de riz, soja et poisson cru) et de sashimi (poisson cru).

Le wok

Le wok est l'ustensile de prédilection de la cuisine chinoise. Cette grande poêle de fer, profonde et au fond légèrement aplati, garantit une répartition uniforme et rapide de la chaleur. Comme seul le fond du wok est exposé à la chaleur, déposez les aliments nécessitant une plus longue cuisson en premier, puis remontez-les sur les côtés du wok ; vous arrêterez ainsi la cuisson tout en les maintenant au chaud.

La cuisine italienne

Un repas italien commence toujours par un potage *(minestra)* puis par un hors-d'œuvre (*antipasta,* composé principalement de charcuterie que l'on mange parfois avec des figues fraîches ou du melon). Puis viennent les pâtes enrichies de boulettes de viande, d'anchois ou de coquillages, suivies de fromages, aussi nombreux qu'en France, et du dessert : fruits ou glaces.

La cuisine nord-africaine

Parmi les plats les plus savoureux, il faut citer le méchoui (agneau doré à la braise), les couscous de compositions diverses et graissés de *smeun* (sorte de beurre rance), l'*adra* (poulet au riz et aux pois chiches), les *tajines* (ragoûts très parfumés), les soupes : *charba* en Algérie, *brudu* en Tunisie, *harira* au Maroc. Aucun repas ne se termine sans une pâtisserie à base de noix, d'amandes, de citron, de dattes aux noms enchanteurs : oreilles de Cadi, gâteau de Carthage, etc.

La cuisine tex-mex

La journée mexicaine est ponctuée de cinq repas :
– le *desayuno*, petit déjeuner composé de café, de chocolat et de petits pains ;
– l'*almuerzo,* en fin de matinée, à base de tortillas ou de tacos ;
– la *comida*, repas principal entre 13 et 14 heures, peut comprendre le ragoût de dinde aux épices et cacao ou un chili con carne et se terminer par un fromage de chèvre au piment ;
– la *merienda,* vers 18 heures, est une collation de petits pains, de tamals, de hors-d'œuvre à base d'avocats, de haricots rouges arrosés de chocolat ou de bière ;
– la *cena,* vers 21 heures, se compose d'une soupe épicée et de fruits.

La cuisine et la religion

Chaque religion demande à ses fidèles de respecter un certain nombre de règles parmi lesquelles on trouve des lois alimentaires très strictes. Les interdits et les modes de consommation de certains aliments influencent la pratique culinaire. De nombreux plats sont spécifiques aux grandes fêtes.

Les interdits

□ L'alimentation des différentes communautés religieuses s'est souvent organisée autour d'interdits édictés par les lois et les écrits sacrés.
□ Durant la traversée du désert, le peuple juif fut doté de l'ensemble des lois des Écritures saintes, comportant les règles et interdits alimentaires. Les lois de la Kashrout (l'alimentation kasher) organisent ces rites autour de deux interdits majeurs :
– il est interdit de manger de la viande du porc et de tout animal à sabot non fendu. Les viandes autorisées sont celles des ruminants aux pieds fendus (bovins, chèvre, mouton), des animaux de la basse-cour. Les poissons autorisés sont ceux pourvus d'écailles et de nageoires (carpe, truite, saumon, etc.) ;
– il est interdit de faire cuire la viande dans la même casserole que le lait ou un mets lacté. « Tu ne feras pas cuire l'agneau dans le lait de sa mère », enseigne la Loi. Les familles pratiquantes possèdent deux batteries de cuisine (et vaisselles) différentes, l'une pour la cuisson de la viande, l'autre pour celle des plats contenant du lait.
□ Les musulmans ne consomment pas de porc, considéré comme un animal impur. La chair ou le sang d'un animal mort doit être sacrifié à Dieu avant toute consommation. Durant le pèlerinage à La Mecque, les musulmans ne doivent ni tuer ni manger de gibier de terre ferme. Le poisson est autorisé. Vins et alcools sont prohibés.

Les jeûnes

□ Dans la religion juive, le shabbat (ou sabbat) est un jour saint, et c'est celui du congé hebdomadaire. Il commence le vendredi soir et se termine le samedi soir, avec la première étoile. Pour signifier le commencement du shabbat, la mère allume les bougies. Puis sont bénis le vin kasher et la shalla, pain tressé symbolisant l'unité. Le repas débute souvent par une entrée au poisson, symbole d'abondance, suivie d'un consommé de volaille. Il s'achève avec une compote ou une salade de fruits. Selon les communautés, la recette de poisson varie. Pour les Ashkénazes, juifs d'Europe orientale, ce sera une carpe farcie ; pour les Séfarades, juifs méditerranéens, le poisson sera à la sauce piquante. Comme il est interdit d'allumer du feu ou l'électricité, les plats consommés le samedi sont cuisinés le vendredi.
□ Pendant le ramadan, mois d'abstinence et de méditation, les musulmans ne doivent ni manger, ni boire, ni fumer du lever au coucher du soleil. Le soir, ils rompent le jeûne avec du lait, des dattes, des beignets au miel ou une soupe, cela suivi d'un abondant repas.
□ Le carême des chrétiens est orienté vers l'esprit de pénitence. Autrefois, le jeûne et l'abstinence étaient rigoureusement observés, sauf le dimanche, durant quarante jours, pour rappeler les quarante ans de traversée du désert par les Hébreux et les quarante jours de jeûne du Christ dans le désert. Durant cette période, les œufs, la graisse et la viande sont proscrits.

FÊTES ET REPAS RELIGIEUX

Les fêtes religieuses et leurs coutumes alimentaires

Fêtes	Juives	Musulmanes	Chrétiennes	Chinoises bouddhistes
Yom Kippour	Jeûne absolu			
Hannouka	Lévitat (pommes râpées), beignet à la confiture			
Pâque	Pain azyme, poisson, kneidalat, bouillon de poule, charoset			
Pâques			Agneau, œufs	
Ramadan		Jeûne absolu du lever au coucher du soleil puis le repas peut comprendre : chorba, bricks, tajines, kefta et gâteaux au miel		
Aid el kebir		Mouton et couscous		
Fête des lampions				Boulettes de farine de riz fourrées
Fête des morts				Pique-nique composé exclusivement de plats froids cuisinés la veille
Fête du printemps				Gâteau de riz gluant, marmite de canard, carpe, jambonneau
Noël			Dinde, bûche, huîtres	

Les aliments spécifiques

– *L'agneau* est sacrifié chaque année par les Hébreux en souvenir de la traversée de la mer Rouge. Les chrétiens perpétuent cette tradition en bénissant l'agneau le jour de Pâques.

– *Le pain azyme* : « Les Hébreux quittèrent l'Égypte si précipitamment qu'ils cuirent en galettes non levées la pâte qu'ils avaient emportée. » Pour marquer à jamais dans la mémoire des enfants d'Israël le souvenir de ces jours, Moïse institua la Pâque : « Pendant sept jours tu mangeras des pains sans levain, et le septième jour il y aura une fête en l'honneur de Yahvé. »

– *La bûche de Noël* fut, pendant de nombreuses années, une bûche véritable qui flambait dans la cheminée durant la nuit de Noël.

– *Les œufs de Pâques* : la quête des œufs effectuée le vendredi saint, jour de la fin du carême, servait à confectionner les gâteaux, pâtisseries et œufs cuits durs pour ce jour.

La cuisine diététique

La diététique est l'organisation de l'alimentation et l'ensemble des règles d'hygiène alimentaire qui permettent de maintenir la santé à son meilleur niveau. Depuis quelques années, on se préoccupe de l'équilibre alimentaire tant du point de vue de la santé que de celui du goût.

Les nutriments

Chaque aliment apporte un certain nombre de nutriments. Ce terme désigne les éléments des aliments qui sont absorbés et servent à faire fonctionner l'organisme. Ces nutriments sont :
- les *protéines*, qui servent à toutes les cellules du corps ;
- les *lipides* (les graisses), qui sont en réserve dans l'organisme et apportent de l'énergie quand cela est nécessaire ;
- les *glucides* (les sucres) et les *amidons*, qui fournissent l'énergie immédiate ;
- les *vitamines*, qui servent de catalyseurs aux réactions chimiques qui se déroulent dans les cellules ;
- les *sels minéraux* et les *oligo-éléments*, qui jouent un rôle dans les échanges cellulaires ;
- les *fibres alimentaires*, qui favorisent le transit intestinal.

Les équilibres à respecter

☐ Le schéma classique de construction d'un repas est le suivant : entrée (apport de glucides et de vitamines), plat principal (protéines, lipides et sels minéraux), garniture de féculents (glucides et vitamine B), fromage ou produit laitier (protéines et calcium), dessert à base de fruits (glucides et vitamine C), pain (glucides). Les lipides sont apportés par les matières grasses de cuisson, par l'huile de la sauce des crudités, par le fromage et la graisse des aliments (graisse cachée).

☐ Il faut trois repas quotidiens : un petit déjeuner, un déjeuner, un dîner. Nous avons besoin, chaque jour, d'un gramme de protéines par kilo de poids du corps, dont au moins un tiers de protéines d'origine végétale. Sur la totalité de calories absorbées, variable en fonction des besoins et de l'âge, 15 % doivent être apportés par les protéines, 30 % par les lipides et 55 % par les glucides.

Les produits diététiques

☐ Ces produits sont destinés aux bien-portants ayant des besoins particuliers.

☐ Les produits à teneur garantie en vitamines ou en acides aminés sont fabriqués à partir de levures, de germe de blé, d'huile de céréales, de concentrés de fruits.

☐ Les produits à teneur garantie en magnésium sont les compléments d'un traitement de la spasmophilie ou de certaines fatigues, voire de réponse à un besoin supplémentaire à certaines périodes de la vie (grossesse, stress, hiver, vieillesse).

☐ Les produits enrichis en fibres alimentaires sont destinés à faciliter le transit intestinal. L'enrichissement se fait en son.

☐ Les produits de l'effort sont de trois ordres : les *produits équilibrés*, destinés à remplacer l'alimentation normale au cours de la pratique du sport ; les *produits à prédominance glucidique,* pour répondre aux besoins de l'effort musculaire immédiat ; les *produits à prédominance lipidique*, conseillés lorsque, en plus de l'effort, il faut faire face au froid.

BESOINS ÉNERGÉTIQUES ET REPAS ÉQUILIBRÉS

Les besoins énergétiques

Homme	
	en kilo/calories
De 10 à 12 ans	2 600
Adolescent de 13 à 19 ans	3 000
Adulte	
– activité légère	2 000
– activité moyenne	2 700
– activité importante	3 700

Femme	
	en kilo/calories
De 10 à 12 ans	2 350
Adolescente	2 400
Adulte	
– activité légère	1 800
– activité moyenne	2 000
– activité importante	2 200
Femme enceinte	
1er trimestre	2 300
6 mois restants	2 550

Le jeûne

Le jeûne est un bon moyen de dépasser son corps. On distingue :

– le jeûne court (1 jour) qui peut se répéter sans difficulté ;

– le demi-jeûne (8 jours maximum) demande de remplacer l'un des trois repas par une cure d'eau ;

– le jeûne de 36 heures demande de sauter le repas du soir et les trois repas du jour suivant ; seule nourriture, des tisanes légères non sucrées et de l'eau ;

– le jeûne absolu nécessite un jour de repos au lit avec eau, jus de légumes ou de fruits, matin, midi et soir.

Les propriétés des vitamines

Vitamine A : assure la croissance des jeunes enfants, la résistance aux infections, le bon fonctionnement de l'œil. On la trouve dans l'abricot, la laitue, la carotte, le beurre.

Vitamine B1 : favorise la digestion et l'assimilation. On la trouve dans la farine de blé complet, la levure de bière, le soja, les œufs.

Vitamine B2 : nécessaire à la vie du système nerveux, à l'appareil respiratoire et à la vue (nocturne, surtout). On la trouve dans la farine, le germe de blé, la levure et le lait.

Vitamine B6 : régularise le métabolisme des tissus du foie, du système nerveux et de la peau. En abondance dans le germe de blé, le soja et le lait.

Vitamine C : aide au développement des os, stimule la croissance, renforce la résistance de l'organisme et fait baisser la tension. On la trouve dans le germe de blé, l'abricot, le chou vert, le persil, la laitue, le citron.

Vitamine D : intervient dans l'ossification, élève le taux de calcium et de phosphore dans le sang. Le lait, les œufs et le beurre en contiennent.

Vitamine E : joue un rôle capital dans la reproduction. L'huile de germe de blé, le chou vert, la laitue, les œufs en regorgent.

Vitamine K : favorise la coagulation du sang. Surtout dans le chou vert.

Qu'est-ce qu'une calorie ?

Une calorie est la quantité de chaleur nécessaire pour élever la température d'un gramme d'eau de 15 à 16 °C. L'énergie est de nos jours exprimée en joules.
Un joule est l'énergie dépensée lorsqu'un kilogramme est déplacé de un mètre par une force de un newton.
Une calorie = 4,184 joules.

La cuisine allégée

La cuisine allégée est intimement liée au changement de mentalité du cuisinier. Elle répond à un souci d'esthétique corporelle et permet la prévention des maladies d'origine alimentaire. De nouveaux produits, des techniques nouvelles et un savoir-faire quelque peu particulier constituent ses principales caractéristiques.

La création de la cuisine allégée

☐ La cuisine allégée apparaît dans les années 70 et 80 sous l'action combinée :
- des grands chefs de cuisine qui, à la fois, veulent se libérer du classicisme qui les a conditionnés jusqu'alors, souhaitent vivre leur propre cuisine et proposer une alimentation à la fois saine pour l'individu et légère en bouche ;
- du courant idéologique de cette période qui prône l'esthétique du corps (la ligne « minceur ») comme modèle social ;
- de l'inquiétude croissante du corps médical face au développement des déséquilibres alimentaires et de leurs conséquences médicales.

☐ La nouvelle cuisine est née : elle veut réhabiliter le plaisir immédiat, être en harmonie avec la nature et donner aux aliments le goût de ce qu'ils sont.

L'utilisation de produits nouveaux

☐ Le marché propose aujourd'hui, dans toutes les familles d'aliments, bon nombre de produits à faible teneur énergétique : produits « light », crème allégée en matière grasse, édulcolorant pour remplacer le sucre, plats cuisinés basses calories, etc.

☐ La recherche agronomique et bio-technologique s'intensifie dans le but d'améliorer, entre autres, les espèces animales afin de commercialiser une viande et ses dérivés à teneur en matière grasse réduite.

☐ L'industrie agro-alimentaire améliore la mise au point de produits qui constitueront l'offre alimentaire de demain (pièce de viande reconstituée à partir de protéines végétales, réduction du taux de matière grasse dans les charcuteries par adjonction de tapioca ou de farine de coton, etc.).

Les nouvelles techniques culinaires

☐ Si le cuisinier intègre plus facilement la dimension de cuisine allégée, il le doit en partie au pouvoir médiatique exercé par les grands chefs de cuisine (Guérard, Senderens, Robuchon, etc.) et aux changements de mentalité qu'ils ont provoqués.

☐ De nouvelles habitudes s'instaurent, comme :
- l'utilisation de produits nouveaux pour alléger les sauces (yaourt, fromage blanc) ;
- la mise au point de recettes à partir d'édulcorants ;
- la réduction des quantités de sucre, de sel ou de matière grasse ajoutée dans les préparations culinaires ;
- l'utilisation de la purée de légumes pour les liaisons ;
- le développement des cuissons de type papillote, sous-vide (en basse température), à la vapeur, au maigre (sous la salamandre pour des petites pièces) ;
- l'utilisation de matériels ou appareils favorisant la cuisine allégée : pierre à cuisson, poêle anti-adhésive, roemertopf, Cocotte-Minute ou cuiseur-vapeur, polycuiseur, enceinte à micro-ondes.

DE NOUVEAUX PRODUITS

Les produits allégés en graisse

Les fromages allégés doivent obligatoirement comporter moins de 30 % de matière grasse.
La crème dite allégée ne devra pas contenir plus de 12 à 15 % de matière grasse.
Les sauces d'assaisonnement remplacent la matière grasse principale par un autre ingrédient de densité énergétique moindre. Par rapport au produit de référence qui contient une quantité d'huile supérieure à 75 % et que l'on appelle une vinaigrette, les produits dont la teneur en huile sera inférieure s'appelleront :
– *sauce vinaigrette* si la teneur en huile est comprise entre 50 et 75 % ;
– *vinaigrette allégée en matière grasse* si la teneur en huile est comprise entre 25 et 50 % (l'adjonction de dextrines et d'amidons modifiés permet cet allègement).
Les produits carnés allégés sont commercialisés après suppression de la graisse ou avec une teneur en graisse contrôlée.
Les compositions charcutières allégées sont confectionnées soit à partir de chair de poisson (la teneur en matière grasse d'un poisson dit gras reste inférieure à celle d'une viande dite maigre), soit en remplaçant la chair de porc par une chair de volaille, soit en diminuant la quantité du produit de base pour le compléter par des amidons.

Les édulcorants

Du latin *dulcor* signifiant douceur, les édulcorants sont des substances à saveur sucrée qui remplacent le sucre habituel (saccharose). Leur fort pouvoir sucrant (saccharine, aspartam) permet de les intégrer dans des compositions alimentaires comme les confitures, les crèmes, les glaces et plusieurs préparations de pâtisseries.

Néanmoins, l'utilisation de ces produits modifie parfois les caractéristiques organoleptiques (saveur et concentration des arômes) des compositions (arrière-goût amer lorsqu'ils subissent une cuisson au four, consistance plus fluide pour les crèmes, etc.). On distingue :
– *les édulcorants intenses* (aspartam, saccharine), utilisés en très petite quantité (une cuillère à café de poudre correspond à 5 morceaux de sucre de 5 g) et qui n'apportent pas de calories ;
– *les édulcorants dits massiques* (polyol, sorbitol), au pouvoir sucrant inférieur au saccharose, qui sont destinés aux produits à teneur réduite en sucre (identifiable par la mention sans sucre).

Les sels de régime

Ce sont des substituts du sel de cuisine et ils contiennent moins de 10 % de sodium pour 100 g. Le sodium est remplacé par du potassium ou de l'ammonium.

La cuisine végétarienne et macrobiotique

Certaines personnes adoptent des comportements alimentaires spécifiques. Ceci en liaison avec une croyance religieuse ou hygiénique. Ils ont tous quelques avantages mais d'importants inconvénients.

Le végétarisme

Le végétarisme suppose l'exclusion de la chair de tous les produits d'origine animale. On peut considérer que le végétarisme prend naissance dans la culture orientale, dont la cuisine a un taux de protéines animales très faibles. Il existe plusieurs types de végétarisme :
– le lacto-ovo-végétarisme préconise la consommation exclusive des produits végétaux, du lait et de ses dérivés, et des œufs. Sont exclus les viandes, les poissons et les volailles ;
– le lacto-végétarisme exclut les œufs en plus des précédents ;
– le végétalisme ne comporte que des aliments strictement végétaux. Certains adeptes de ce mode de vie préconisent même la suppression des légumineuses, ce qui fait courir d'importants risques carentiels.

Les catégories

☐ Le crudivorisme considère que les aliments lacto-ovo-végétariens doivent être consommés dans l'état où la nature les fournit, car la cuisson détruirait les grands principes nutritionnels indispensables. C'est la négation de toute cuisine. Seuls le pain, les semoules et les céréales sont consommés cuits.
☐ L'hygiénisme prête une grande importance à l'ordre dans lequel les aliments sont ingérés et à leur association. Selon cette théorie, chaque aliment exige une enzyme digestive spécifique. De plus, il est capable d'inhiber la digestion et l'absorption d'un autre aliment, ce qui risque d'entraîner putréfaction et fermentation.
☐ La macrobiotique est un système d'alimentation s'apparentant davantage à un art de vivre, une philosophie de l'être. Les aliments sont classés suivant des principes qui s'opposent. Les uns sont soumis au Yin (symbole de l'alcalinité), les autres au Yang (acidité). La macrobiotique consiste à équilibrer le Yin et le Yang et à organiser ainsi le comportement alimentaire. Dans nos régions, le régime macrobiotique privilégie les céréales et les légumes au détriment de la viande, des fruits et des desserts.

Les avantages et les inconvénients

☐ *Avantages.* Certains régimes peuvent rendre de grands services s'ils sont utilisés de façon passagère, car ils sont purifiants, apaisants, hypotoxiques. Ils permettent une consommation accrue de végétaux. Ils accroissent la consommation des fibres et des glucides et réduisent la consommation des graisses saturées.
☐ *Inconvénients.* Il y a un risque de déficit protéique et calcique, de déficience vitaminique et de carence hydrominérale. Ces régimes peuvent, à la longue, provoquer de graves troubles de déséquilibre alimentaire et de dénutrition. Les protéines végétales ont une moins grande valeur biologique que les protéines animales.

LE VÉGÉTARISME AU QUOTIDIEN

■ Des régimes végétariens

Les menus donnés ci-dessous respectent le principe de la complémentarité protéique.

Petit déjeuner	Déjeuner	Dîner
Café ou thé Pain Beurre Confiture Un œuf	Salade de champignons Tarte aux poireaux Yaourt Pain Compote	Potage de légumes Taboulé Pain Fromage Fruit
Café ou thé Pain Beurre Confiture Un œuf	Salade de lentilles Poivrons farcis au riz Pain Salade de fruits	Salade de carottes Pommes de terre Fromage blanc Pain Fruit
Café ou thé Pain Beurre Confiture Un œuf	Radis au fromage blanc Gratin dauphinois Salade Pain Fruit	Potage de cresson Soufflé au fromage Pain Compote de pruneaux
Café ou thé Beurre Confiture Pain Un œuf	Salade mixte (soja, tomates, maïs, pamplemousse) Purée Saint-Germain et croûtons Pain Crème caramel	Salade de gruyère Crêpes farcies aux champignons ou aux épinards Salade Pain Fruit

■ Les associations indispensables

La complémentarité des protéines ingérées, la variété de leurs sources, la consommation de protéines d'origine animale telles que le lait et les produits laitiers permettent de contourner le problème des acides aminés limitants et d'éviter les risques de déficit vitaminique ou de déficit en oligo-éléments. L'exclusion du lait et des œufs que s'imposent certains végétariens est à proscrire, car le risque de carence nutritionnelle est alors réel. À ces impératifs protéiques, qui supposent avant tout une bonne information des consommateurs éventuels, s'ajoute la nécessité d'un apport raisonnable en graisses et en sucres.

On distingue 21 acides aminés dont 8 acides aminés essentiels indispensables : l'isoleucine, la leucine, la lysine, la méthodine, la phénylalanine, la thréonine, le tryptophane, la valine.

Les familles des aliments apportant des protéines végétales sont les céréales, les légumineuses et les oléagineux.

Recette du Bircher-Muesli

Pour une portion (360 calories : 7,6 g de protides, 13 g de lipides et 54,4 g de glucides).

Laisser tremper pendant une nuit 3 cuillerées à soupe de flocons d'avoine dans 3 cuillerées à soupe d'eau. Ajouter 1 cuillerée à café de jus de citron, 2 cuillerées à café de jus d'orange, 1 cuillerée à café de miel et 2 à 3 cuillerées à café de lait ou de yaourt. En faire une bouillie homogène, puis ajouter une pomme crue ou râpée, ou une banane, ou une poignée de fruits ou de raisins secs, ainsi qu'une cuillerée d'amandes hachées. Laisser reposer au frais pendant 1 heure avant de servir.

Les formations aux métiers de la restauration

Si la plupart des jeunes choisissent l'école hôtelière pour effectuer leurs études, l'apprentissage et le compagnonnage permettent aussi d'acquérir les bases de cette profession.

Les différentes filières de formation

□ À partir de seize ans, un élève peut choisir la voie de l'apprentissage. Après avoir trouvé un employeur qui accepte de mettre en place un contrat d'apprentissage, il peut préparer un CAP en deux ans, avec une formation en alternance par cycles de deux semaines en entreprise et une semaine en CFA (Centre de formation des apprentis). Son diplôme en poche, il peut ensuite poursuivre par un BP (brevet professionnel) en prolongeant son contrat de deux années supplémentaires. Plus tard, il pourra également passer un BM (brevet de maîtrise) en unités capitalisables.

□ Les nombreuses écoles hôtelières offrent également un large choix de diplômes. À la sortie de la troisième, les élèves intéressés par la cuisine peuvent s'inscrire dans un lycée professionnel ou un lycée hôtelier (inscriptions avant le mois d'avril) pour préparer un BEP (en deux ans) ou un bac technologique (en trois ans). S'ils ont choisi la voie du BEP, ils pourront ensuite poursuivre par un bac professionnel (en deux ans) ou rejoindre le cycle bac technologique en terminale après une année en classe d'adaptation. Les élèves issus de ce cycle pourront ensuite accéder à une formation BTS (en deux ans). Tous les étudiants intéressés peuvent également, avec un bac général, choisir cette filière après avoir effectué une année de mise à niveau.

□ Avec un BTS, on peut suivre en université une formation en maîtrise de sciences et techniques en hôtellerie (deux années). Enfin, après une année de licence, on peut rejoindre le système éducatif par le biais des IUFM qui, en deux ans, forment au professorat technique.

Le compagnonnage : formation dans la rigueur et la tradition

□ Puisant ses racines dans un passé très lointain – la légende situe son origine à la construction du temple de Jérusalem vers l'an 1000 avant J.-C. –, le compagnonnage est une institution d'ouvriers qualifiés appelés compagnons qui maintiennent un esprit d'honnêteté, de fidélité et de qualité qui leur a permis de traverser le temps.

□ Aujourd'hui, le compagnonnage est composé de trois familles : la Fédération compagnonnique des métiers du bâtiment, l'Association ouvrière des compagnons du devoir du tour de France (qui fonctionne en école) et l'Union compagnonnique des compagnons du tour de France des devoirs unis. Si le compagnonnage s'est construit autour des métiers du bâtiment, il a, au cours des siècles, admis de nouvelles professions comme celles de bottier, maréchal-ferrant, luthier... Les cuisiniers sont admis à l'Union compagnonnique depuis bientôt un siècle.

□ Le jeune qui désire entrer dans le compagnonnage, après avoir pris contact, par l'intermédiaire d'un compagnon, avec le président d'une Cayenne (lieu de réunion des compagnons) s'en va travailler de place en place pour effectuer son tour de France. Pour porter le nom de compagnon, il lui faudra franchir plusieurs étapes en réalisant pour chacune un « chef-d'œuvre » démontrant ses capacités techniques.

LES TITRES ET DISTINCTIONS EN RESTAURATION

Les guides

Qu'ils soient régionaux – *Champérard, Hubert* – ou nationaux – *Michelin, Gault & Millau...* –, les guides apportent à la clientèle une sélection des principaux restaurants de nos régions afin de faciliter son choix. Pour le restaurateur, ils représentent un support commercial important.

Les plus représentatifs sont le *Guide Michelin* et le *Gault & Millau*. Leur mode d'évaluation est différent.

Pour le *Michelin,* il s'agit de macarons (à ne pas confondre avec les étoiles qui sont délivrées par les préfectures aux hôtels) ; au nombre de trois, ils représentent une référence pour le public et la profession. En 1995, 20 restaurants ont reçu la consécration suprême de trois macarons, 77, deux macarons, et 445, un macaron.

Le *Gault & Millau* attribue des toques rouges ou noires ainsi que des notes. Le summum se situe à 19/20.

Les maîtres cuisiniers de France

Les concours culinaires

De nombreuses compétitions techniques en plats chauds ou froids se déroulent chaque année, comme le prix Escoffier à Nice, le trophée des Toques blanches au Touquet, Le « Taittinger », le « Meissonnier », etc., mais le plus célèbre d'entre eux reste le concours des « meilleurs ouvriers de France », qui se déroule tous les trois ans.

L'épreuve comprend trois étapes :

– une épreuve écrite à la Sorbonne, non éliminatoire ;

– des demi-finales régionales sur un thème imposé de source classique. Cette épreuve très sélective ne retient qu'environ 10 % de candidats ;

– une finale nationale à partir d'un panier et de techniques imposées. Le nombre de lauréats n'est pas fixé à l'avance.

Les associations professionnelles

D'intérêt local ou régional, comme Les Tables du Lys-Bigourdan dans les Hautes-Pyrénées ou La Fraternelle de Midi-Pyrénées, ou nationales ou internationales, comme Les Jeunes Restaurateurs de France et d'Europe ou les toques blanches internationales, nombreuses sont les associations qui viennent soutenir la profession.

Deux d'entre elles, de par leur ancienneté et leur prestige, sont reconnues comme étant les plus réputées ; il s'agit de l'Académie culinaire de France et des Maîtres cuisiniers de France.

En 1986 a été créée la Chambre syndicale de la haute cuisine française, qui regroupe une soixantaine de cuisiniers classés au sommet de la hiérarchie des guides.

Les meilleurs ouvriers de France

La brigade de cuisine

La préparation des aliments est assurée dans les cuisines par un ensemble de cuisiniers réunis sous le terme de brigade. Placée sous l'autorité du chef ou « gros bonnet », la brigade se compose d'adjoints au chef de cuisine, de sous-chefs, de chefs de partie, de commis, éventuellement d'apprentis.

Le chef est responsable de la cuisine

□ *Le chef* dirige la cuisine comme un chef d'orchestre. Ses activités sont multiples. En règle générale, un chef consacre 10 % de son temps à cuisiner, notamment pour la mise en place de nouvelles recettes, et le reste de son temps est utilisé à la gestion, la commercialisation, l'encadrement de l'équipe, la promotion de l'établissement et la formation.
□ *Les adjoints* suppléent le chef lors de ses absences et participent à la mise au point des nouveaux plats.
□ *Les sous-chefs* apparaissent dans l'organigramme des établissements lorsque ceux-ci comportent plusieurs unités de restauration. Chaque sous-chef est responsable d'une unité (exemple d'unité : room-service, banquet, brasserie, gastronomique).

Les chefs de partie sont responsables d'un secteur précis de la production

□ Une brigade se compose de plusieurs chefs de parties : saucier, rôtisseur, poissonnier, garde-manger, entremetier, pâtissier. Chacun réalise un travail spécifique.
□ *Le saucier* confectionne tous les fonds et sauces. Il prépare toutes les volailles et viandes braisées, poêlées, sautées, pochées ainsi que les petites garnitures d'accompagnement. C'est le poste le plus sensible.
□ *Le rôtisseur* traite tous les aliments rôtis au four, à la broche, grillés et frits. Traditionnellement, il vide toutes les volailles et gibiers, mais ne bride que ceux qui seront rôtis. Il taille toutes les pommes de terre traitées à la friture et prépare le persil haché pour toutes les parties de la cuisine. Si le poste est important, il peut être secondé par un *friturier* ou un *grillardin*.
□ *Le poissonnier* s'occupe de la préparation de tous les poissons, crustacés et mollusques à l'exception de ceux qui sont frits ou grillés. Il prépare les pommes à l'anglaise, les sauces émulsionnées (hollandaise et béarnaise).
□ *Le garde-manger* reçoit, contrôle, garde en dépôt les denrées en provenance de l'économat. Il dépèce, dénerve, coupe les viandes de boucherie, détaille les volailles, découpe le poisson qu'il stocke dans des timbres à glace. Il distribue toutes les marchandises aux différentes parties pendant le service. Les plats froids, les sauces froides, les hors-d'œuvre sont confectionnés pour le garde-manger. Il est responsable de l'entretien de la chambre froide et du rangement de toutes les denrées qui s'y trouvent.
□ L'*entremetier* prépare les légumes, sauf ceux frits et grillés, les œufs, les potages.
□ *Le communard* est responsable de la confection des repas du personnel.
□ *Le pâtissier* réalise les pâtisseries et toutes les pâtes salées.
□ *Le tournant* remplace les chefs de partie durant leurs jours de congé.
□ *Les commis* ont un rôle d'exécutant, ils travaillent sous l'autorité de leur chef de partie.

LE TRAVAIL EN BRIGADE

L'organigramme de la brigade d'un palace

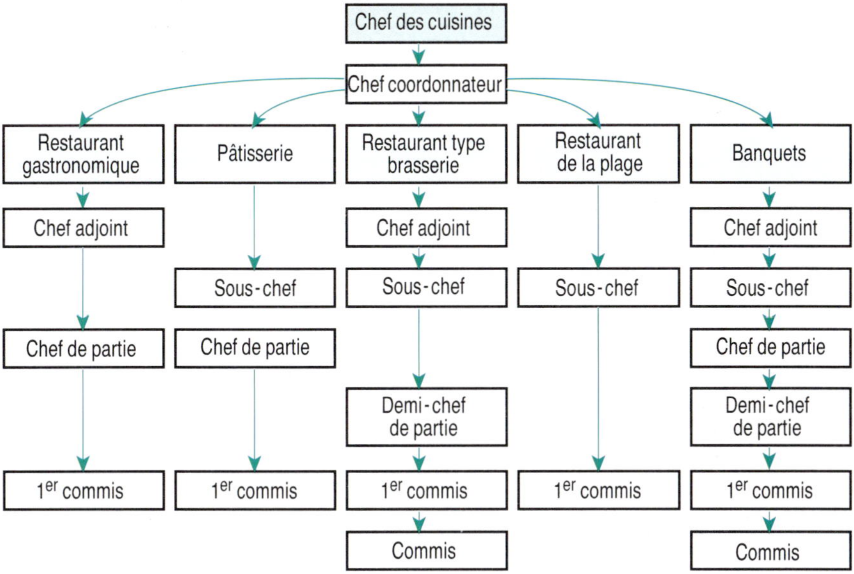

La brigade de La Côte d'Or à Saulieu

Autour du chef Bernard Loiseau, qui vient de recevoir sa troisième étoile, se trouve la brigade. Plus modeste que celle d'un palace, elle se compose d'un chef adjoint, de chefs de partie, de commis et de quelques stagiaires.

La tenue professionnelle

Pour réaliser son travail, le cuisinier revêt une tenue répondant à la tradition et à la circulaire du 9 août 1978, qui rappelle que le personnel doit porter un vêtement clair, afin de remarquer toutes salissures, et une coiffure propre enveloppant l'intégralité de la chevelure.

La veste

Elle est en pur coton ignifugé ou composée de 50 % de polyester. Elle peut être à double boutonnage, et les boutons en tissu ont la forme de petites boules pour permettre le déboutonnage rapide en cas de brûlure. Les manches sont à rabats afin de protéger les poignets de la chaleur. Une bonne veste doit être choisie ample, bien taillée, avec des qualités isothermiques pour qu'elle soit difficilement inflammable, hydrophile, facile d'entretien et très résistante.

Le pantalon

Il est en pur coton ignifugé ou composé de 65 % de coton et de 35 % de polyester. Traditionnellement de motif pied-de-poule, il faut le choisir sans revers et confortable.

La toque

Elle est obligatoire et doit envelopper l'intégralité de la chevelure tout en assurant une bonne aération du cuir chevelu. Elle empêche les cheveux de tomber dans les aliments et les protège des vapeurs, des fumées grasses et des odeurs. De nos jours, la toque est soit en coton, soit en non-tissé 100 % viscose, double épaisseur d'ouate de cellulose. Elle est jetable, permettant de réaliser une économie non négligeable sur le lavage, le repassage et l'amidonnage.

Le tour de cou

C'est un triangle de coton ou de métis blanc qui se porte noué autour du cou. Le but du tour de cou est d'absorber la transpiration du cou et du visage. Il est changé après chaque service.

Le tablier et les torchons

☐ Le tablier en coton se porte replié à la ceinture afin de protéger son utilisateur de la chaleur. La longueur du tablier se situe traditionnellement à hauteur du genou, il est maintenu par deux cordons qui se nouent sur le ventre. Le tablier comporte quelquefois une bavette.

☐ De moins en moins utilisés dans un souci d'hygiène, ils sont aujourd'hui remplacés par les maniques (ou manicles) pour prendre le matériel trop chaud, ou par le papier absorbant.

Les chaussures

Elles sont en cuir blanc, de préférence. Couvertes, elles permettent une plus grande protection en cas de brûlures ou de chute d'objets lourds ou tranchants. Elles doivent être antidérapantes, confortables et résistantes.

L'HABIT FAIT LE CUISINIER

La tenue d'hier et d'aujourd'hui

Tenue du XIXe siècle

Tenue d'aujourd'hui

La veste a six boutons.
Le tablier atteint le genou.
Les chaussures sont des escarpins.
Hier comme aujourd'hui le col est à jabot, le torchon se porte à la ceinture.

La veste moderne a 4 boutons et des manches amples. Elle peut s'ouvrir par les côtés pour donner encore plus d'aisance.
Le tablier s'arrête toujours au genou.
Les bottes ont remplacé les escarpins.

Le bonnet du XVIIIe siècle

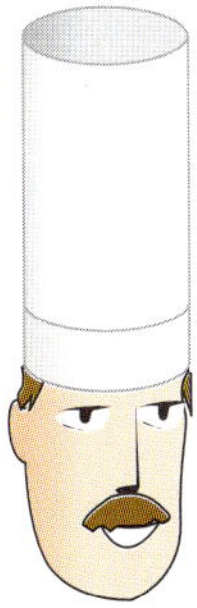

La toque de Carême

La toque d'aujourd'hui

La toque

C'est l'emblème de la profession. Les gros bonnets furent portés par les chefs de cuisine à partir du XVIIIe siècle. La toque date de 1823. À cette date, la hauteur de la toque augmente au fur et à mesure que l'on monte dans la hiérarchie.

Carême trouvait que le bonnet, avec ou sans gland, donnait au cuisinier des allures de malade. Il invente la toque en découpant un morceau de carton qu'il glisse dans le bonnet. Certains y mettaient un brin d'osier pour la rendre plus rigide, d'autres du thym et de la lavande pour la parfumer, d'autres encore, comme Escoffier l'arbore plate et molle. Le plissage et l'empesage datent de la fin de la Première Guerre mondiale et sont le travail de repasseuses talentueuses et imaginatives.

Le local cuisine

Le local cuisine est un ensemble complexe de différentes zones équipées de matériel spécifique où l'on observe une hygiène scrupuleuse. Ces zones assurent la transformation des denrées brutes en plats cuisinés. Le garde-manger, la pâtisserie et le lieu de cuisson en constituent les trois endroits clés.

La zone cuisson ou cuisine chaude

□ Point central d'une cuisine traditionnelle, on y assure l'ensemble des cuissons pour les denrées ayant subi un traitement préliminaire. Seuls les produits propres peuvent entrer dans cette zone, qui est le plus souvent perpendiculaire à la zone de distribution. Le poste cuisson est équipé d'un fourneau qui peut être central, adossé à un mur ou suspendu à celui-ci. Il est ergonomique, alimenté au gaz ou à l'électricité, et sa composition varie en fonction de la nature de la prestation et du nombre de couverts à assurer (traditionnel, restauration sociale). Les appareils qui composent le fourneau doivent être performants et peuvent se résumer ainsi : four, friteuse, grillade, feux nus, plaque coup de feu, salamandre, plaque à indication, plan neutre, bain-marie, sauteuse basculante, marmite (en restauration de masse).

□ Des tables de travail sont réparties autour du fourneau ainsi que quelques appareils électromécaniques, des points d'eau, des lave-mains, des rangements pour la batterie (barre à crochets pour la suspendre), des échelles, des tiroirs réfrigérés pour la mise en place nécessaire au service.

Le garde-manger ou cuisine froide

Autrefois simple casier suspendu et exposé aux courants d'air, dans lequel on conservait les denrées périssables, le garde-manger occupe aujourd'hui une fonction essentielle en restauration traditionnelle. Implanté à proximité des stockages et du passe pour la distribution, ce local doit être frais, aéré et bien éclairé. Compte tenu des travaux qui y sont réalisés (préparation et stockage des viandes et poissons, préparation et dressage de tous les plats froids, conservation des denrées après cuisson), le garde-manger doit être équipé de chambres froides ou armoires réfrigérées, de tables de travail, de matériel électromécanique, de lave-mains, d'une machine à fabriquer les glaçons et éventuellement d'une cellule de refroidissement.

La pâtisserie ou laboratoire de pâtisserie

Ce local indépendant existe dans tous les restaurants traditionnels et se situe généralement à proximité du passe. Il est souvent combiné au local glacerie, qui sera distinct et équipé d'un conservateur à – 20 °C et d'une sorbetière. La fabrication des pâtisseries et crèmes constitue une des sources les plus importantes d'intoxication alimentaire ; aussi convient-il d'être très rigoureux en ce qui concerne l'hygiène des locaux, des équipements et des préparations. L'équipement de la pâtisserie se compose généralement de matériels de cuisson (fours à briques réfractaires ou à air pulsé, chambre de pousse contrôlée, brûleurs), de matériel électromécanique (batteur-mélangeur, laminoir, mixer), de tables de travail (marbre réfrigéré et tables neutres), de matériel de manutention (échelles), de matériel de rangement et, surtout de matériel producteur de froid.

CARACTÉRISTIQUES D'UN LOCAL CUISINE

■ La cuisine professionnelle type

Elle permet de visualiser les espaces nécessaires pour la production culinaire dans un restaurant traditionnel. Chaque zone de travail porte un nom spécifique où s'effectuent des tâches précises. En général, ces zones sont implantées en fonction de l'arrivée des marchandises et du passe de distribution, l'essentiel étant de réduire au maximum les déplacements.

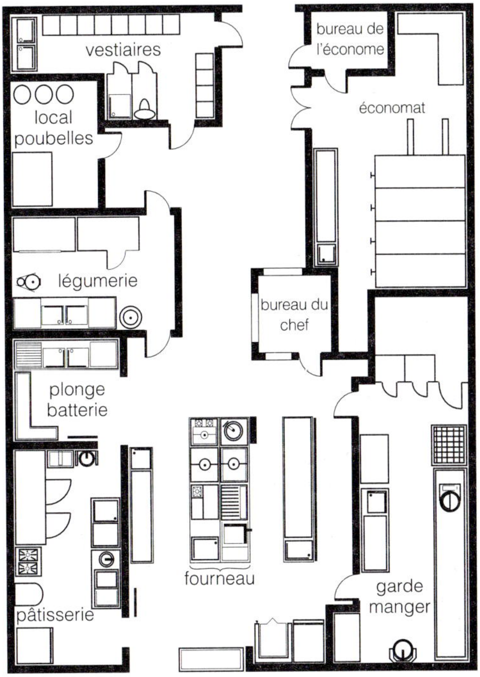

La cuisine professionnelle type

■ La cuisine familiale classique

Ce type de cuisine est beaucoup plus réduit. Son aménagement est adapté à la surface disponible et au nombre de repas à réaliser. Comme précédemment, les déplacements pourront être minimisés par une organisation spatiale rationnelle.

Une cuisine familiale classique

La cuisine centrale

Avec le développement de la restauration hors foyer (près de 6 milliards de repas en 1996), il est apparu plus économique et plus rationnel de regrouper les sites de production en cuisines industrielles. Cette organisation a impliqué une notion nouvelle en restauration : la cuisine différée dans le temps et dans l'espace.

Le principe de fonctionnement d'une cuisine centrale

Les cuisines centrales peuvent être municipales, hospitalières ou indépendantes (fabrication industrielle de plats cuisinés). Elles assurent toutes les fonctions d'un site de production : mise en place des menus, approvisionnements, préparations, cuissons, conditionnement, mais elles ont la particularité d'alimenter différentes cuisines-relais sur les points de consommation.

Différents systèmes de production

Différents procédés de fabrication et de distribution peuvent être envisagés :
– *la liaison chaude* : les plats cuisinés sont fabriqués et distribués chauds (à une température supérieure à 65 °C) le même jour ;
– *la liaison froide* : elle peut être réfrigérée (+ 3 °C) ou surgelée (– 18 °C) ; les plats cuisinés sont fabriqués refroidis, distribués et remis à température sur le site de consommation. Dans le respect de la législation du 26 juin 1974, les plats peuvent être conservés six jours ;
– *la liaison mixte* : c'est généralement le cas des hôpitaux. Les plats sont fabriqués et distribués en liaison froide de la cuisine centrale aux cuisines relais de l'hôpital où ils sont remis à température et dressés sur assiette pour être distribués dans les différents services. Dans ce cas, des préparations délicates comme les grillades ou les fritures peuvent être effectuées dans les cuisines relais.

Le personnel

☐ Le chef (qui parfois assure la fonction de gérant) est entouré d'ouvriers professionnels (OP). La qualification du cuisinier est indiquée par un indice qui va du plus qualifié (OP1) au moins qualifié (OP3). Des agents non spécialisés (ANS) assurent les tâches secondaires comme les épluchages, dressages de hors-d'œuvre, service, entretien...
☐ La promotion est assurée par l'ancienneté (restauration concédée) ou par concours administratifs (hôpitaux publics, établissements scolaires).
☐ Le rythme de travail est régulier, sans « coup de feu » ni dépassement d'horaire.

Les menus

☐ Ils sont établis sous forme de planning hebdomadaire (plan de menu) par un groupe constitué du chef, de représentants administratifs et d'une diététicienne. Dans les entreprises, des représentants du personnel participent également à ces commissions.
☐ Des semaines à thème et différentes animations sont de plus en plus souvent proposées afin de séduire une clientèle de plus en plus exigeante.

PRINCIPE DE FONCTIONNEMENT D'UNE CUISINE CENTRALE MUNICIPALE

Exemple des sites de distribution

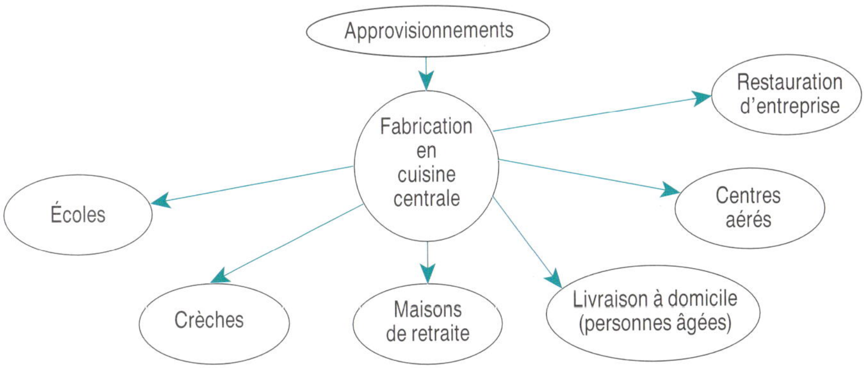

Le principe de la marche en avant

Une des règles d'or dans l'implantation des locaux de fabrication est la « marche en avant ». Elle consiste à concevoir la cuisine de telle sorte que les produits, de leur arrivée jusqu'à leur consommation, aillent toujours de l'avant (des zones les plus sales vers les zones les plus propres) et qu'à aucun moment un circuit sale ne vienne croiser un circuit propre. Si par ailleurs tous les locaux spécifiques pour le stockage, la fabrication et l'entretien ont bien été implantés et que les distances entre chaque zone sont les plus courtes possible, on a la garantie d'une implantation réussie.

À propos des températures

L'application de la réglementation en ce qui concerne les barèmes des températures à observer durant les différents stades de l'élaboration des produits cuisinés en liaison froide est très rigoureuse. Ainsi, les aliments doivent être cuisinés à une température supérieure à 65 °C pendant toute la durée de la cuisson. Ils sont ensuite conditionnés à chaud (toujours à une température > 65 °C) puis placés en cellule de refroidissement pour descendre à une température < 10 °C, et cela en moins de 2 heures. Ils doivent alors être stockés dans des chambres froides spécifiques à une température maximale de + 3 °C. Leur durée de conservation est alors de six jours. La remise à température devra se faire en moins d'une heure pour une température à cœur du produit > 65 °C.

Avantages apportés par une production en cuisine centrale

La production en cuisine centrale présente de nombreux avantages sur les plans économique, hygiénique et social. La surface d'implantation est plus restreinte pour une production donnée qu'un ensemble de sites sur le lieu de consommation ; de plus, le prix d'achat du terrain (en zone industrielle) est plus intéressant. Une gestion centralisée permet de mettre en place une politique d'achat plus agressive (volumes d'achats importants). L'organisation des locaux et les circuits de fabrication étudiés garantissent une bonne hygiène (application stricte du principe de « la marche en avant »). Des contrôles bactériologiques sont effectués régulièrement sur les plats élaborés.

Les normes d'hygiène

Les entreprises de restauration sont soumises à un cadre réglementaire très exigeant. Aussi, le respect des règles d'hygiène au niveau des locaux, des denrées et du personnel, entre autres, constitue un gage de qualité. L'achat, le stockage, la préparation et la conservation des denrées sont très surveillés.

L'hygiène des locaux

□ La loi impose trois grands principes en matière d'hygiène des locaux :
– la sectorisation des opérations de production ;
– la réduction, au plus court, des circuits afin d'éviter les variations de température des produits ;
– le respect du principe de la marche en avant où le circuit sale et le circuit propre ne doivent pas se croiser.

□ Un entretien quotidien des locaux et des équipements avec des produits adaptés (bactéricides et fongicides), une maintenance régulière des installations, une ventilation suffisante, une qualité des peintures et revêtements muraux imputrescible et résistante, des plinthes en gorge arrondie et la défense d'entrée aux plantes vertes et aux animaux sont des consignes imposées par la réglementation.

L'hygiène du personnel

□ Pour éviter que le personnel contribue à la contamination des denrées, soit en raison d'un état de santé déficient, soit par une hygiène corporelle et vestimentaire insuffisante. Quatre grandes règles sont à respecter :
– une visite médicale à l'embauche, puis annuelle ;
– se laver régulièrement les mains, changer souvent de tenue ;
– subir une formation renouvelée en matière d'hygiène des aliments ;
– dans les laboratoires, se protéger les cheveux et porter un masque et des gants lorsque cela est prescrit.

L'hygiène des denrées

□ Toutes les denrées qui entrent dans la réalisation des plats proposés à la carte ou au menu proviennent de filières qui garantissent, en amont, leur qualité sanitaire ; des marques d'identification, contrôlées par l'État et placées directement sur les conditionnements ou sur les produits, en témoignent. Les estampilles sanitaires des viandes, poissons et crustacés, les étiquettes de couleurs différentes (rouge, vert, jaune, gris) qui accompagnent les emballages de légumes, la banderole rouge et blanche qui caractérise les œufs extra-frais, les dates limites de consommation (DLC) ou les dates limites d'utilisation optimales (DLUO) sur la crémerie ou les produits surgelés et appertisés (conserves), l'indication des provenances sont autant de témoins dans la recherche du produit de qualité.

□ En plus des indicateurs génériques, les fournisseurs ajoutent des marques d'identification qui sont les symboles d'une qualité garantie au niveau sanitaire mais aussi organoleptique. L'AOC (appellation d'origine contrôlée), le label Rouge ou le label régional contribuent à cette recherche de qualité.

LES RÈGLES À RESPECTER

Lors de l'achat

Contrôler les dates de consommation, vérifier les températures de stockage (au rayon frais, notamment), refuser les produits surgelés présentant des signes de décongélation partielle. Transporter les produits surgelés dans des emballages hermétiques.

Lors du stockage

Aussitôt les achats terminés, stocker rapidement au réfrigérateur à + 3 °C ou dans le congélateur à – 18 °C. Cela évitera une trop grande variation des températures, qui peut être néfaste pour les produits frais. Les conserves et produits d'épiceries seront stockés entre 15 et 18 °C, sur une étagère correctement aérée et située dans un endroit sec. On évitera de stocker les produits secs avec les produits d'entretien.

Lors de la préparation

Pour se développer dans de bonnes conditions, les microbes ont besoin d'humidité, de tiédeur et de nourriture. Lorsque les manipulations sont nombreuses et que l'on traite des petites pièces de viande ou de poisson, entre autres, le risque est d'autant plus grand. Il faut donc éviter les attentes prolongées à l'air ambiant et traiter le plus rapidement possible les denrées animales ou d'origine animale. Les personnes en contact direct avec les produits ne devront pas présenter d'infections cutanées, intestinales ou respiratoires (grippe, etc.). Un lavage des mains avant, pendant et après chaque manipulation est fortement recommandé.
On évitera autant que faire se peut d'éplucher les légumes directement sur les planches de découpe où seront effectuées les découpes de poisson ou de viande. L'utilisation d'une cuillère pour goûter une sauce est certainement plus hygiénique que celle d'un doigt.

Lors de la conservation

En restauration, les services vétérinaires recommandent de ne pas conserver les restes ou seulement dans certaines conditions. Dans une cuisine familiale, il est conseillé de refroidir au plus vite les restes et, au moment de les réchauffer, de pousser la température le plus longtemps possible.
Il faut maintenir les produits froids au réfrigérateur jusqu'au moment du service, et les produits chauds à + 65 °C.

Le système HACCP (hazard analysis critical control point)

On le traduit par l'ARMPC, soit l'analyse des risques pour la maîtrise des points critiques.
C'est un système de surveillance des risques basé sur sept principes. La sécurité alimentaire est recherchée au travers d'une réglementation qui s'appuie sur des textes horizontaux (du 9 mai 1995 et du 29 septembre 1997). Ils s'appliquent aux denrées, quelle que soit la profession, de la production à la distribution. Cette approche impose une obligation de résultats.

La marque de salubrité

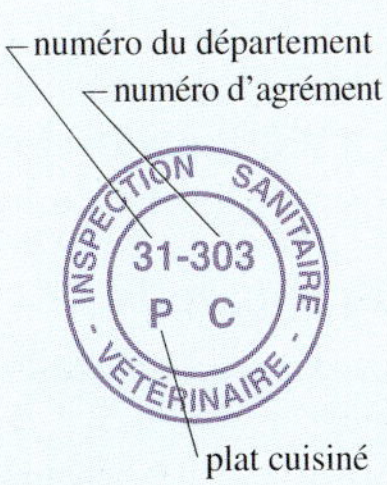

Une marque de salubrité accordée par les services vétérinaires en cas de conformité doit être obligatoirement apposée sur tous les emballages de plats cuisinés à l'avance ainsi que sur tout document de transport qui l'accompagne.

Les normes de sécurité

Les risques en matière d'incendie ou ceux liés au travail en cuisine sont relativement importants. L'utilisation des couteaux et des appareils électromécaniques, l'usage du feu, l'alimentation au gaz, les produits inflammables sont autant de facteurs qui génèrent des accidents et des incapacités de travail.

La sécurité incendie

☐ La réglementation modifiée du 25 juin 1980, qui s'impose aux établissements recevant du public, vise quatre objectifs prioritaires : supprimer les causes de début d'incendie, limiter l'action dévastatrice du feu, assurer l'évacuation des personnes et faciliter l'intervention des secours. En cuisine, les risques sont importants, notamment avec l'utilisation d'énergies comme le gaz, qui doit être couplé avec le fonctionnement de la ventilation, mais aussi comme l'électricité et le butane.
☐ À proximité des friteuses se trouvent des couvertures ignifugées pour circonscrire au plus vite un début d'incendie. Les extincteurs portatifs, implantés obligatoirement dans toute la cuisine, sont à eau pulvérisée ou à neige carbonique. La distance pour les atteindre ne doit pas dépasser 15 mètres, afin d'intervenir au plus vite. Chaque cuisine peut en plus être équipée, selon les cas, de déversoirs à eau fixés au plafond *(sprinklers)*, de pompe à incendie, de sable. Elles sont toutes équipées de détecteurs de fumée et de gaz et sont reliées à une centrale d'alarme.
☐ Le contrôle des installations électriques, l'interdiction de fumer, la formation préventive du personnel à l'évacuation et au respect des consignes, l'affichage de ces consignes sont autant de moyens pour réduire les risques d'incendie.

La sécurité en cuisine

☐ Les accidents en cuisine sont principalement dus aux manutentions et manipulations, aux chutes de plain-pied et dénivellation, aux couteaux, aux risques liés à la cuisson, à l'utilisation des fours et des appareils électromécaniques.
☐ Pour prévenir ces risques, plusieurs consignes doivent être respectées, à savoir :
- utiliser des protections individuelles pour éviter les coupures (gants et tabliers métalliques pour le travail de la viande, par exemple) ;
- fixer et ranger les couteaux sur des barres magnétiques ;
- rechercher la meilleure posture pour soulever les charges ;
- entretenir parfaitement les sols qui devront être antidérapants ;
- porter des chaussures de sécurité ;
- entreposer les produits d'entretien dans des armoires fermant à clef ;
- afficher les consignes d'utilisation des appareils ;
- bien éponger les produits avant de les plonger dans un corps gras, etc.

La sécurité des appareils

L'Afnor, Agence française de normalisation, a imposé la marque NF (norme française) comme garant de la sécurité des appareils commercialisés. Elle s'accompagne, depuis le 1er janvier 1995, de la marque CE (Communauté européenne). Ces identifications attestent que le matériel a subi des contrôles et qu'il est conforme aux exigences en matière de sécurité.

QUELQUES CONSIGNES DE SÉCURITÉ

L'organisation d'un plan de travail

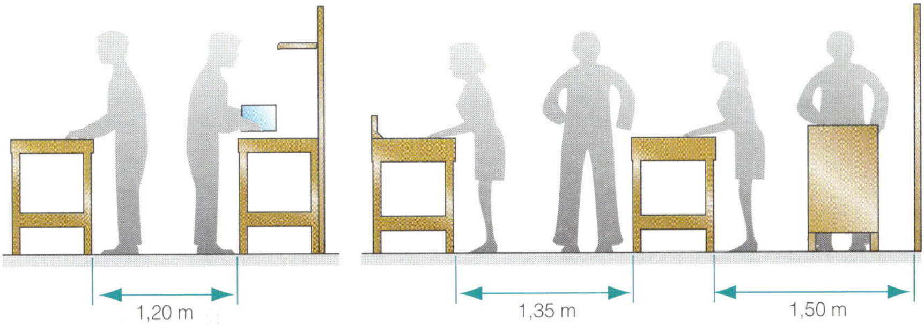

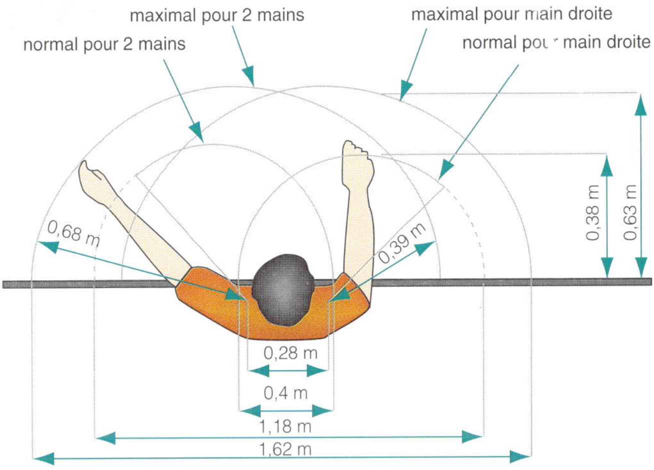

Quelques principes de manutention manuelle

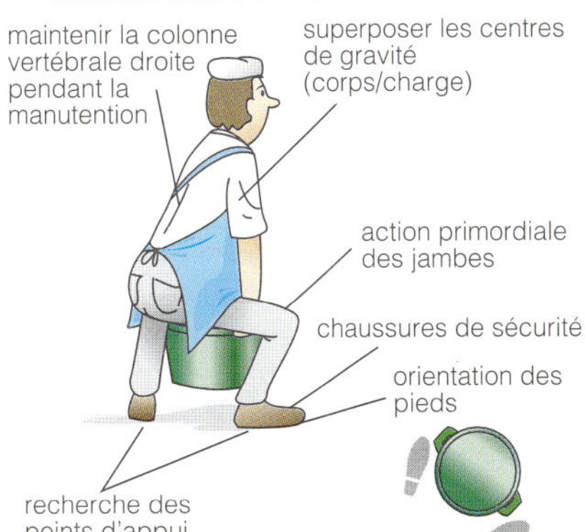

L'utilisation des appareils électromécaniques

– Vérifier le bon état du câble d'alimentation et de sa liaison à la terre.

– Vérifier le bon calibrage des fusibles.

– Utiliser les appareils conformément aux notices livrées par le constructeur.

– Respecter les volumes et les poids compatibles avec les appareils.

– Effectuer les opérations de nettoyage hors tension.

– Prendre le maximum de précautions pour le nettoyage des lames et couteaux.

– Vérifier périodiquement le bon fonctionnement des organes de sécurité.

La ventilation

Les appareils qui équipent une cuisine sont, pour la plupart, générateurs de nuisances qui affectent la qualité de l'air : vapeur, chaleur, graisses, poussières, gaz brûlés, etc. Trois systèmes de ventilation permettent d'extraire cet air vicié et de le remplacer par de l'air pur.

L'extraction de l'air vicié

Pour obtenir de bonnes conditions de travail et éviter tout risque d'altération des denrées par une atmosphère viciée, il convient d'extraire en moyenne 300 litres par seconde et par mètre carré de surface de cuisson. Ce volume d'air extrait doit toujours être supérieur de 30 % au volume d'air renouvelé afin de créer une dépression qui évitera le refoulement des nuisances vers la salle du restaurant. Si elle doit être performante, l'extraction ne doit pas pour autant créer des nuisances sonores.

La captation et la filtration

□ Pour améliorer la performance de la ventilation, on équipe généralement le dessus du fourneau d'une hotte et d'un capteur muni de filtres. Ensemble peu esthétique, il est néanmoins très utile. La hotte, qui doit déborder de 20 cm de l'aplomb des appareils qu'elle recouvre, emprisonne l'air vicié et permet de réduire le débit d'extraction.

□ Le capteur, de forme triangulaire, intercepte et canalise l'air pollué vers des filtres. Ceux-ci retiennent les poussières et les graisses, qui peuvent s'écouler dans des bacs de récupération placés juste au-dessous. Les filtres, s'ils ne sont pas jetables, nécessitent un entretien régulier.

Le renouvellement de l'air

□ L'air extrait doit toujours être compensé par de l'air neuf qui doit, en principe, être filtré et éventuellement préchauffé, surtout en hiver, par l'intermédiaire d'un dispositif de chauffage que l'on appelle aérotherme.

□ Qu'elle soit naturelle ou mécanique, la vitesse de circulation de l'air doit permettre un balayage correct de la cuisine, sans incommoder les occupants.

Les trois systèmes de ventilation

□ La ventilation est naturelle lorsque l'air vicié est évacué par tirage naturel et l'air neuf introduit à partir d'ouvertures situées en partie basse du local. Ce système peu performant ne permet pas de respecter les directives réglementaires.

□ La ventilation est semi-mécanique lorsque l'air vicié est extrait par l'intermédiaire d'un ventilateur plus ou moins puissant qui l'aspire vers l'extérieur, généralement vers le toit. L'air neuf entre par les ouvertures comme évoqué précédemment.

□ La ventilation est mécanique lorsque l'air extrait comme l'air introduit le sont par l'intermédiaire d'un ventilateur électrique. Le plafond filtrant est une ventilation mécanique sur laquelle on a supprimé la hotte et les filtres inesthétiques pour les remplacer par des cassettes de soufflage, des cassettes neutres, des cassettes filtrantes qui sont intégrées directement dans un faux-plafond qui dissimule le système mécanique proprement dit.

LES DIFFÉRENTES INSTALLATIONS

La ventilation dans une cuisine professionnelle

Le principe de base d'une installation professionnelle et d'une installation ménagère est relativement le même. Les appareils d'extraction sont plus puissants et le système de captage dispose d'une surface plus importante.
Le plafond filtrant, esthétique mais cher, n'équipe qu'un petit nombre de cuisines.

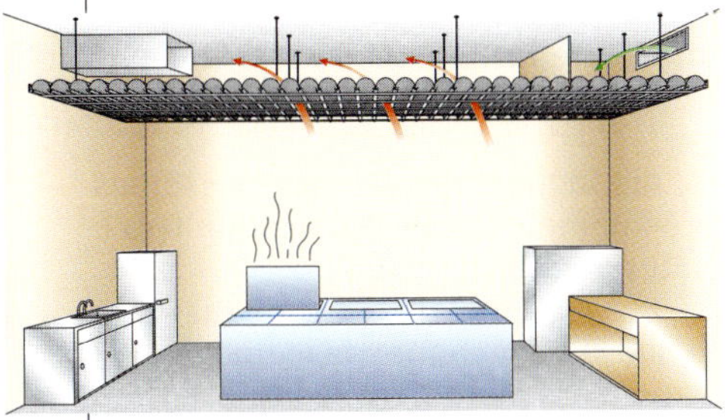

La ventilation sans insufflation d'air : l'air vicié est emprisonné dans un mouvement d'air provoqué par l'aspiration d'une turbine. La dépression ainsi réalisée dans la cuisine évite aux odeurs et nuisances de polluer le restaurant.

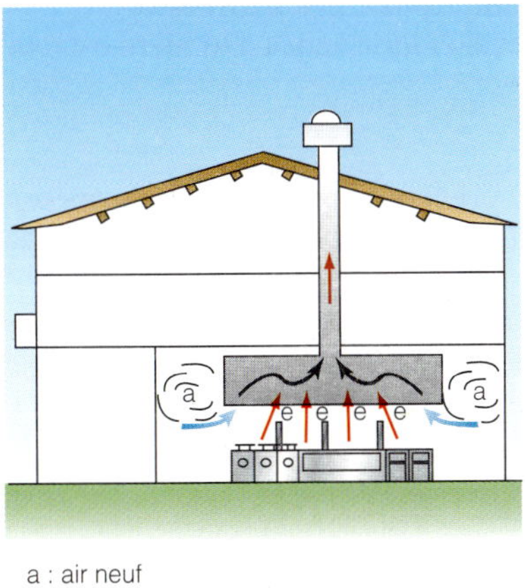

a : air neuf
e : air polluant

La ventilation dans une cuisine familiale

La ventilation naturelle est assurée par les interstices des portes et des fenêtres, par les trous grillagés pratiqués dans les murs ou dans les portes, par l'installation d'une hotte et enfin par l'aérateur statique actionné par l'air chaud et vicié.

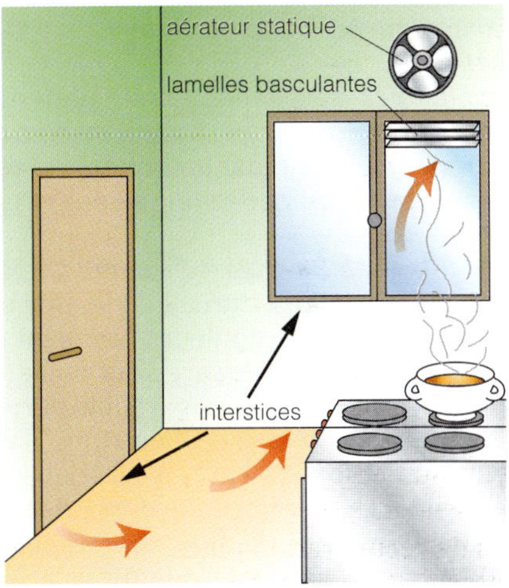

La ventilation forcée est activée par un moteur électrique qui aspire l'air vicié et le rejette à l'extérieur.

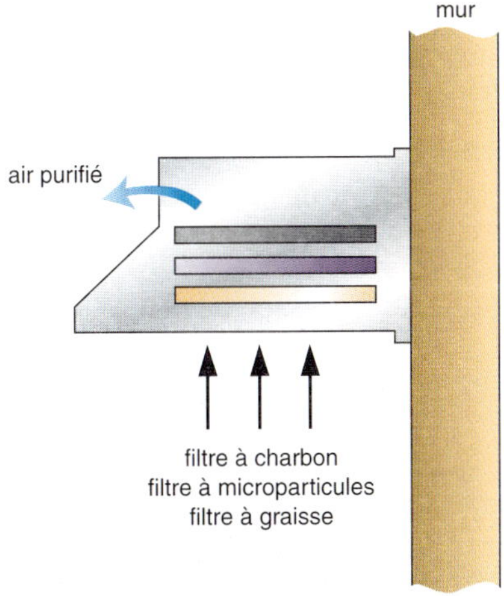

L'éclairage

L'éclairage joue un rôle essentiel dans le confort du lieu de travail ; facilite souvent l'activité et peut éviter des accidents. Il est donc important de déterminer judicieusement le type et l'emplacement des sources lumineuses. Leur choix se fait suivant des critères de sécurité très précis.

Les sources lumineuses

☐ *La lumière naturelle* est diffusée par des fenêtres larges et mobiles à glissières ou des baies.
☐ *Les lampes à incandescence* émettent de la lumière grâce à un filament porté à incandescence par le passage d'un courant électrique. Bon marché, simple à mettre en service, le principal inconvénient réside dans une forte émission de chaleur, d'où une faible efficacité lumineuse et une durée de vie limitée. Elles favorisent les couleurs rouges.
☐ Les *lampes à incandescence aux halogènes* se distinguent des lampes classiques par une plus grande durée de vie, une efficacité lumineuse supérieure et un faible encombrement. Les couleurs prennent des teintes vives.
☐ *Les lampes à fluorescence* sont constituées d'un tube en verre. Ce tube est muni d'une électrode à chaque extrémité et renferme une faible quantité de mercure dans un gaz rare. La décharge électrique dans la vapeur de mercure à basse pression produit un rayonnement qui est transformé en lumière. Ces lampes ont une efficacité lumineuse élevée et une durée de vie six fois plus élevée qu'une lampe à incandescence classique. Le tube reproduit le spectre complet de l'arc-en-ciel et offre un rendu des couleurs quasi identique à la lumière du jour.

Les types d'éclairages

☐ *Direct* : la lumière des sources lumineuses est totalement dirigée vers les zones à éclairer. Les surfaces horizontales sont correctement éclairées, mais le plafond reste sombre. Les ombres sont atténuées en multipliant les sources.
☐ *Mixte* : c'est la combinaison d'éclairages directs et indirects. La lumière est à la fois dirigée vers le plafond et vers le sol.

Le choix du matériel

Il se fait suivant des critères de sécurité très précis. La protection des personnes contre les chocs électriques est différente suivant les appareils qui sont répartis en trois classes.

Classe 1	Classe 2	Classe 3
Matériel ayant au moins une isolation principale en toutes parties et comportant l'ensemble des dispositions permettant de relier ses parties métalliques à un conducteur de protection.	Matériel ayant au moins une isolation principale en toutes parties et comportant l'ensemble des dispositions permettant de relier ses parties métalliques à un conducteur de protection.	Matériel prévu pour être alimenté sous une tension ne dépassant pas les limites de la très basse tension (50 V) et n'ayant aucun circuit, ni interne ni externe, fonctionnant sous une tension supérieure à ces limites.

L'ÉCLAIRAGE ET L'INCIDENCE DES COULEURS

L'éclairage de la cuisine et de ses annexes

Lieux de travail	Caractéristiques	Éclairages
Office	Pour permettre de vérifier aisément la qualité des plats et des mets avant le service, il est indispensable d'avoir un minimum de clarté.	300 lux
Pâtisserie	L'éclairage doit être très intensif pour permettre de travailler les décors avec précision.	500 lux
Garde-manger	C'est la pièce maîtresse de la cuisine, 90 % des denrées y sont stockées puis contrôlées.	300 lux
Économat	Stockage des denrées, limitation des rayons ultraviolets pour éviter l'altération de la peau des légumes et la destruction des vitamines ; faible éclairage.	100 lux
Plonge	Une bonne qualité des nettoyages nécessite une lumière forte.	500 lux
Légumerie	Le nettoyage, l'essorage et le contrôle de la qualité des légumes, soit 500 lx avec un bon indice de rendu des couleurs, sont indispensables.	500 lux
Pannerie	Zone de stockage du pain, éclairage moyen.	300 lux

L'influence des couleurs

Les couleurs de la cuisine sont fonction de sa taille et de sa luminosité.

L'harmonie est pleinement atteinte lorsque la pièce combine trois couleurs : une couleur chaude (jaune, orange, rouge, pourpre), une couleur froide (violet, bleu, vert) et une couleur vive spécifique aux petites surfaces.

Le blanc est une couleur monotone, éclatante ; elle fatigue la vue. Utilisé comme fond, le blanc fait ressortir tout le reste.

Les gris relient parfaitement les harmonies.

Le jaune est gai, stimule l'œil et les nerfs. Attention, les jaune paille et les jaune d'or deviennent vite poussiéreux. Des touches de vert, de prune, de marron l'illuminent.

L'orange, chaud et euphorique, convient aux cuisines non ensoleillées.

Le vert, bien que reposant, peut donner mauvaise mine à tous les plats. Il aura intérêt à être rehaussé par du rouge cerise ou du blanc cassé.

Si *le bleu* refroidit trop l'atmosphère, *le rouge* l'excite ; l'un comme l'autre conviennent aux petites surfaces.

Ne jamais associer beige et gris, violet et beige, marron et rouge.

Dans la cuisine de la ménagère

Il faut un éclairage général au plafond et au centre de la pièce d'une valeur de 200 lux. À cela il convient d'ajouter des éclairages spécifiques pour éviter les ombres portées de l'éclairage central. L'idéal est de couper ce dernier au profit des éclairages localisés lors de la réalisation de travaux précis. L'évier, le ou les plans de travail, la table de cuisson doivent avoir un éclairage localisé ne dépassant pas 2 000 lux.

La production de froid

Le froid positif ou négatif fait actuellement partie des technologies indispensables pour une bonne conservation des aliments. Les systèmes de production présents sur le marché permettent de satisfaire l'ensemble des consommateurs, de l'entreprise familiale à l'entreprise industrielle.

Comment produire du froid artificiellement ?

Pour produire du froid, il faut absorber la chaleur d'un milieu dont la température devient aussi inférieure à celle des milieux de refroidissement naturels (eau, air, etc.). Pour ce faire, on utilise des phénomènes absorbant de la chaleur, à des températures inférieures à celle du milieu à refroidir :
- dissolution de certains sels dans l'eau, tel le nitrate d'ammonium ; ce procédé est très peu utilisé ;
- changement d'état à l'air libre de certains corps : par fusion d'un corps solide (glace hydrique), par évaporation d'un liquide (azote liquide), par sublimation d'un corps solide (anhydride carbonique).

Le système à compression

La production mécanique s'opère à l'aide d'une machine thermodynamique et d'un fluide frigorigène (Fréon, Florane sont les marques les plus courantes). Le froid est produit par évaporation du fluide frigorigène dans l'évaporateur, celui-ci arrive à basse pression dans l'évaporateur ; là, il s'évapore et se transforme en gaz en absorbant les calories contenues dans l'évaporateur, qui devient très froid. Le fluide gazeux chargé de calories est ensuite aspiré par le compresseur qui, en augmentant sa pression, élève la température, puis le refoule vers le condenseur situé à l'extérieur de l'enceinte réfrigérée. Là, le gaz se liquéfie en cédant sa chaleur au milieu ambiant. Le fluide frigorigène passe ensuite dans le détendeur situé entre le condenseur et l'évaporateur, qui le ramène à basse pression et permet de continuer le cycle.

Le système à absorption

Le système à absorption est composé d'un bouilleur, d'un condenseur, d'un évaporateur et d'une source de chaleur. Ces différentes parties sont reliées entre elles par des tubes en acier. Le système est fermé après remplissage avec le fluide frigorigène, constitué d'eau et d'ammoniaque. La pression adéquate est réglée dans le circuit frigorifique par la présence d'un gaz inerte, l'hydrogène, circulant entre l'évaporateur et l'absorbeur. L'évaporation est provoquée par une source de chaleur (exemple : l'électricité).

Le froid cryogénique

Ce procédé permet une congélation très rapide, il est surtout réservé à la congélation de produits à forte valeur ajoutée. Les produits à congeler sont placés dans une enceinte isolée à atmosphère neutre (azote ou CO_2) dans laquelle est envoyée un gaz ; celui-ci se détend, libérant une quantité importante de frigories.

LE FONCTIONNEMENT DES APPAREILS FRIGORIFIQUES

Le fonctionnement d'un appareil frigorifique à compression

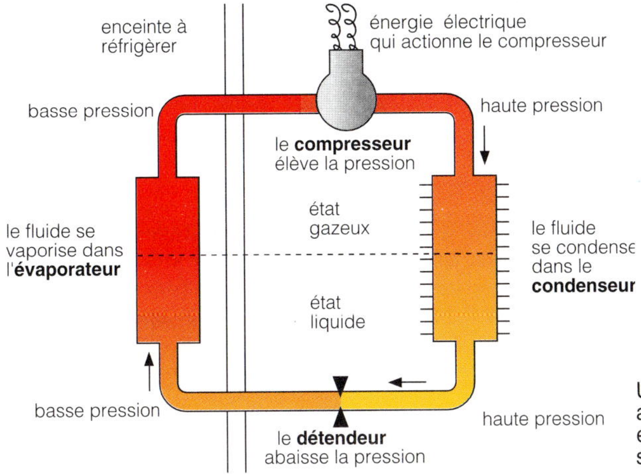

Un volume d'eau absorbe et dissout environ 1 000 fois son volume de gaz

Le fonctionnement d'un appareil frigorifique à absorption

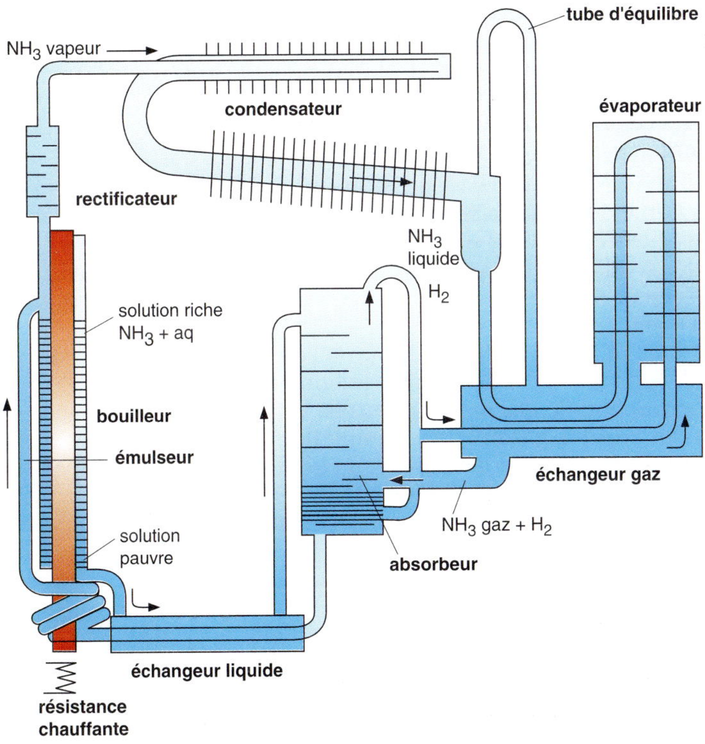

L'énergie et les fluides

La préparation et la cuisson des aliments reposent sur le choix d'une énergie performante. Selon la localisation de l'établissement, la sélection de l'énergie sera importante. La souplesse de mise en œuvre et le coût d'investissement en sont les critères les plus appréciés.

L'énergie électrique

☐ Très employée dans les cuisines, cette énergie a l'avantage de sa simplicité. C'est une énergie propre, sans odeur, qui ne nécessite pas de stockage. Les entreprises d'hôtellerie et de restauration sont alimentées en basse tension 220 V, 380 V.
☐ Le courant alternatif est produit par des alternateurs : de l'énergie mécanique est transformée en énergie électrique, par la rotation d'un circuit mobile inducteur au voisinage d'un circuit fixe, où prend naissance un courant électrique induit.

L'énergie d'origine chimique

☐ Les combustibles solides, tels que le bois ou le charbon, ont pratiquement disparu des cuisines. Néanmoins, le bois garde quelques adeptes, surtout dans le cas des cuissons dites au feu de bois pour les pizzas et les grillades. Le rendement des appareils fonctionnant avec ce combustible est de l'ordre de 70 %. Le coût d'achat d'un stère de feuillus (hêtre, chêne) oscille entre 180 et 280 francs. Ce type de combustible nécessite une zone de stockage importante. L'avantage réel du bois repose sur son prix qui, ramené au kWh, est de 12 à 15 centimes.
☐ Le combustible liquide est connu sous la dénomination de fioul domestique. C'est un mélange d'hydrocarbures saturés ayant des chaînes carbonées (C et H), obtenu à partir du pétrole brut. Le rendement des appareils fonctionnant au fioul est de 80 %. Une citerne de stockage est nécessaire pour l'alimentation des matériels fonctionnant avec cette énergie. Le prix du litre du mazout varie entre 1,60 et 2 francs. Ramené au prix du kWh utile, nous avons un prix de 25 centimes environ. Les inconvénients résident dans l'odeur que dégage sa combustion et les risques d'encrassement du foyer.
☐ Sous le terme de combustibles gazeux, nous trouvons trois types de produits : le gaz naturel, le propane commercial et le butane commercial. Le gaz naturel provient de l'extraction de gisements naturels. Le propane et le butane commercial sont issus des résidus gazeux de la distillation du pétrole. Une très grande souplesse d'utilisation, une énergie propre, un bon rendement des appareils, des prix intéressants en font des combustibles appréciés des consommateurs. Des normes de sécurité très strictes sont appliquées à l'exploitation des gaz.

L'eau

☐ L'eau contient des gaz, des sels minéraux dissous qui en changent la qualité sans en ôter l'aspect. La présence de ces sels peut avoir une incidence négative lors du chauffage de l'eau.
☐ La dureté de l'eau mesurée en titre hydrotimétrique (°TH) est caractérisée par la présence de calcium et de magnésium. Une eau trop dure va précipiter, au cours du chauffage, le calcaire qu'elle contient et ce sera le début de l'entartrage.

LES ÉLÉMENTS DE SÉCURITÉ

La sécurité par thermocouple

Le thermocouple est un organe de sécurité totale commandé par une veilleuse. En chauffant une des soudures de deux métaux différents soudés bout à bout, il se produit un courant électrique partant de la soudure chauffée vers la soudure froide. On fait passer cette énergie par un électro-aimant.

Position de repos

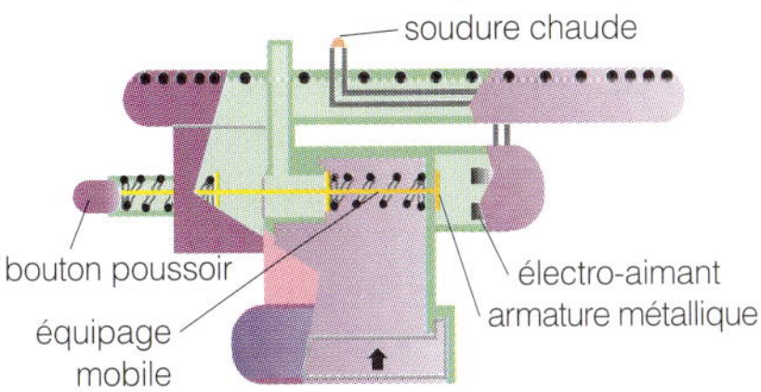

Au repos, le gaz est bloqué par le premier clapet reposant sur son siège.

Allumage de la veilleuse

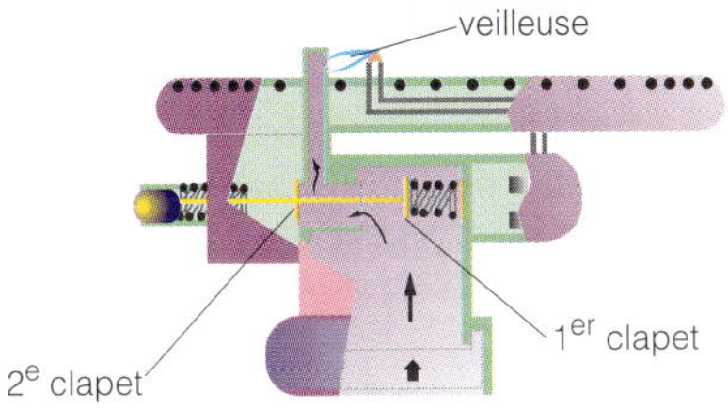

Le bouton poussoir est enfoncé, le 1er clapet s'ouvre et le 2e se ferme. Le passage du gaz vers la veilleuse est ainsi libéré. La veilleuse est allumée et, au bout de dix secondes on peut relâcher le bouton.

Allumage du brûleur

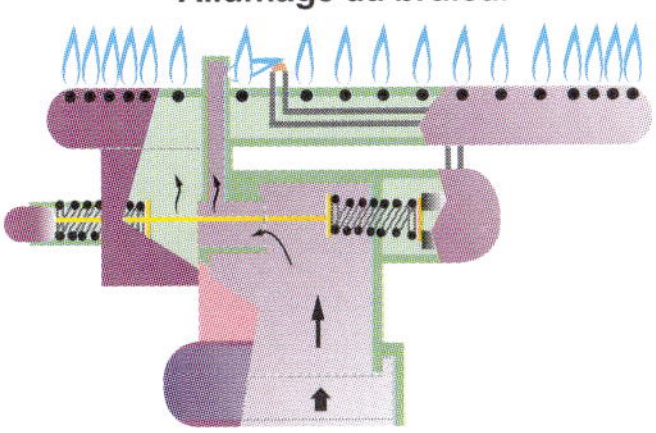

Lors de l'allumage du brûleur l'armature reste collée à l'électro-aimant, le 1er clapet est ouvert, mais le 2e clapet, qui est solidaire du bouton poussoir, s'ouvre également, libérant le gaz au brûleur.

La sécurité par bilame

La bilame est composée de deux métaux soudés ensemble et possédant un coefficient de dilatation différent. La déformation engendrée par un échauffement permet le déplacement d'un clapet solidaire.

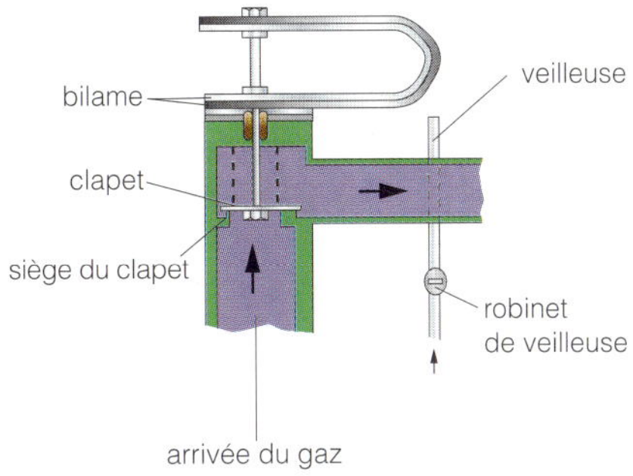

Le clapet est fermé, maintenu sur son siège par un ressort.
La veilleuse a été allumée. Le métal à dilatation plus importante étant situé à l'extérieur, la bilame s'ouvre, entraînant avec elle le clapet qui libère le passage du gaz vers le brûleur.

Le disjoncteur des appareils électriques

Sa fonction est de protéger les matériels contre les surintensités et de commander en service normal, la mise en hors circuit de tout ou partie de l'installation.
La protection contre les courts-circuits est assurée par relais électromagnétique à temps de réponse très rapide, de l'ordre de la fraction de seconde.

Les achats et le stockage des denrées

Les achats dans une entreprise de restauration sont dictés par la politique des achats et la gestion des stocks. La liste des achats oblige à avoir une zone de stockage bien gérée.

Les achats, la recherche de la qualité au meilleur prix

☐ Les achats des produits alimentaires dans les établissements de restauration se décomposent en moyenne de la manière suivante : 60 % en produits frais, 20 % en surgelés et 20 % en épicerie. Dans la gamme des produits frais, les produits laitiers pèsent 20 %, les fruits et légumes 7 %, le pain et la boulangerie 10 %, le groupe viande, poisson, charcuterie 34 %. Les achats se font par l'intermédiaire de grossistes spécialisés (31 %), de grossistes traditionnels (30 %) par livraison en direct (17 %), circuit du détail (15 %) et le *cash and carry* (7 %).

☐ Les achats peuvent s'effectuer en direct aux halles. Par exemple, il existe à Rungis, à côté des cinq pavillons spécialisés, le pavillon Saint-Eustache, réservé aux restaurateurs qui propose toutes les familles de produits. Les achats peuvent aussi s'effectuer par *cash and carry*, un système de distribution réservé aux professionnels qui propose une gamme très large de produits (jusqu'à 10 000 références) sous différentes formes de conditionnement, de l'unité au carton de 100 portions et plus. L'avantage de cette formule réside principalement dans l'application de prix de 8 % inférieurs à ceux pratiqués par les grossistes, de conditions de garantie et de service après-vente performants.

☐ L'achat des denrées périssables incombe le plus souvent au chef de cuisine. La connaissance des produits, l'honnêteté, la fermeté sont des qualités indispensables pour mener à bien une forte politique d'achat. L'acte d'achat doit avoir comme objectif la recherche de la qualité au meilleur prix.

Les achats en cuisine centrale

Dans le cas d'une cuisine centrale, les achats sont gérés par un gérant qui devra mettre en place une organisation permettant de ventiler les achats d'une même catégorie de produits chez plusieurs fournisseurs afin d'assurer une concurrence entre les vendeurs, pour éviter les ruptures de stocks. La mise en place de cahiers des charges reste la norme pour passer des commandes en collectivités.

Le stockage des denrées

☐ Livrées à l'économat, les denrées sont contrôlées quantitativement et qualitativement, puis ventilées dans les différentes zones de stockage, selon la nature des produits. Ainsi, les poissons seront conservés entourés de glace concassée dans des armoires frigorifiques à tiroirs. Les viandes seront accrochées dans les chambres froides. Les produits surgelés seront conservés dans des congélateurs à –18 °C.

☐ La durée de stockage dépend du type de produits stockés, du procédé de conservation et de la qualité de la marchandise et de son emballage.

☐ Les produits seront délivrés aux services uniquement en échange d'un bon de sortie, dans une fourchette horaire donnée.

ACHATS ET DURÉE DE STOCKAGE

■ Processus de mise en place d'une phase d'achat

Élaboration des cartes et menus

↓

Mise en place des fiches techniques
du cahier des charges par produit

↓

Mise en place d'une feuille de marché comprenant
les différents produits constituant les mets

↓

Inventaire et passation des commandes

↓

Réception et contrôle des marchandises

↓

Distribution

↓ Utilisation immédiate

↓ Stockage

↓ Distribution et utilisation

Les halles de Rungis

Les grandes halles françaises

- Angers
- Avignon
- Bordeaux
- Grenoble
- Lille
- Lyon
- Marseille
- Nantes
- Nice
- Paris Rungis
- Rouen
- Strasbourg
- Toulouse
- Tours

■ Tableau des températures, produits et durées de stockage

Produits	Température de stockage	Durée de conservation
Viandes – hachée – boucherie – volaille	 0 à + 2 °C. 0 à + 2 °C. 0 à + 2 °C.	 2 à 3 heures 3 à 4 jours 3 à 4 jours
Poissons – vidés – non vidés	 sur glace 0 à + 2 °C.	 2 jours 4 jours
Produits laitiers-œufs	de + 4 °C à + 6 °C.	10 jours
Légumes frais	+ 8 °C.	2 à 3 jours
Semi-conserves	0 à + 4 °C	1 à 6 mois
Charcuteries-salaisons	0 à + 4 °C	1 à 3 semaines

La coutellerie

Outils indispensables et personnels du cuisinier, les couteaux sont fabriqués selon une technologie très particulière. La lame comme le manche subissent un montage spécifique selon le travail à effectuer. Chaque couteau a un rôle précis et doit toujours être bien entretenu et soigneusement rangé.

Les couteaux

□ Les couteaux forgés sont constitués d'une lame à mitre, forgée dans un seul morceau de métal. L'ébauche du couteau à confectionner est à base d'une barre d'acier ronde détaillée en fonction du couteau à obtenir. Chauffés, forgés, entre deux empreintes en creux, sur un marteau-pilon, les contours de la pièce sont découpés afin d'obtenir l'ébauche souhaitée. La lame va être traitée par la chaleur (1 040 °C) pour lui donner la dureté indispensable à son utilisation, puis refroidie dans un bain d'huile. Après cette opération, il faut réchauffer la lame à 210 °C pour éviter qu'elle ne casse.
□ Dans le cas de couteaux à lames découpées, des bandes d'acier passent dans un emporte-pièce entre une matrice et un poinçon qui découpe exactement la forme de la lame définitive. La soie est percée pour permettre le rivetage. Les lames sont passées dans un vibrateur pour retirer les bavures de découpage. Elles sont ensuite chauffées à 1 040 °C, puis refroidies à l'air. Pour maintenir la dureté, les lames sont réchauffées à 240 °C.
□ Après la fabrication des lames, le coutelier va effectuer les opérations d'émoulure, de polissage, de montage et d'affilage.

Le montage

Un couteau est composé de deux parties : la lame et le manche. La lame se prolonge par une partie en acier, la soie, qui pénètre dans le manche selon plusieurs types de montage.
– *Montage à virole :* la soie est emprisonnée et collée au ciment coutelier dans le manche avec une bague de métal au bout de ce dernier. Ces couteaux sont bien en main, moins lourds, plus dégagés et permettent un travail rapide.
– *Montage à rivets :* la soie est maintenue entre deux plaquettes (côtes) rivées qui forment le manche. Les couteaux montés avec rivets sont plus lourds que les précédents, mais ils offrent une plus grande résistance.
– *Surmoulé* directement sur la lame, ce qui évite toute infiltration d'eau.

L'entretien

L'entretien passe par deux phases très importantes.
– *Le repassage :* il faut émoudre l'acier de la lame pour lui donner le profil de coupe sans la détremper. Cette opération s'effectue à l'aide d'une meule à eau sans chauffer.
– *L'aiguisage* est accompli en passant la lame sur un fusil (tige d'acier fine striée de rainures minuscules sur toute la longueur) en respectant un angle de 30°, pour maintenir le profil de coupe, également nommé « fil ». Lorsque le tranchant s'épaissit, il faut le repasser.

LES DIFFÉRENTS COUTEAUX

Les couteaux de cuisine

1. *L'office :* lame de 9 cm pour éplucher, peler et tourner les fruits et les légumes.
2. *Le filet de sole :* lame très flexible de 17 cm pour lever les filets de poissons, pour ciseler et parfois émincer.
3. *Le chef :* lame de 23 ou 25 cm pour trancher, émincer et hacher.
4. *Le couteau à abattre :* lame épaisse de 31 cm pour détailler les côtelettes.
5. *Le couteau à jambon :* lame de 23 cm très flexible pour trancher le jambon et les viandes cuites.
6. *Le tranche lard :* lame de 25 cm flexible pour trancher le lard et les viandes cuites.
7. *Le couteau à poisson :* lame de 28 cm pour tronçonner les poissons.

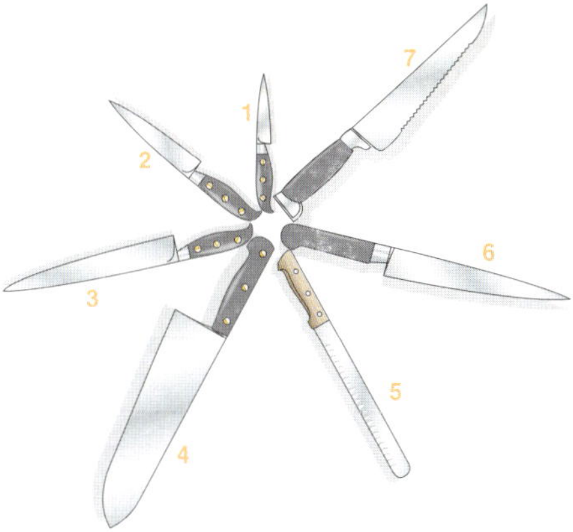

Les couteaux de boucher

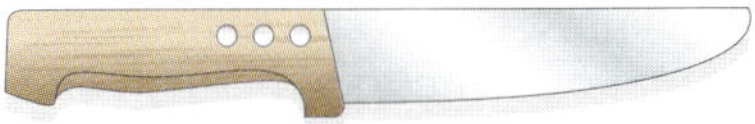

Le boucher : lame de 25 cm à bout arrondi pour parer et trancher les viandes crues.

Le couperet : lame rectangulaire et épaisse pour concasser les os.

Le couteau à désosser : lame de 12 cm à bout pointu pour désosser les viandes.

La feuille à fendre : lame de 20 à 30 cm très large et fine, pour fendre la viande.

Les autres couteaux

1. *Le couteau à huîtres :* avec une garde pour ouvrir les huîtres.
2. *Le couteau à pamplemousse :* pour séparer la peau de la pulpe.
3. *L'écailleur :* pour écailler le poisson.
4. *Le coquilleur à beurre :* pour lever les coquilles de beurre.
5. *Le canneleur :* pour décorer les carottes, les agrumes.
6. *L'économe :* pour peler avec parcimonie certains fruits et légumes.
7. *Le zesteur :* pour prélever les zestes des agrumes.

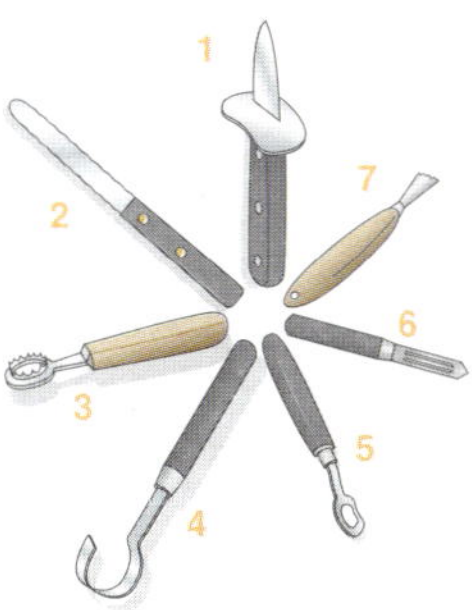

La batterie de cuisine

La préparation et la cuisson des aliments nécessitent l'utilisation de nombreux matériels. La mise en place d'une batterie de cuisine conséquente et diversifiée est nécessaire. Suivant le produit à travailler, la sauce à réaliser, le support aura une forme et une taille appropriées.

La grosse batterie de cuisson

□ La mise en œuvre des fonds implique l'utilisation de marmite haute, de braisière rectangulaire munie d'un couvercle s'emboîtant sur les rebords. La cuisson à l'anglaise s'effectue dans des casseroles russes, récipients de forme ronde à rebords relevés, munis d'une queue. Les sauces émulsionnées sont confectionnées dans des sauteuses, récipients à bord relevé et évasé, facilitant ainsi l'action du fouet. Les sautoirs permettront la réalisation des cuissons à la demande. Ces récipients sont le plus souvent en cuivre étamé ou en acier inoxydable.
□ Les poêles en fer, le plus souvent rondes à bord évasé et de faible hauteur, munies d'un manche, servent à la cuisson expresse des aliments et à la confection des crêpes. Lorsque la poêle ronde est percée de trous, elle est utilisée pour griller les marrons. La poêle à poisson est ovale. L'entretien des poêles se fait à sec, en les frottant avec du gros sel.
□ Les poissonnières ou saumonières, longs récipients à bord vertical haut, servent à pocher de gros poissons entiers. Une grille se trouve à l'intérieur, permettant ainsi de retirer les poissons sans les briser. La turbotière a les mêmes caractéristiques.

Le petit matériel de préparation et de débarrassage

Les formes de ces matériels sont étudiées de manière à pouvoir être utilisées en tant que support pour le rangement des aliments liquides ou solides, mais également pour la confection de farces. Les plus communs dans les cuisines sont :
– La *calotte*, récipient sphérique à bords évasés permet de mélanger les préparations. Elle est le plus souvent en acier inoxydable.
– Le *bahut*, de forme cylindrique à bord vertical, muni de deux oreilles, est utilisé pour débarrasser ou maintenir au bain-marie les sauces et garnitures.
– La *plaque à débarrasser*, rectangulaire à bord évasé, est utilisée pour stocker et débarrasser les aliments.
– La *sébille à omelette*, récipient sphérique en bois fumé, sert exclusivement au mélange des œufs pour la confection des omelettes et œufs brouillés.

Le petit matériel de manipulation

□ La *louche* en acier inoxydable, montée par rivets, est utilisée pour servir les potages, les sauces et les jus. Il existe différentes louches de tailles variables.
□ L'*écumoire,* ustensile perforé en acier inoxydable, sert à égoutter les aliments, à écumer les sauces, à servir les garnitures et à mélanger certaines préparations.
□ La *spatule* en bois est en hêtre, sert à mélanger, travailler les pâtes, les sauces, etc.
□ Les *fouets* sont de deux types : à blancs, employés pour monter les blancs d'œufs en neige, ils ont un manche en bois ; à sauce et servant à mélanger les composants des sauces, des crèmes, ils ont un manche en acier. Leurs dimensions sont variables.

NORMES ET ÉLÉMENTS DE BATTERIE

Les ustensiles gastro-normes

Les opérations de manutention ont une importance de premier plan dans l'organisation rationnelle des cuisines modernes. Afin d'y apporter la meilleure solution, le standard gastro-norme a été créé. Cette désignation se rapporte à la normalisation des dimensions intérieures des appareils (plaques, grilles, terrines, bacs...) utilisés en cuisine. L'unité de base est la gastro-norme 1/1 (G-N 1/1) dont les mesures sont 53 cm x 32,5 cm. Il y a huit dimensions à partir de la G-N 1/1.

Ces normes spécifiques sont retenues par les constructeurs européens.
Légers, les ustensiles gastro-normes facilitent le travail. Les matériaux utilisés sont l'acier inoxydable, l'aluminium, le stratifié et le polycarbonate.

Tableau des dimensions

GN 1/1	=	53 cm x 32,5 cm
GN 1/2	=	26,5 cm x 32,5 cm
GN 1/4	=	26,5 cm x 18,2 cm
GN 1/3	=	32,5 cm x 17,6 cm
GN 2/3	=	32,5 cm x 35,4 cm
GN 1/6	=	17,6 cm x 18,2 cm
GN 1/9	=	17,6 cm x 10,8 cm
GN 2/1	=	53 cm x 65 cm

Le petit matériel

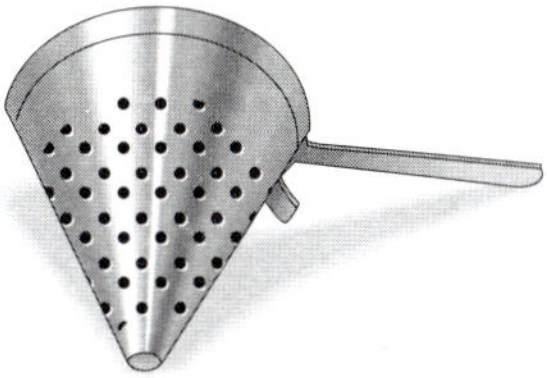

Chinois

Calotte

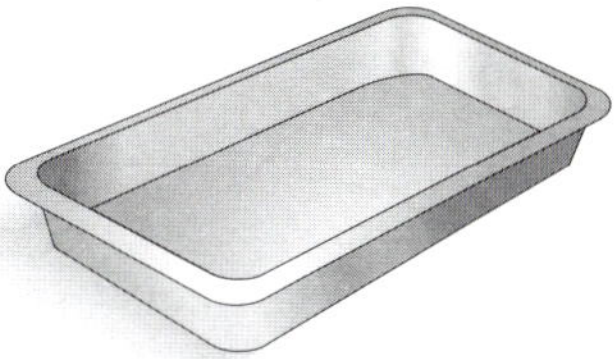

Plaque à débarrasser

Saumonière

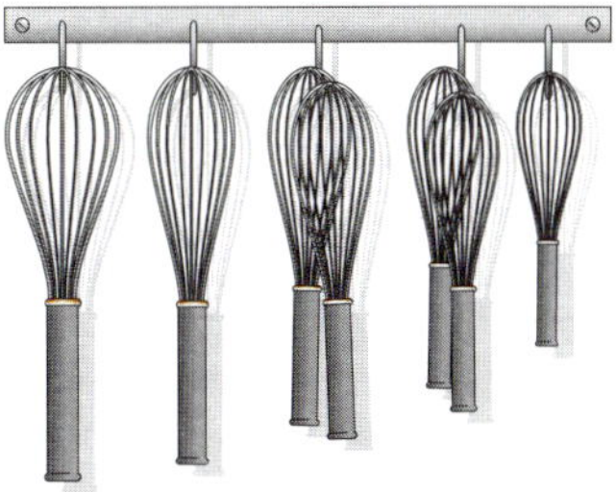

Fouets

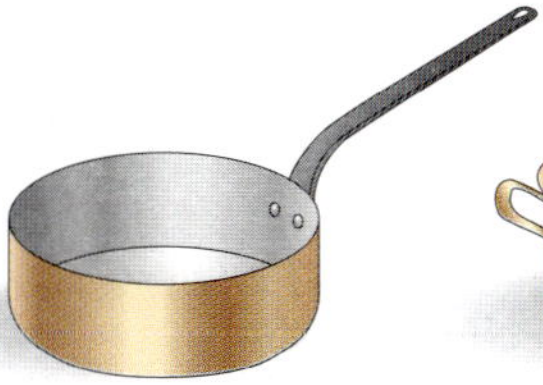

Sautoir

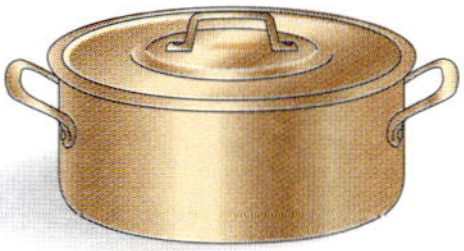

Cocotte ovale

Marmite à pommes vapeur

Les matériaux

Le matériel de cuisine nécessite d'être réalisé avec des matériaux résistants et sains. Ces matériaux étant fort divers, il faut s'informer sur leurs avantages et leurs inconvénients pour faire le bon choix, car celui-ci a une incidence sur la performance des matériels de cuisson.

Les métaux

☐ *L'aluminium* fournit un matériel léger. Il est très bon marché et conducteur de la chaleur. Mais il est difficile à dégraisser, se raye facilement et noircit des préparations réalisées au fouet. Traité avec des matières plastiques (silicone, Téflon), il permet la réalisation de matériel anti-adhésif. L'association aluminium-manganèse ou aluminium-magnésium confère une plus grande dureté au matériel fabriqué.
☐ Le *cuivre étamé* est bon conducteur. Il convient à tous les types de cuisson, se revend même après trente ans d'utilisation et se présente dans de nombreux modèles.
☐ Le *cuivre-inox* est idéal pour le dressage et le service. L'intérieur en inox rend l'ustensile plus facile d'entretien, mais celui-ci est irréparable et plus cher que le cuivre étamé.
☐ *L'acier inoxydable* est obtenu par la fusion de la fonte ou de mélanges fonte-ferrailles. Suivant l'acier que l'on souhaite obtenir, celui-ci contient entre 0,05 et 1,2 % de carbone. La résistance à la rupture augmente avec la quantité de carbone tandis que la malléabilité du métal diminue. L'adjonction de chrome (au minimum 13 %) rend l'acier inoxydable.
☐ *La fonte*, alliage de fer et de carbone (de 1,6 % à 6,7 %), est façonnée par moulage. Elle s'échauffe lentement et régulièrement ; ainsi, la chaleur est bien répartie, permettant les cuissons mijotées. Les récipients en fonte sont souvent émaillés.

Les verres à feu

☐ *Les verres* sont obtenus par fusion de silice et de soude (la composition du verre à feu est constituée de 80 % de sable, 13 % de bore, 2,5 % d'alumine). Les verres utilisés en pratique culinaire offrent une bonne résistance aux chocs thermiques et mécaniques. Les trois types de verres rencontrés sont les verres trempés cuits à 700 °C puis refroidis brutalement, ce qui comprime et trempe la surface, la rendant plus résistante.
☐ *Les verres borosilicatés* sont à base de sodium et de borosilicate d'aluminium, très résistants aux chocs thermiques.
☐ *Les vitrocéramiques* obtenues à partir du verre sont transformées par des traitements spéciaux en une sorte de céramique à structure régulière analogue à celle du métal. Les vitrocéramiques supportent des chocs thermiques très brutaux.

Les terres à feu

☐ *L'argile*, terre molle et grasse, est la matière de base de toutes les terres cuites. Elle permet l'élaboration de récipients vernissés recouverts d'émail.
☐ *La porcelaine à feu*, à pâte blanche, recouverte d'émail transparent, diffuse bien la chaleur aux aliments. L'usage des récipients de terre est particulièrement satisfaisant, les cuissons s'effectuant sans à-coups dans les fours.

ENTRETIEN ET PERFORMANCES DES MATÉRIAUX

L'étamage

Le cuivre s'oxyde, produisant du vert-de-gris, nocif. Une protection est nécessaire, elle se pratique avec de l'étain. C'est l'étamage. Après nettoyage de la pièce, celle-ci est chauffée. À l'aide d'un coton, l'étain est étalé à l'intérieur. Cette opération est toujours réalisée manuellement. L'étain est un métal blanc qui fond à 220 °C. Il n'a aucune incidence sur le goût des aliments. Il est préféré à d'autres métaux pour sa résistance aux réactifs qui attaquent d'autres matériaux.

Un étameur au travail

Le Téflon

Le Téflon ou polytétrafluoroéthylène est une matière plastique vinylique couramment utilisée dans le revêtement d'ustensiles de cuisine ou de pâtisserie. Ses propriétés sont une grande inertie chimique, une capacité à supporter des températures élevées, l'eau ne le mouille pas et les produits ne collent pas sur la plaque lors de la cuisson.

Les fonds sandwichs

Pour améliorer la diffusion uniforme et rapide de la chaleur, il est associé aux fonds des récipients en acier inoxydable un métal complémentaire, bon conducteur de la chaleur. Quatre techniques sont employées :

– une application extérieure d'un métal, tel que le cuivre en couche fine ;

– une application extérieure de couches de cuivre de plusieurs millimètres sur le fond ;

– l'insertion d'un métal entre le fond extérieur et une couche d'acier inoxydable ;

– un ensemble trimétal où deux parois en acier inoxydable enveloppent une âme diffusante d'acier doux constituant un matériau homogène, qui peut être travaillé comme un métal simple.

Les performances

Matériaux	Temps pour obtenir l'ébullition (en min)	Énergie consommée (en Wh)
Acier inoxydable Fond épais Fond sandwich Fond simple	 5,10 5,30 9 et plus	 175 185 324 ou plus
Aluminium Fond épais Fond mince Fond mince déformé	 6 10 15 et plus selon déformation	 200
Cuivre	10	200
Verre à feu	9 à 10	325 et plus
Porcelaine à feu	10 à 11	360 à 400 et plus

Le matériel électromécanique

Le matériel électromécanique est l'ensemble des machines ou auxiliaires de production créés dans le but d'alléger et simplifier le travail des employés, d'améliorer la productivité et d'obtenir une régularité dans la production tout en limitant les pertes de matières.

Les matériels de préparation

☐ L'épluchage des pommes de terre, l'essorage des salades, le taillage des légumes, la réalisation des farces, le tranchage du jambon, la fente des os sont des étapes techniques qui nécessitent un appareil électromécanique.
☐ L'éplucheuse ou parmentière est toujours reliée à une arrivée d'eau, pour permettre l'évacuation des épluchures, et à une boîte de décantation pour retenir la fécule.
☐ La salade et les légumes feuillus en général doivent être essorés avant leur utilisation. Une essoreuse actionnée par un moteur électrique permet cette opération avec des rendements allant de 150 à 350 kg par heure.
☐ La taille des légumes s'effectue grâce au coupe-légumes. Celui-ci est équipé de disques de coupe différents et permet de râper, de tailler en bâtonnets, en cubes, d'émincer en rondelles. Le coupe-légumes permet également la réalisation de produits spécifiques comme la chapelure, le fromage râpé, les amandes effilées.
☐ Le hachoir à viande, muni de grilles perforées de calibres différents, permet la fabrication des farces. Une vis sans fin entraîne les produits à hacher vers un couteau et des grilles de grosseurs différentes.
☐ Le trancheur à viande ou à jambon permet de détailler des tranches régulières dont l'épaisseur sera réglée manuellement.
☐ La scie à os permet de débiter les carrés, de fendre les os en petits morceaux, voire de détailler des grosses pièces congelées.

Les matériels utilisés au poste de cuisson

☐ Au poste de cuisson on trouve généralement un mixeur plongeant qui permet de réduire en purée les légumes, les fruits, les poissons pour la réalisation des potages et sauces diverses. Dans les établissements plus importants, ce mixeur sera complété par un turbobroyeur également appelé girafe.
☐ Les autres matériels qui équipent la zone de cuisson sont : le mixeur-émulsionneur pour pulvériser les petites quantités de matière et émulsionner les sauces, un batteur-mélangeur, mais aussi un cutter muni d'une cuve cylindrique où tourne à grande vitesse un couteau d'acier. Son fonctionnement peut être intermittent ou continu.

Les matériels utilisés en pâtisserie

La fabrication des diverses pâtes de base, biscuits, crèmes, etc., est rendue plus facile grâce à l'utilisation d'un batteur-mélangeur. Muni d'une feuille, d'un crochet ou d'un fouet, il fonctionne à des vitesses différentes selon le résultat que l'on désire obtenir. Pour étaler la pâte, le pâtissier utilise généralement un laminoir à la place de son rouleau. Celui-ci est bien utile, surtout s'il faut abaisser une quantité importante de pâte. Un bras permet d'alterner le sens d'entraînement des rouleaux lamineurs. L'écartement de ces derniers se fait manuellement grâce à un levier.

LES INCONTOURNABLES DE LA MÉNAGÈRE

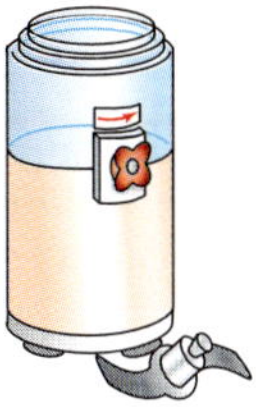

Cutter

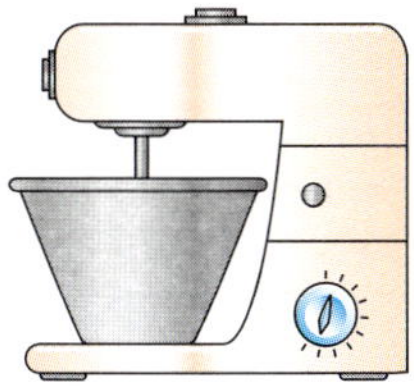

Batteur-mélangeur

Mixeur-émulsionneur

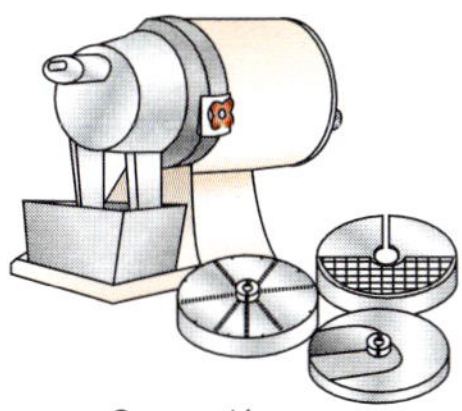

Coupe-légumes

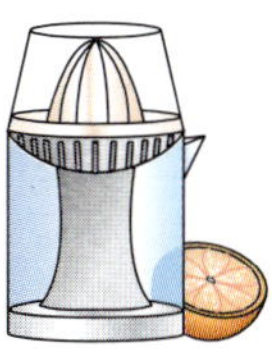

Presse-fruit

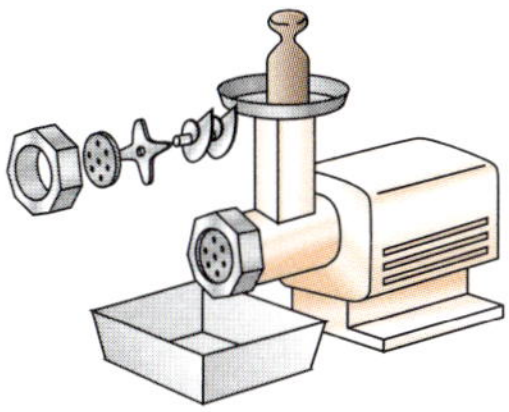

Hachoir à viande

■ Six robots électriques

Le cutter est composé d'une cuve cylindrique ou en forme de couronne et d'un couteau d'acier qui tourne à grande vitesse. Il permet de hacher, pétrir, émulsionner et mélanger.

Le batteur-mélangeur, grâce aux trois outils dont il peut être équipé (la palette, le fouet, le crochet), permet la réalisation complète ou partielle des pâtes de pâtisserie et de cuisine, des crèmes fouettées, des sauces mayonnaise, le travail des farces de charcuterie et de cuisine, la confection d'une purée si l'on ne dispose pas d'un turbobroyeur.

Le mixeur-émulsionneur équipé d'un bol métallique ou en verre et muni d'un couteau qui tourne à grande vitesse, broie, pulvérise et émulsionne les sauces, les purées, les potages.

Le coupe-légumes équipé de disques de coupe différents.

Le presse-fruits permet d'extraire le jus des fruits ou des légumes qui conserve ainsi toutes leurs vitamines.

Le hachoir à viande hache les chairs de viande ou de poisson qui entrent dans la composition de farces et terrines diverses ou autres préparations culinaires (clarification de consommé ou de gelée).

■ Comment orienter son choix

Il faut tenir compte des performances utiles en fonction des besoins et habitudes culinaires, de l'efficacité de l'appareil, de sa puissance, du poids, de l'encombrement, de la stabilité de l'appareil, de sa facilité de nettoyage qui est liée à la simplicité des formes, de la qualité des matériaux (acier inoxydable pour les couteaux et fouets, matières plastiques résistantes pour les carters, cuves et accessoires).
Par ailleurs, il conviendra de bien prendre en compte les critères de sécurité (la conception générale ne doit pas permettre aux doigts d'entrer en contact avec une partie en fonctionnement, il doit y avoir un verrouillage, éventuellement des pinces pour retirer les couteaux mobiles, une mise en marche par pression sur le couvercle, etc.).
Penser également à la taille de votre cuisine et au nombre de personnes à nourrir. N'hésitez pas à choisir une marque réputée qui assurera le suivi des pièces et des accessoires car un robot a une durée de vie d'environ dix ans.

Le matériel de conservation par le froid

Le respect de la chaîne du froid va de la chambre froide de stockage des produits bruts jusqu'au camion de livraison des plats cuisinés, en passant par le matériel de descente en température.

Le matériel de stockage et de conservation

Quelle que soit la température souhaitée pour la conservation des denrées brutes ou transformées (froid positif ou négatif), on utilisera, selon le cas :
– une *chambre froide*, qu'elle soit compacte, modulable ou maçonnée, dont le volume sera fonction des quantités à stocker. Pour les établissements qui produisent des plats cuisinés à l'avance et qui doivent impérativement être stockés à + 3 °C, la réglementation impose une chambre froide distincte des produits bruts ;
– une *armoire réfrigérée* qui remplace ou complète les chambres froides lorsque les besoins sont moins importants ;
– un *comptoir* ou une *vitrine réfrigérée*.

Le matériel de refroidissement rapide

☐ Dans la pratique professionnelle, la réalisation de plats cuisinés à l'avance et destinés à une consommation différée implique l'abaissement des températures, le plus rapidement possible, à + 3 ou – 18 °C selon le cas.
☐ Des cellules de refroidissement ou de congélation, fonctionnant selon le système mécanique ou cryogénique (azote liquide, par exemple), permettent la descente en température de + 65 °C, température de cuisson minimum, à + 3 ou – 18 °C, températures de conservation, et ce dans un temps déterminé par la réglementation.

Les autres matériels

☐ Les machines à glaçons et à chantilly sont très utiles en restauration traditionnelle.
☐ Les armoires pour conserver le vin à une température constante constituent des caves mobiles très intéressantes pour les petites unités.
☐ Le conditionnement de l'air ambiant, notamment dans certains ateliers de découpes et de traitements préliminaires ou de déconditionnement, évite les variations de température préjudiciables à la qualité bactériologique des denrées.
☐ Enfin, le camion frigorifique, qui permet le transport des denrées brutes ou celui des plats cuisinés, tout comme le local réfrigéré destiné à l'entreposage des poubelles sont autant d'équipements nécessaires.

Le choix du matériel

Les matériels devront être faciles d'entretien, équipés, selon le cas, de sonde pour mesurer la température à cœur des produits, de clayettes à claire-voie, de barres à dents pour suspendre viandes et volailles, de plusieurs niveaux de rayonnages ne dépassant pas 400 à 600 mm de profondeur et 1,90 m de hauteur. Ils seront munis de dispositifs permettant l'enregistrement des températures, de témoins lumineux combinés ou non avec des avertisseurs sonores, de thermostat, d'horloge de dégivrage automatique, d'hygrostat pour le réglage de l'hygrométrie.

RANGEMENT RATIONNEL ET CONSEIL

■ Une place pour chaque aliment

■ L'endroit idéal pour le froid

En principe, il est conseillé de placer réfrigérateur, congélateur et autres appareils frigorifiques dans des endroits bien aérés et non surchauffés. La production de froid à l'intérieur de l'appareil étant compensée par une évacuation de chaleur vers l'extérieur, celle-ci doit pouvoir être correctement libéré. Dans le cas contraire, l'appareil fonctionnera moins bien et consommera davantage d'énergie.

En restauration, on dispose le matériel frigorifique en tenant compte de ces règles. En outre, ces appareils seront implantés de telle sorte que l'on puisse y accéder rapidement. En zone de stockage, ils seront placés le plus près possible de l'arrivée des marchandises. En cuisine ou en pâtisserie, des réfrigérateurs à tiroirs seront directement sous le poste. Dans une cuisine fabriquant des plats cuisinés, les appareils seront situés à proximité du local de mise en sachet.

Les matériels de cuisson classique

Le choix doit prendre en considération la taille de l'établissement, les performances attendues, sa maintenance, son design, sa consommation en énergie et, bien sûr, son coût.

Le fourneau

☐ Le fourneau traditionnel, qu'il soit à simple service (2 brûleurs, 1 plaque de mijotage et 1 four) ou à double service (4 brûleurs, 1 plaque de mijotage et 2 fours), central ou mural, au gaz ou électrique, est la pièce maîtresse de la cuisine et a pendant longtemps assuré toutes les cuissons.
☐ Sur ces tables de cuisson, on peut trouver des matériels évolutifs comme la plaque à induction, qui peut remplacer les brûleurs et la plaque de mijotage. Les brûleurs aussi ont évolué, et les deux dernières générations sont le brûleur séquentiel (qui fonctionne par intermittence selon un cycle programmé) et le top flam (brûleur muni d'un palpeur qui ne s'allume qu'en présence d'un récipient).
☐ Les fours multifonctions permettent une utilisation variée avec des charges importantes de produits. Leurs différentes fonctions sont la cuisson en air pulsé considérée comme la fonction de base, la cuisson à la vapeur sans pression (100 °C), la cuisson mixte, qui est une cuisson en air pulsé avec injection de vapeur, la cuisson à basse température, permettant à l'aide d'une sonde de cuire des viandes à des températures de 80 à 100 °C, et la fonction remise à température, qui permet de réchauffer dans de bonnes conditions un grand nombre de plats ou d'assiettes dressées à l'avance.
☐ Le cuiseur-vapeur est un matériel assez complémentaire du four multifonction. Il permet de cuire à la vapeur sous pression des aliments à une très grande vitesse. Il y a deux types d'appareils : le cuiseur-vapeur à basse pression, appelé également cuiseur à vapeur humide au vu de l'importante condensation qu'il laisse à la cuisson ; le cuiseur-vapeur à haute pression, appelé aussi à vapeur sèche à cause du fin brouillard qu'il diffuse durant la cuisson.

Les grils

☐ Traditionnellement, les grils sont de deux types :
– le gril par contact : lisse (plaque à snacker) ou nervuré ;
– le gril par rayonnement : gril à barreaux reposant sur des éléments chauffants.
☐ L'évolution dans ce domaine est passée par le matériau. Aujourd'hui, on trouve des grils au chrome chauffés par des résistances électriques qui diffusent peu la chaleur accumulée. On peut ainsi travailler sur un gril sans se brûler les mains.

Les friteuses

☐ Depuis plus de trente ans, la friteuse à zone froide est apparue en cuisine. Ce système permet d'isoler dans une zone dite froide (de 20 à 30 °C inférieure au reste du bain) les impuretés libérées durant les cuissons afin de prolonger la durée de vie de la matière grasse.
☐ Avec l'utilisation de plus en plus importante des produits surgelés, il a fallu améliorer les capacités de chauffe des friteuses. C'est la génération des friteuses hautes performances dont la puissance est égale au volume d'huile (101 kW pour 10 L d'huile).

L'enceinte à micro-ondes

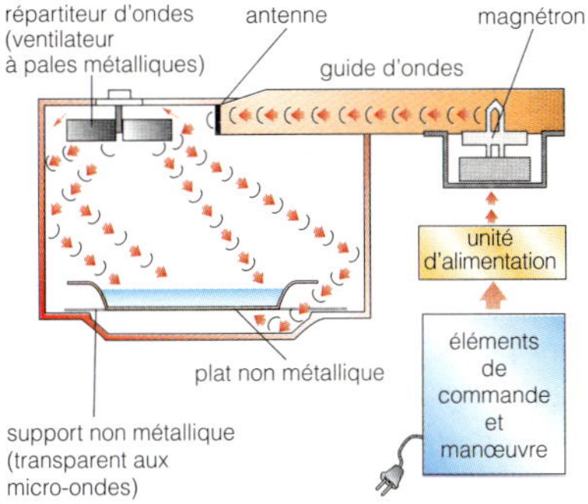

Des ondes électromagnétiques produites par un générateur (magnétron) sont propagées à la vitesse de la lumière dans une enceinte hermétique. Elles viennent agiter les molécules des aliments. Ces agitations qui se répètent des milliards de fois par seconde élèvent la température au sein des aliments.

Le polycuiseur

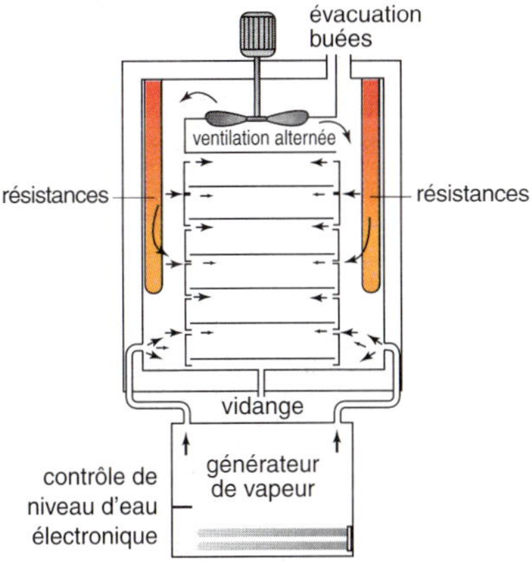

Une turbine aspire un air réchauffé au contact de résistances ou de brûleurs et le pousse vers des tuyères, placées à chaque niveau, qui répartissent uniformément la chaleur, ce qui permet de cuire à tous les niveaux de façon identique.

La plaque à induction

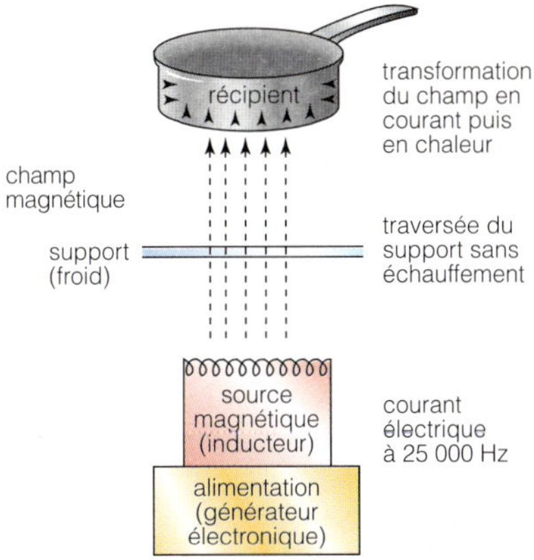

Une bobine alimentée en courant alternatif par un générateur à haute fréquence provoque un champ magnétique. L'introduction dans ce champ d'une surface métallique (poêle, sauteuse) provoque des températures élevées en surface du récipient. Ainsi, la chaleur est amenée directement à l'intérieur du récipient.

Le cuiseur-vapeur

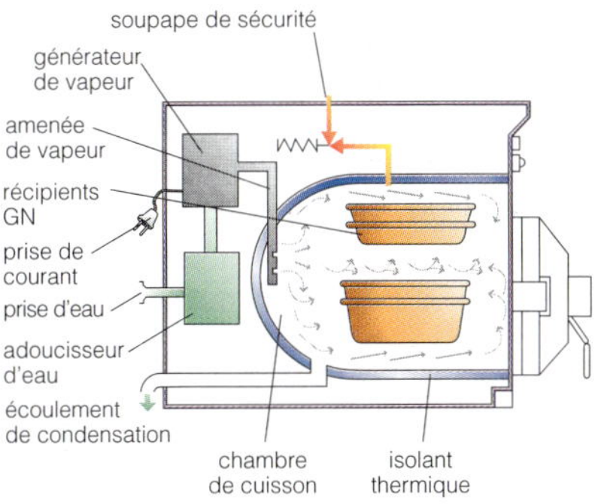

La vapeur produite par un générateur est envoyée sous pression dans une enceinte hermétiquement close. La pression, contrôlée électroniquement va de 0,3 à 1 bar en pression relative (c'est-à-dire en plus de la pression atmosphérique).

Le matériel de cuisson de collectivité

En restauration collective, des productions importantes imposent des matériels spécifiques de grande capacité. Avec l'évolution technologique, le matériel est de moins en moins encombrant.

Les marmites

☐ Ce sont des cuves profondes calorifugées de forme ronde ou carrée. En aluminium ou en acier inoxydable et munies d'un couvercle pivotant, elles sont alimentées en eau et possèdent un robinet de vidange. Qu'elles soient chauffées au gaz ou à l'électricité, elles sont de plusieurs types :
– fixes ou basculantes ;
– à chauffage direct ou indirect dit à bain-marie (double paroi emplie d'eau) ;
– à surpression ou autoclaves (grosses Cocotte-Minute).
☐ Leur rôle est de cuire les aliments dans l'eau (haricots, pâtes, purées, potages, bouillons, etc.) et de faire des préparations plus délicates pour les marmites à bain-marie (béchamel, crèmes cuites, lait, etc.).
☐ Si les marmites modernes ont amélioré leur design, on ne constate pas d'amélioration technique notoire. Cuiseurs-vapeur et polycuiseurs leur font concurrence.

Les sauteuses

☐ Ce sont des cuves parallélépipédiques peu profondes (20 à 25 cm) à fond épais et plat en acier poli, en fonte ou en inox. Elles sont chauffées par des rampes de gaz ou par des résistances électriques collées dessous. Elles peuvent être fixes, mais il est beaucoup plus pratique qu'elles soient basculantes (à manivelle ou électriques). Elles sont munies d'un couvercle et équipées d'un robinet à eau.
☐ La sauteuse permet d'assurer les cuissons sautées (steak, escalope, côtes, etc.), les ragoûts, les viandes braisées, le riz pilaf, les omelettes, les légumes sautés, etc. On constate donc son utilité en cuisine. Deux sociétés (Frima et Thyrode) ont mis sur le marché une « super sauteuse » plus grande que le format standard, polyvalente (fonction sauteuse, marmite et friteuse à relevage automatique des paniers). De plus cet appareil est muni d'un système de hotte intégré qui permet de l'installer à peu près partout dans la cuisine.

Les fours multifonctions

On retrouve en cuisine collective les mêmes types de four multifonctions qu'en cuisine traditionnelle, seule la taille diffère. La taille de ces fours se mesure en nombre de niveau (de 6 à 24) et la taille de chaque niveau s'exprime en format gastro-norme.

Les tunnels de cuisson

Le tunnel de cuisson combine différents modes de cuisson (vapeur, air pulsé, micro-ondes et infrarouge). Pour chaque type de produit, en fonction de ses spécificités et du résultat recherché, on programme un cycle de cuisson. Les produits entraînés dans des bacs suivent un cycle qui peut varier de 1 à 12 min. Ainsi, le tunnel long de 11 m peut absorber jusqu'à 4 000 repas en 8 heures avec un personnel restreint.

LES TROIS INDISPENSABLES

Marmite basculante

De taille variable (de 100 à 300 litres), elle assure toutes les cuissons dans un liquide, les sauces, les crèmes, etc.

Sauteuse polyvalente

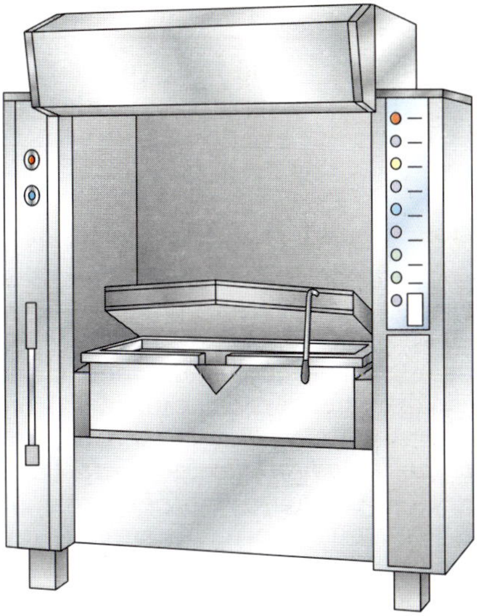

Sous son aspect imposant, cette sauteuse polyvalente et autonome peut assurer la plupart des cuissons.

Cuiseur de plats conditionnés sous-vide

De forme cylindrique, cet appareil présente la caractéristique de cuire puis de refroidir des plats conditionnés sous-vide. La cuisson se fait à basse température grâce à un mélange de vapeur et d'air brassé. Ce brassage offre l'avantage d'une cuisson homogène des mets présents dans l'enceinte. Un système de programmation permet la réalisation des cuissons selon les règles en vigueur pour la cuisson à basse température. Après cuisson, le refroidissement est effectué par immersion et pulvérisation d'eau fraîche.

Les poissons

Avec ses 3 000 km de côte et ses nombreux ports, la pêche française se situe au 15e rang mondial avec environ 400 000 tonnes de prises par an. La consommation moyenne par habitant et par an est de 15 kg contre 100 pour la viande. En revanche les deux produits sont vendus en quantités comparables en restauration.

Les différentes catégories de pêche en mer

☐ *La pêche côtière artisanale :* des petits chaluts sortant sur la journée pêchent des variétés de poissons sédentaires sur les petits fonds côtiers.
☐ *La pêche au large ou pêche hauturière :* des gros chalutiers à la recherche de poissons migrateurs (cabillaud, thon, merlan, lotte...) partent pour des expéditions de huit à dix jours vers des eaux plus profondes. Le poisson habillé sur place est alors conservé sur glace jusqu'à son débarquement.
☐ *La pêche industrielle :* de véritables usines flottantes embarquant pour des campagnes de plusieurs mois pêchent et préparent le poisson à bord pour en faire des conserves ou des produits surgelés (Snekkar-Davigel).
☐ *L'aquaculture en ferme marine ou la pisciculture* se substituent à la nature pour pallier les carences de certaines espèces en voie de disparition comme le bar, le turbot, la dorade, l'esturgeon, le saumon ou la truite.

La pêche en rivière

☐ Les poissons d'eau douce vivent en rivière ou en fleuve, dans les étangs ou les lacs. Leur présence sur les étals est soumise à une réglementation sévère, essentiellement fonction de leur taille.
☐ Signalons que le saumon et l'anguille sont des poissons migrateurs, c'est-à-dire qu'ils passent une partie de leur vie en eau de mer.

Les différentes variétés

On peut distinguer les différentes variétés de poisson d'après leur morphologie :
– les poissons plats à quatre filets : sole, turbot, barbue, limande, carrelet, etc. ;
– les poissons plats à deux filets : dorade, saint-pierre ;
– les poissons ronds à deux filets : merlan, colin, rouget, sardine, maquereau, etc. ;
– les poissons d'eau douce ronds et à deux filets : truite, saumon, carpe, brochet, sandre, etc.

Préparations préliminaires et stockage

☐ Une fois écaillé, vidé, ébarbé et lavé, le poisson est stocké au garde-manger dans des timbres (tiroirs étanches) sur un double fond (pour laisser s'égoutter l'eau) sur glace pilée déposée sur un linge ou un film plastique afin d'éviter un contact direct qui brûlerait et délaverait le poisson. Chaque jour, celui-ci doit être rincé et recouvert de glace fraîche. Sa conservation ne doit pas excéder deux à trois jours après sa livraison.
☐ La raie à l'odeur d'ammoniaque ne supporte pas le stockage ; elle doit être cuite rapidement et stockée dans son court-bouillon. Les poissons d'eau douce supportent mal également le séjour sur glace.

QUALITÉ ET DÉCOUPES

Les critères de fraîcheur et de qualité

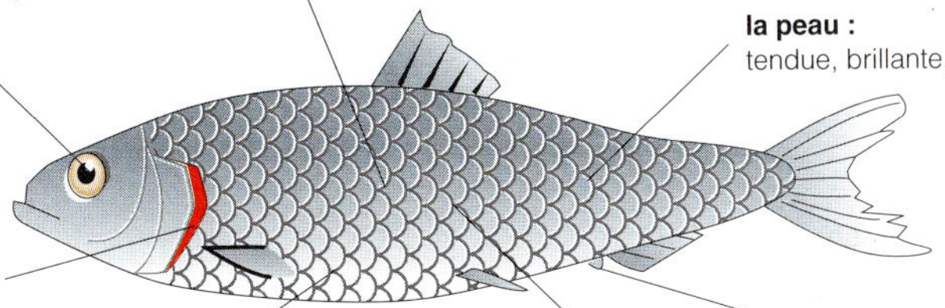

Les différentes découpes

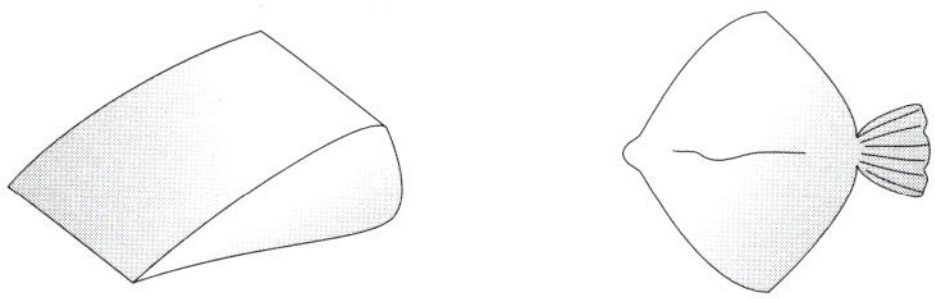

tronçon de poisson plat

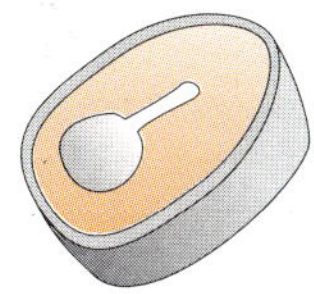

darne de poisson rond

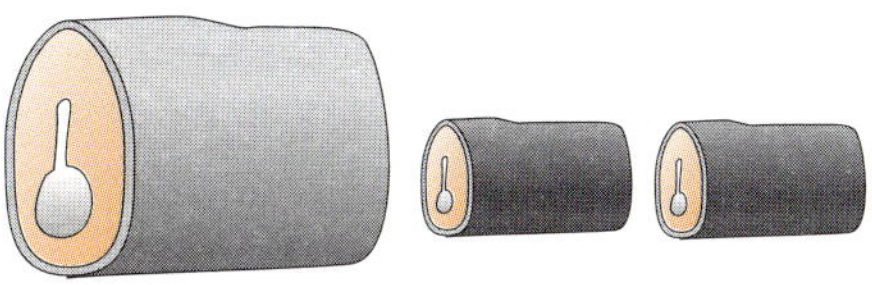

tronçon de poisson rond

tranche épaisse pour plusieurs personnes

segments d'anguille

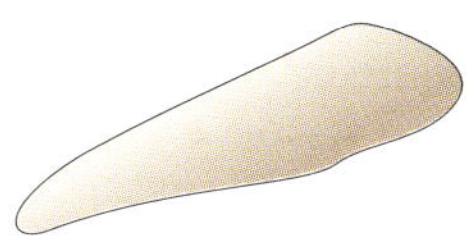

filet

(ou dos avec la peau)

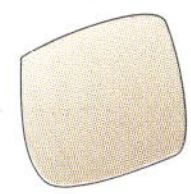

escalope

morceaux de filets

Les notions de rendement

Pour servir une portion nette de 150 g de poisson, il faut compter à l'achat :

Type de poisson	Quantité à commander
Poisson portion (sole, truite...)	200 à 250 g
Filet de poisson	160 g
Darne de poisson à petite tête	220 g
Darne de poisson à grosse tête	250 g
Turbot, Barbue, St-Pierre	300 à 350 g
Sole à filets	250 à 300 g

Type de poisson	Rendement en %	
	de déchets	de filets P net/P brut
Turbot, Barbue, St-Pierre	25	45
Sole filet	8	50
Merlan, Truite	20	55
Colin, Cabillaud	30	60
Bar, Dorade	25	45
Saumon	25	60

Crustacés, coquillages et mollusques

Crustacés, coquillages et mollusques sont couramment appelés fruits de mer. Certaines espèces sont élevées : les huîtres (ostréiculture), les coquillages (conchyliculture), les moules (mytiliculture).

Les crustacés

☐ Tous les crustacés de mer (langouste, langoustine, homard, crevettes, crabes, araignées) vivent à proximité des côtes sur les fonds rocheux et sableux. Ils sont ovipares et les femelles abritent les œufs sous leur queue. La croissance est lente : il faut trente ans à un homard pour atteindre 1 kg.
☐ L'écrevisse, qui vit en eau douce (torrents, rivières, étangs), atteint la taille adulte au bout de quinze à vingt ans.
☐ Avant cuisson, les crustacés doivent être lavés et brossés si nécessaire. L'écrevisse est également « castrée » avant cuisson.
☐ La cuisson la plus pratiquée est le court-bouillon bouillant dans lequel on précipite les crustacés. Ainsi saisis, les pigments de la carapace rougissent (cardinalisent).

Les coquillages et les mollusques

☐ Il existe deux types d'*huîtres* : la creuse (appelée également portugaise de par ses origines) et la plate (belon, bouzigues ou pied-de-cheval).
Le plus souvent consommées crues accompagnées d'un jus de citron ou d'un vinaigre à l'échalote et de pain de seigle beurré, elles sont aussi cuisinées de nombreuses façons (en soupe, en coquilles saucées, en ragoût, en brochette…).
☐ La *coquille Saint-Jacques* est un coquillage itinérant qui se déplace sur les fonds sableux de l'Atlantique et de la mer du Nord. La noix et le corail sont cuisinés de nombreuses façons (meunière, provençale, au gratin, en coque, …).
Elles sont de plus en plus commercialisées fraîches, décoquillées ou surgelées.
☐ Si on trouve toujours les *moules* à l'état sauvage sur les côtes du Nord, c'est aujourd'hui la mytiliculture qui approvisionne le marché. Il faut de 12 à 18 mois pour obtenir une moule de taille adulte.
Elles peuvent être mangées crues, cuites à la marinière, à la poulette (marinière crémée) ou utilisées comme garniture de poissons en sauce, d'appareils aux fruits de mer (pilaf de fruits de mer) ou encore en soupe.
☐ Les *autres coquillages* : praires, palourdes, clams, vernis et amandes, sont surtout consommés crus sur un plateau de fruits de mer. On peut également cuire les praires et les palourdes à la marinière ou les farcir. Les coques, souvent sableuses, doivent être lavées plusieurs fois puis dégorgées dans de l'eau fortement salée avant d'être cuites à la marinière. Les bigorneaux et les bulots sont cuits dans un court-bouillon simple fortement poivré. L'oursin, dont la variété « violet » est la plus recherchée, est apprécié pour ses glandes orangées qui sont consommées crues ou en aromatisation de potages, omelettes et sauces poisson diverses.
☐ Les *mollusques*, poulpes, seiches, encornets et scipions, sont utilisés dans leur région d'origine selon divers apprêts : sautés, farcis, à l'américaine, etc.

BIEN ACHETER LES CRUSTACÉS ET LES COQUILLAGES

Les crustacés

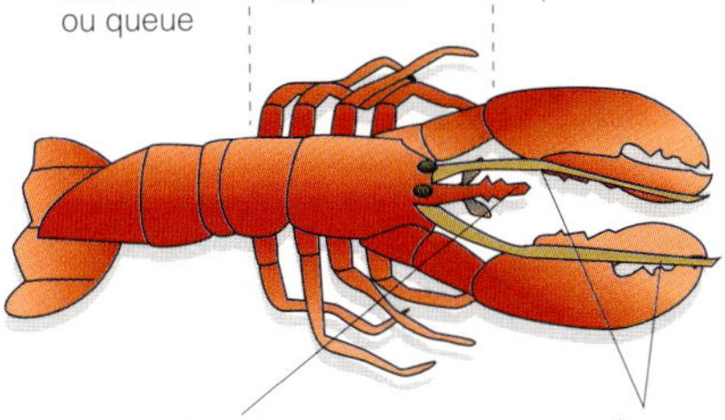

Un homard

Acheter ces animaux vivants (difficile pour les langoustines et les crevettes).
À taille égale, choisir les produits les plus lourds ; en priorité les femelles (reconnaissables à leur appendice caudal plus développé) dont la chair est plus fine et qui sont plus riches en corail.
Cuire l'animal ou le stocker dans un vivier (écrevisses) ou dans un homarium (langoustes, crabes et homards).

Les coquillages

Il est impératif que les fruits de mer soient achetés vivants (morts, ils deviennent rapidement toxiques). L'odeur doit être franche et agréable.
Les bivalves (huîtres, moules, praires...) doivent être bien fermés et difficiles à ouvrir. Le liquide intérieur doit être abondant et, au contact d'une pointe de couteau ou d'une goutte de citron, le manteau doit se rétracter.
Une moule qui ne s'ouvre pas à la cuisson doit être éliminée.
Les bigorneaux doivent être cuits et consommés rapidement.
Traditionnellement, les coquillages ne se consomment que les mois en « r », car durant la période estivale, ils se reproduisent (aspect laiteux des huîtres) et leur transport est plus délicat mais, si la chaîne du froid est bien respectée du producteur au consommateur, on peut les consommer toute l'année.

Les principales variétés de coquillages

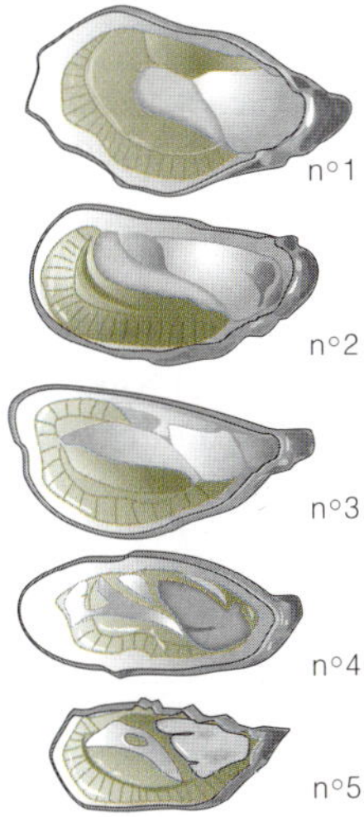

Les huîtres standards

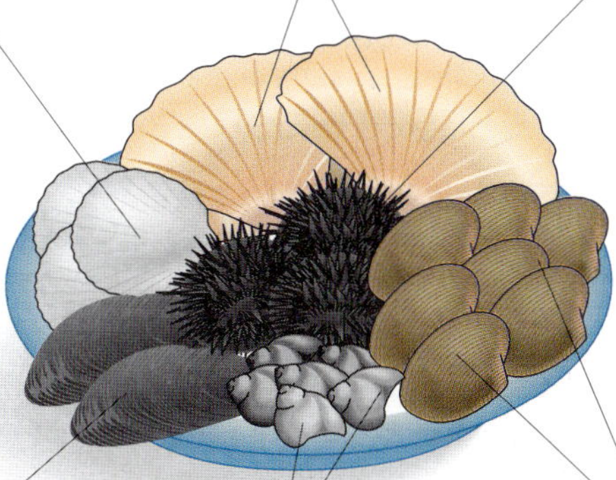

Un plateau de fruits de mer

Les ovins

Les ovins ne représentent que 6 à 8 % de la consommation de viande en France. Comme pour toutes les viandes de boucherie, les critères de qualité, les découpes et les utilisations culinaires sont nombreux. L'élevage comporte plus de 30 races sélectionnées pour leur aptitude à fournir une viande, une fourrure ou un lait d'excellente qualité.

Les généralités sur l'espèce ovine

L'espèce se présente sous différentes dénominations :
– l'*agneau de lait*, abattu à l'âge de 6 semaines, est un animal non sevré dont la chair est légèrement rosée ;
– l'*agneau pascal* ou agneau gris, abattu à l'âge de 4 ou 5 mois, est un animal sevré ;
– le *mouton* ou *broutard*, mâle castré, est abattu entre 1 et 2 ans ;
– l'*agneau* et le *mouton d'herbe*, animaux de prés-salés vivant dans les baies du Mont-Saint-Michel, de Sienne, de Sélune, etc.

Les critères de qualité

□ Acheter de l'agneau ou du mouton suppose avant tout que l'on puisse avoir connaissance de l'origine de l'animal. Parmi les races les plus connues, on peut citer l'agneau de Pauillac, de Sisteron, du Quercy, de l'Avranchin, du Cotentin et des prés-salés.
□ Hormis la race, le choix de la viande s'effectuera en fonction de l'aspect de la chair, qui doit être ferme, de couleur rouge pâle, mais aussi en fonction de la graisse, qui doit être blanche, ferme et couvrant sans excès l'extérieur du muscle. Plus l'animal sera jeune et plus sa chair sera pâle, plus il sera âgé et plus sa chair sera rouge vif et sa graisse jaunâtre, molle et abondante.

Les appellations commerciales

Suivant l'utilisation culinaire, les morceaux que l'on choisira pourront être entiers (gigot, gigot raccourci, épaule) ou détaillés (côtelettes, noisettes, rouelles, en cubes). Mis à part ces appellations classiques, on peut rencontrer le double ou la culotte (deux gigots attachés), la selle anglaise, le baron (la culotte et la selle ensemble), le *lamb-chop* (une tranche épaisse prélevée dans la selle).

L'agneau de pré-salé

L'agneau de pré-salé de la baie du Mont-Saint-Michel est le plus réputé. Sur ce pré maritime, que la mer découvre lorsqu'elle se retire, des troupeaux broutent l'herbe gorgée d'iode. Cet exercice a une conséquence gustative évidente en faisant fondre la graisse, il la débarrasse de ce goût suiffé qui caractérise les animaux sédentaires. De plus, la chair s'imprégnant du sel marin, lui confère un goût tout particulier. La production est marginale et dépasse rarement le marché régional.

Le mouton

C'est en automne et en hiver que la chair du mouton a le plus de saveur. L'été, période correspondant à la tonte, donne à sa chair un goût prononcé de suint qui apparaît davantage avec la cuisson. Cet aspect est encore plus caractéristique lorsque c'est une brebis ou un bélier qui sont vendus sous cette appellation.

LES UTILISATIONS CULINAIRES

■ Les morceaux

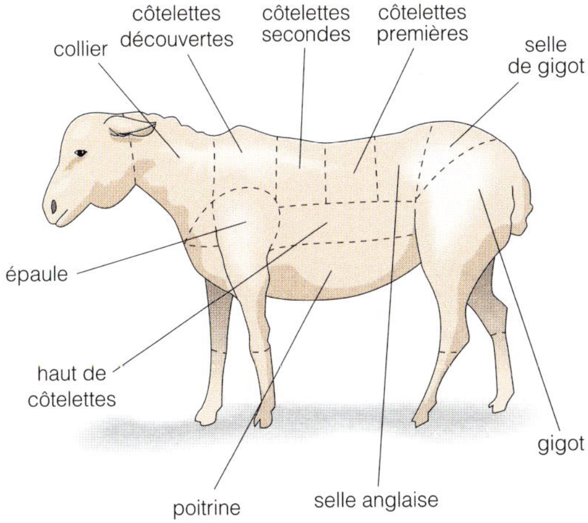

Vocabulaire

Lamb-chop et *mutton-chop* : la selle d'agneau ou de mouton peut être cuisinée entière, mais elle peut également être détaillée. Tranchée perpendiculairement, elle prendra le nom de *lamb-chop*, coupée en deux dans le sens de la longueur elle donnera deux filets. Une tranche de filet prendra le nom de *mutton-chop*.

Épigrammes : la poitrine n'est pas le morceau le plus charnu. Afin de la valoriser, une possibilité consiste à la pocher entière dans un bouillon puis, après refroidissement, à la découper en petits triangles. Ceux-ci, une fois panés et poêlés, prendront l'appellation d'épigrammes.

■ Les modes de cuisson

Mode de cuisson	Préparations culinaires	Morceaux à utiliser	Grammage (par pers.)
Ragoût à brun et à blanc	Navarin Curry Haricot de mouton Fricassée Cassoulet *Irish stew*	Collier Poitrine Épaule Haut de côtes	250 g avec os 200 g avec os
Braiser à blanc et à brun	Gigot de 7 heures Épaule farcie	Gigot Épaule (désossée)	300 g 200 g
Griller	Côtes *Lamb-chop* *Mutton-chop* Brochettes Gigot à la broche	Carré détaillé Côtelette simple dans la selle Côtelette double dans la selle Morceaux de gigot ou d'épaule Gigot	250 g 200 g 180 g
Rôtir	Gigot Carré Épaule Selle	Gigot entier ou raccourci Carré raccourci à 8 côtes Épaule désossée Selle entière ou farcie	220 g à 250 g avec os
Sauter à la poêle	Noisette Côtes Épigrammes Rouelles de gigot	Selle ou carré désossés Côtes premières ou secondes Poitrine cuite et détaillée puis panée Tranches de gigot	250 g 150 g 180 g
Pocher	Gigot à l'anglaise	Gigot raccourci	180 g avec os

Les porcins

Animal de boucherie le plus gras, le porc est utilisé frais mais surtout en charcuterie. Éliminé de l'alimentation dans certains pays, il reste, en France, en Allemagne et en Scandinavie particulièrement, une des sources essentielles de protéines animales en raison de son prix peu élevé.

Le porc et la tradition

☐ Espèce omnivore, le porc est issu du sanglier ou porc sauvage, que les chasseurs appellent encore aujourd'hui cochon. Il s'est apprivoisé de lui-même en vivant auprès de l'être humain et en se nourrissant de ses déchets laissés aux abords des maisons. Son image a toujours été associée à l'impureté par plusieurs religions, et celles-ci l'interdisent à leurs fidèles dans leur alimentation.

☐ Depuis le Moyen Âge, l'abattage du porc constitue toujours une fête, notamment dans les campagnes. Les cochonnailles donnent lieu à des agapes gargantuesques renommées dans plusieurs régions de France.

Les critères d'achat

☐ Un porc de qualité se reconnaît à l'aspect de sa chair qui doit être de couleur rosée, de texture ferme, posséder un grain fin et serré et n'être pas humide (pas de viande « pisseuse »). Le lard doit être épais sans être excessif et de couleur blanche.

☐ L'ensemble du cochon ou presque peut être vendu et consommé, frais, fumé, en salaison ou pour la transformation des charcuteries et des plats cuisinés. Lors de l'achat, la qualité des morceaux s'appréciera en fonction de leur utilisation.

Comment identifier un jambon de qualité

☐ Plusieurs critères permettent d'apprécier si un jambon est bon ou non. Dans un premier temps, le choix d'un jambon se fait par rapport à sa catégorie : supérieure (sans polyphosphates mais avec un peu de sucre), premier choix (avec une teneur en polyphosphates et en sucre limitée), ordinaire (avec une teneur souvent maximum en polyphosphates et en sucre). Puis le choix sera conditionné par la couleur de la tranche, qui devra être bien rose, et par sa tenue, qui ne devra pas se casser ni être trop humide. Pour un jambon DD (dégraissé, découenné), l'épaisseur du gras ne devra pas dépasser 4 mm.

☐ Des tranches plus ou moins grisâtres ou présentant des reflets irisés proviennent de jambon dont la salaison a été mal réalisée. Un gras jaunâtre en surface peut être lié à l'utilisation d'une gelée de glaçage colorée ou à un rancissement.

☐ Il convient de bien lire les étiquettes, qui doivent porter le nom du fabricant, la dénomination de vente, la date limite de consommation, les conditions de conservation, le poids net et la marque de salubrité.

Les animaux destinés à la consommation

« Porc » est une appellation générique qui regroupe le porcelet ou cochon de lait (abattu à l'âge de 2 mois), dont la peau et les oreilles grillées étaient autrefois un mets de choix, le cochon (animal castré abattu entre 8 et 12 mois), le verrat et la truie (animaux reproducteurs) utilisés pour les charcuteries industrielles.

LES UTILISATIONS CULINAIRES

Les morceaux

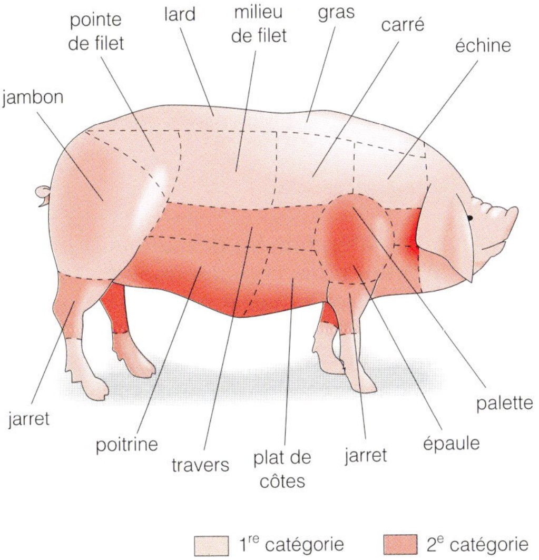

Porcs célèbres et cochonnailles

Le porc basque, de petite taille, est élevé en plein air dans le bassin de l'Adour, nourri de maïs sélectionné. Son jambon, le fameux jambon de Bayonne, assaisonné au sel de la région, est séché pendant neuf mois. Louis XIV, déjà, s'en régalait. Sa foire se déroule les jeudi, vendredi et samedi saints.
À Mortagne-au-Perche, c'est le boudin tiré des cochons sauvages qui anime la foire du 1er au 15 mars.
Le porc corse est élevé en semi-liberté. Sa viande est serrée et ses jambons goûteux.

Les modes de cuissons

Mode de cuisson	Préparations culinaires	Morceaux à utiliser	Grammage (par pers.)
Ragoût à brun et à blanc	Curry Civet	Palette désossée	200 g
Braiser à blanc et à brun	Jambon	Jambon	200 g avec os
Griller	Côtes marinées Travers marinés Escalope Poitrine fumée	Carré détaillé Travers Jambon ou carré désossé Tranches de poitrine fumée	250 g 200 g 180 g 50 g
Rôtir	Carré, milieu de filet Pointe de filet Échine Travers	Carré, milieu de filet Pointe de filet (Ces trois morceaux forment ce que l'on nomme la longe) Échine Travers	200 g avec os
Sauter à la poêle	Côtes Mignon	Carré détaillé Filet mignon	250 g 170 g
Pocher	Jambon Petit salé Jambonneau Chemisage de terrine	Jambon Échine ou plat de côtes Jarret Lard gras en bandes fines ou bardes	200 g avec os 200 g 1 pièce

Les bovins : le bœuf

Le bœuf offre environ une centaine de morceaux différents qui sont classés par catégorie. Celle-ci détermine le mode de cuisson à employer. La qualité de la viande est fonction du sexe, de l'âge, des modes d'élevage, des races et des techniques de préparation de l'animal. Le prix dépend de la qualité.

L'appellation « bœuf »

☐ L'appellation « viande de bœuf » regroupe indifféremment des animaux mâles ou femelles. Aussi, lorsque nous achetons du bœuf nous consommons en fait beaucoup de vaches de réforme (48 % de la consommation), mais également des génisses (16 %), des taureaux et taurillons (17,5 %), et du bœuf dans seulement 18,5 % des cas.
☐ Quel que soit l'animal, les morceaux de détail sont nombreux ; pourtant, la consommation se porte encore et toujours sur les morceaux situés à l'arrière de l'animal. Les professionnels tentent de valoriser les quartiers avant par l'intermédiaire d'une cuisson basse température qui permet d'obtenir des produits tendres et succulents.

Les critères de qualité

☐ Déterminer la qualité d'une viande de bœuf passe avant tout par la connaissance de la race de l'animal (charolaise, limousine, normande ou étrangère, comme l'angus écossais). Les détaillants doivent pouvoir certifier l'origine dans la mesure où ils disposent d'un bon d'accompagnement pour chaque animal.
☐ La qualité de la viande s'apprécie également par rapport à son aspect, son grain serré et fin, sa couleur d'un rouge vif, son odeur douce et agréable, mais aussi en fonction de sa graisse intercellulaire (veine graisseuse qui se situe entre les fibres : on dit de la viande qu'elle est persillée) et extracellulaire (membrane graisseuse blanche et ferme autour des muscles : on dit de la viande qu'elle est marbrée). Une viande persillée est toujours beaucoup plus moelleuse car les graisses fondent lors de la cuisson et nourrissent les pièces.

Les principales phases préliminaires

☐ L'utilisation de la viande implique plusieurs phases préliminaires indépendantes ou successives, qui auront pour but de faciliter la cuisson ultérieure ou d'améliorer la présentation finale et les caractéristiques organoleptiques du produit.
☐ Selon les besoins, il faudra : désosser le morceau, le dénerver, le parer, le dégraisser, le manchonner, le barder, le piquer, le larder et enfin le mariner.

La consommation

☐ Ce n'est que dans les années 50 que la viande de bœuf se généralise sur les tables familiales. On dit alors qu'elle est source de force et de vitalité. Elle est recommandée aux adolescents, aux sportifs, aux travailleurs.
☐ Dans les années 80, le développement des régimes et autres modes minceur entraînent une baisse de consommation que la maladie de la vache folle (1996) a fait encore chuter. Seul aspect positif pour la ménagère, les étiquettes ô combien explicites qui accompagnent dans les boucheries le moindre morceau de viande.

LES UTILISATIONS CULINAIRES

Les morceaux

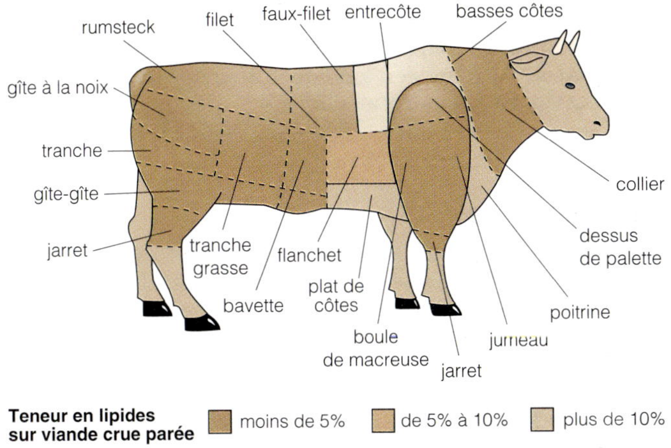

Les modes de cuisson

Mode de cuisson	Préparations culinaires	Morceaux à utiliser	Grammage (par pers.)
Ragoût à brun	Estouffade Goulasch Daube	Paleron, jumeau, flanchet Gîte à la noix, basses côtes Collier, dessus de palette	200 g
Pocher	Pot-au-feu Aiguillette à la ficelle	Plat de côtes, jarret, poitrine Boule de macreuse, bavette à pot-au-feu, griffe, queue, os à moelle, aiguillette	300 g avec os 250 g sans os
Braiser	Aiguillette Pièce de bœuf Paupiettes	Paleron Aiguillette de rumsteck Aiguillette baronne, macreuse, gîte-gîte, jumeau	300 g
Griller	Côte de bœuf Entrecôte Steak Tournedos	Train de côtes Entrecôte Tranche, faux-filet, poire, bavette merlan, macreuse à steak Filet	300 g avec os 200 g 150 g 150 g
Rôtir	Contre-filet rôti Rosbif Filet entier ou cœur de filet	Contre-filet Tranche, tranche grasse, rumsteck, faux-filet Filet	250 g avec os 150 g 150 g
Sauter à la poêle	Entrecôte Steak Tournedos	Entrecôte Tranche, faux-filet, poire, bavette, merlan, macreuse à steak Filet	200 g 150 g 150 g 150 g
Frire	Fondue	Tranche grasse, filet, rumsteck, faux-filet	200 g
Cru	Tartare Carpaccio	Filet	120 g

Les bovins : le veau

La viande de veau occupe les étals de boucherie toute l'année, mais c'est entre mai et septembre que la chair est la plus blanche et la plus tendre. Avant de la consommer, il convient de bien savoir l'acheter et d'appliquer un mode de cuisson approprié à la catégorie du morceau choisi.

Les critères de qualité

☐ Acheter du veau suppose avant tout que l'on puisse avoir connaissance de la race de l'animal. Les plus connues sont les races normande, limousine et frisonne. Hormis la race, l'origine géographique peut être un indicateur intéressant car certains pays autorisent l'utilisation d'hormones de croissance (en France, cette pratique est interdite depuis le 1er janvier 1988).
☐ La viande provient d'un animal jeune qui a été abattu entre 2 et 3 mois pour le veau de lait ou le veau de batterie et 6 mois pour les broutards (taurillon ou génisse).
☐ Le choix de la viande sera également conditionné par la couleur de la chair qui peut être blanche, rosée, rose ou rouge, par sa texture qui doit être ferme, par le grain qui doit être fin, et enfin par la graisse de couverture ou interne qui ne doit pas être très importante puisque la production de tissus adipeux n'intervient normalement qu'après le développement osseux.

Les appellations de découpe

☐ Le veau peut être commercialisé sous différentes dénominations de découpe en fonction des besoins. Les bouchers détaillants, les industries du plat cuisiné, les très grandes collectivités achèteront aux abattoirs ou au niveau des grossistes des demi-veaux, un cuisseau, une basse.
☐ Le restaurateur, aux besoins plus réduits et ne disposant pas toujours d'une installation conforme pour le traitement de la viande, achètera des muscles, quasi, noix pâtissière, noix, carré, filet mignon, épaule, poitrine, jarret, etc. C'est à partir de ces morceaux génériques qu'il détaillera les pièces qui figureront sur sa carte : paillard, escalope, côtes, mignon, fricandeau, grenadin, piccata, paupiette, osso-buco, rôti, brochette, ragoût, etc. Chacune de ces découpes aura des caractéristiques propres (forme, épaisseur, poids) et un mode de cuisson spécifique.

Le label « veau sous la mère »

☐ Cette pratique d'élevage répond à des normes strictes énoncées par l'Association pour l'exploitation et l'attribution du label. Ces normes référencées dans un règlement technique (charte) s'appliquent à la race, à la nourriture (au pis de la vache ou au lait naturel exclusivement), aux conditions d'élevage (pas d'anabolisant), d'abattage et de commercialisation.
☐ L'identification de cette viande de qualité est rendue possible par l'affichage du logo caractéristique du « veau sous la mère » qui accompagne généralement les labels (le label Rouge ou les labels régionaux, comme par exemple le label Midi-Pyrénées ou le label Limousin). Le restaurateur qui utilise du veau sous la mère n'est pas autorisé à inscrire cette dénomination sur sa carte, sauf s'il répond à des règles bien précises.

LES UTILISATIONS CULINAIRES

Les morceaux

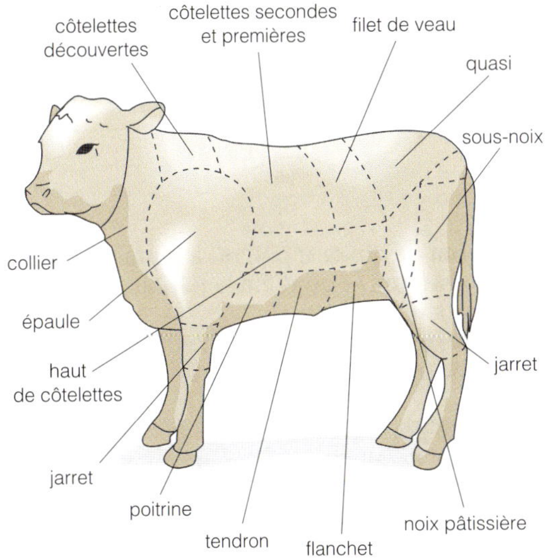

Les caractéristiques de cuisson

Comme pour l'ensemble des viandes de boucherie, le veau offre des morceaux de 1re catégorie (parties dorsales et arrière), des morceaux de 2e catégorie (parties ventrales et avant) et des morceaux de 3e catégorie (issues, collier, certaines parties ventrales ou costales). Ces catégories n'ont aucune relation avec la qualité de la viande, mais impliquent un mode de cuisson approprié (rôtir, griller, sauter à la poêle pour la 1re, ragoût, pocher pour la 2e, ragoût, braiser, pocher pour la 3e).

Les modes de cuisson

Mode de cuisson	Préparations culinaires	Morceaux à utiliser	Grammage (par pers.)
Ragoût à brun et à blanc	Veau Marengo Sautés au curry Osso-buco Grenadin	Collier, épaule, poitrine, tendron Jarret en tranche Filet, sous-noix et noix pâtissière	200 g sans os 250 g avec os 250 g avec os 200 g
Braiser à blanc et à brun	Longe Carré Jarret Poitrine farcie Tendron et flanchet	Filet de veau Carré à 8 côtes Jarret entier Poitrine entière farcie Tendron et flanchet	300 g avec os 250 g avec os 180 + 50 g 250 g
Griller	Escalope Paillard Côtes	Noix pâtissière, sous-noix, quasi Escalope aplatie finement Côtes 1res, 2ndes et découvertes	175 g 250 g avec os
Rôtir ou poêler	Carré Longe Rognonnade Noix Selle	Carré de 8 côtes ou moins Filet de veau Filet ouvert en deux et rognons Noix pâtissière Selle	250 g avec os 200 g 250 g avec os
Sauter à la poêle	Escalope nature, panée Médaillon Piccata Côtes	Noix pâtissière, sous-noix, quasi Filet Filet, quasi, sous-noix Côtes 1res, 2ndes et découvertes	175 g 150 g 175 g 200 g

Le gibier

On distingue deux grandes familles de gibier : les animaux à poil et les animaux à plume, vivant en liberté et qu'on peut chasser. La qualité de leur chair en fait un produit très recherché. Une législation très stricte régit leur commercialisation. Tous les gibiers sont détaillés comme les viandes de boucherie.

Les variétés de gibier

☐ Tout animal tué à la chasse prend le nom de gibier à poil ou à plume. Il est sauvage – et actuellement, se limite aux migrateurs –, ou d'élevage pour couvrir les besoins des chasseurs.
☐ Le gibier à poil regroupe le cerf, la biche, le chamois, l'isard, le daim, le sanglier, le lièvre, le lapin de garenne. Ce groupe de gibier est également nommé gibier de venaison.
☐ Le gibier à plume comprend la perdrix, le perdreau, le faisan, la poule faisane, la bécasse, la bécassine, la caille et l'alouette. Le gibier à plume d'eau est constitué de la sarcelle et du canard sauvage.

La commercialisation

☐ Il est interdit de vendre le gibier sauvage français tué à la chasse en dehors des périodes d'ouverture de la chasse, ainsi que le gibier importé de pays non adhérents à l'Union européenne, ce qui n'est pas le cas pour le gibier d'élevage.
☐ Le gibier est généralement vendu non dépouillé, c'est-à-dire avec sa peau. Il est commercialisé entier, pour les petites pièces, ou détaillé (cuissots, épaules, côtes, poitrine), transformé en terrines et pâtés.

Les dénominations particulières

☐ Les préparations culinaires à base de gibier sont souvent traitées en marge des recettes traditionnelles. Les plus représentatives sont les appellations en salmis et en civet.
☐ La cuisson en salmis est particulière car le gibier (exclusivement à plume) est cuit en deux fois. Une première cuisson dite « vert cuit » consiste à rôtir jusqu'aux deux tiers. Le gibier est alors découpé. Avec la carcasse, on réalise un fond de gibier, dans lequel s'effectue le dernier tiers de cuisson. En finition, la sauce est liée avec un hachis de foie.
☐ La préparation en civet est une cuisson type « ragoût à brun » liée au sang ; au préalable, la viande aura été marinée au vin rouge.

Mortifier, faisander

☐ Il est recommandé de faire mortifier les gros gibiers avant leur préparation. Mortifier consiste à attendrir les viandes en les faisant « rassir » pendant un temps plus ou moins long selon le gibier, en moyenne trois à quatre jours. Les viandes à mortifier sont accrochées dans un endroit frais, aéré et sans humidité.
☐ Faisander est une mortification particulière souvent poussée jusqu'à la putréfaction ou jusqu'à l'altération des senteurs. Ce procédé, encore pratiqué dans un passé très récent, n'a plus cours de nos jours. Cette manière d'attendrir les chairs était un véritable danger pour la santé des consommateurs.

LES UTILISATIONS CULINAIRES

■ Caractéristiques et préparations de quelques gibiers

Animal	Poids moyens		Quantité par personne	Caractéristiques	Préparations culinaires	Temps de cuisson
	entier	vidé				
Lièvre	2,200 à 5 kg	1,800 à 4,300 kg	1 pour 6 à 10	Veiller à ce qu'il ne soit pas trop abîmé par le coup de fusil	Mariné. En civet et ragoût. Râble et cuisses seront rôtis. Pâtés	Rôti : 45 min Râble : 20 à 30 min Civet : 2 à 3 h
Chevreuil	10 à 19 kg	En moyenne 15 kg	Rôti : 200 g par personne Ragoût : 250 à 300 g par personne	Doit être rassis 8 jours	Rôti ou ragoût selon les morceaux	Rôti : 12 à 15 min par livre Ragoût : 2 à 3 h
Sanglier Marcassin	60 kg et plus Jusqu'à 60 kg (en moyenne) 30 kg)	55 kg et plus 20 à 50 kg (en moyenne 25 kg)	1 kg pour 4 à 6	Le marcassin est plus tendre et légèrement plus cher que le sanglier	Rôti ou ragoût selon les morceaux	Rôti : 15 à 20 min par livre Ragoût : 3 h à 3 h 30 (2 h 30 à 3 h pour le marcassin)
Bécassine	250 g	200 g	1 par personne	Peut ne pas être vidée	Rôtie en cocotte ou en salmis	12 à 15 min
Canard sauvage	1 à 1,600 kg	1,200 kg maximum	1 pour 2 ou 3	Chair assez serrée.Parfumé et savoureux	Braisé ou en salmis. Rôti ou en cocotte	30 à 45 min
Perdreaux Perdrix	500 à 800 g	300 à 600 g	1 ou 1/2	Se mangent 3 à 6 jours après avoir été tués	Perdreaux : rôtis ou en cocotte Perdrix : braisées, peuvent être bardées	Perdreaux : 15 à 20 min (saignants) ; 25 à 35 min (à point) Perdrix : 2 h
Faisan	1,300 à 1,800 kg	1 à 1,400 kg	1 pour 4 à 6 (poule : faisaine 1 pour 3 à 4)	Est plus parfumés'il est légèrement faisandé	Rôti, au four ou en cocotte. Braisé ou en salmis	45 min à 1 h
Ramier Palombe	600 à 750 g	300 à 450 g	1 ou 1/2	Doivent être mûris	Rôtis ou cuits en cocotte. Braisés. Peuvent être bardés	30 à 45 min

La bécasse

Comme la bécassine, on ne vide pas une bécasse. Chaque fois que cet échassier prend son envol, ses intestins – qui sont tout en longueur – se vident. Ils sont donc propres. Après cuisson, les intestins sont retirés, hachés et pétris avec du foie gras et un trait de cognac ; une partie de cette farce est servie sur un toast et accompagne la bécasse rôtie, l'autre partie sert à lier le jus de cuisson qui est présenté avec la bécasse.

Les volailles

Le terme volaille s'applique aux animaux de la basse-cour. Une classification de ces animaux est pratiquée selon la couleur de la chair. Certains poulets bénéficient d'un label Rouge, fonction du mode d'élevage. Le foie gras, produit de haute gastronomie, est obtenu à partir d'oies ou de canards gavés.

Les types de volaille

☐ Les volailles à chair blanche regroupent : le poussin, il pèse moins de 650 grammes et est âgé de 8 semaines ; le coquelet, il pèse plus de 650 grammes et est âgé de 10 semaines ; le poulet 4/4, il a un poids moyen de 1,200 kg et est âgé de 4 mois ; le poulet reine, il pèse 1,600 kg, il est âgé de 5 mois ; la poularde, elle pèse 2,500 kg et est âgée de 8 mois ; le chapon, il pèse plus de 2 kg, il est âgé de 8 mois ; la poule, elle pèse 2 kg, elle est âgée de 30 mois ; le coq, il pèse 2,500 kg, il est âgé de 28 mois.
☐ C'est parmi les volailles à chair blanche que l'on trouve la reine : la volaille de Bresse. Elle regroupe le poulet, la poularde, le chapon, la dinde fermière.
☐ Les volailles à chair brune comprennent : le pigeonneau, il pèse 300 grammes, il a 30 jours ; le pigeon, il pèse 500 grammes, il a plus de 30 jours ; le pintadeau, il pèse 800 grammes, il est âgé de 3 mois ; l'oie, elle atteint le poids 3,500 kg et est âgée de 18 mois ; le canard, il pèse 2 kg, il est âgé de 5 mois ; le lapin, il pèse 2 kg, il est âgé de 6 mois.
☐ Selon la destination culinaire, les canards se répartissent en quatre variétés :
– *le rouennais* est étouffé au moment du sacrifice, sa chair se gorge de sang et devient rouge. C'est avec cette race que l'on confectionne le canard au sang ;
– *le nantais* est saigné, il possède la chair la plus savoureuse ;
– *le barbarie* est engraissé, sa chair a un goût « musqué » ;
– *le mulard* est engraissé par gavage durant 21 jours ; après son sacrifice, son foie est récupéré pour faire des foies gras, ses muscles sont destinés au confit.

Les oies et canards gras

Le cycle de production de ces produits comprend une opération spécifique : le gavage. Cette opération consiste à nourrir, 2 à 3 fois par jour, à l'aide d'un entonnoir spécial, rempli de maïs, des animaux âgés de 5 mois. Le maïs salé est additionné de graisse avant le gavage. La durée de cette phase varie de 3 à 4 semaines. Une oie pèse de 8 à 10 kg et un canard de 5 à 7 kg au moment du sacrifice.

La présentation commerciale des volailles

Après l'abattage, les volailles sont présentées de différentes façons :
– non vidées, l'animal étant seulement saigné et plumé ;
– effilées, l'animal ayant subi l'ablation de l'intestin par le cloaque, sans ôter les autres viscères et abattis ;
– éviscérées sans abats, l'animal ayant subi l'ablation totale de l'œsophage, du jabot, de la trachée, des viscères thoraciques et abdominaux, du cou et des pattes ;
– éviscérées avec les abats (foie, gésier, cœur et cou), réintroduits éventuellement après conditionnement dans la cavité abdominale.

LA VOLAILLE LABÉLISÉE

Différences entre poulet standard et poulet fermier « label Rouge »

Mode d'élevage	Poulet standard	Poulet fermier « label Rouge »
Type de croisement	Souche à croissance rapide	Souches rustiques à croissance lente (poids commercial atteint à 81 jours)
Alimentation	Aucune norme	75 % de céréales minimum, ni farine, ni graisses animales
Taille des bâtiments	Aucune norme jusqu'à 2 000 m^2	400 m^2 maximum
Densité dans le bâtiment	18 à 25 sujets par m^2	11 sujets par m^2 maximum
Parcours	Sans	Sortie en plein air au plus tard à 6 semaines : – 1 ha pour un bâtiment de 400 m^2 (élevé en plein air) – parcours illimité (élevé en liberté)
Âge d'abattage	42 jours	81 jours minimum

L'étiquette « label Rouge »

Elle permet de distinguer le produit « label Rouge » des autres produits. Elle constitue un document d'information à l'égard du consommateur.
Elle donne la classe, la durée de l'élevage, l'aliment qui a nourri la bête durant son élevage, la date limite de consommation, etc.

Le chapon

Le chaponnage, c'est-à-dire la castration des coqs, consiste à priver de ses testicules un mâle âgé de 6 à 8 semaines.
Deux méthodes sont utilisées :
– La première méthode consiste en une incision entre les deux dernières côtes, puis, à l'aide d'une pince, on prélève le testicule. La plaie est ensuite recousue et l'opération répétée de l'autre côté.
– La seconde méthode se fait par incision sous le cloaque. On va chercher les testicules, qui ont la grosseur d'un haricot. Cette opération féminise la bête, elle perd crête, bajoues, ne chante plus, ne s'intéresse plus aux poules et… mange.

La triperie

Commercialisés par le tripier, les abats blancs ou rouges doivent être d'excellente qualité. Ils n'ont pas tous la même finesse gustative mais, pour bien les apprécier, les opérations préliminaires comme les cuissons devront être correctement réalisées. Fragiles, il faut les consommer rapidement.

Les abats blancs et les abats rouges

□ Certains abats blancs sont livrés aux consommateurs après avoir subi un traitement préliminaire à l'abattoir. C'est le cas de la panse ou gras-double pour le bœuf, de la fraise de veau (intestin grêle), des pieds, des têtes, des mamelles, du palais, du museau, qui sont échaudés, épilés et grattés. D'autres ne subissent aucun traitement, comme le ris, la cervelle, les amourettes (moelle épinière), les animelles (rognons blancs de l'agneau).
□ Les abats rouges sont collectés dans les abattoirs sans préparation particulière. Le cœur, le foie, la langue, les joues (uniquement chez les bovins) et les rognons sont les plus utilisés en cuisine. Chez le veau et le mouton, les abats rouges enlevés en une seule pièce s'appellent la fressure.

La qualité des abats

□ Elle sera fonction des précautions prises pour leur conservation. Comme pour chaque denrée, fraîche ou surgelée, le maintien en température à + 3 °C ou – 18 °C doit être constant de l'abattoir à la cuisine, et ce jusqu'à la cuisson.
□ Il faut placer les abats frais réfrigérés sur une grille et les maintenir pelliculés jusqu'au moment de leur utilisation ; veiller à maintenir les rognons dans leur graisse de couverture pour éviter tout dessèchement ; faire dégorger dans de l'eau froide, limoner et pocher cervelles et amourettes aussitôt après leur livraison avant de supprimer, au moment de les trancher, la fine pellicule qui recouvre les lobes du foie. Enfin, il faut manipuler les abats avec beaucoup de soin en limitant le séjour à l'air libre (cette remarque est valable pour tous les produits frais) et les consommer rapidement.

Le point de vue du nutritionniste

□ Foie, ris, rognons dégraissés et tripes ont une valeur nutritionnelle égale ou supérieure aux viandes et constituent une source importante de vitamines et d'éléments minéraux (fer, notamment). Cependant, ces organes sont riches en acide urique et en cholestérol ; leur consommation doit donc être limitée à une fois par semaine.
□ Cœur et langue sont maigres, cervelle et moelle épinière (amourettes) sont riches en graisses et en cholestérol.
□ Tête et pieds sont constitués principalement de gélatine, peu assimilable par l'organisme ; leur valeur nutritionnelle reste donc faible.

Les critères d'achat

Les abats doivent être brillants, ils ne doivent pas baigner dans leur sang ni présenter une mauvaise odeur ou un poissage. Pour les cervelles qui sont généralement présentées en barquettes, il faut sentir la partie en contact avec l'emballage.

Les abats

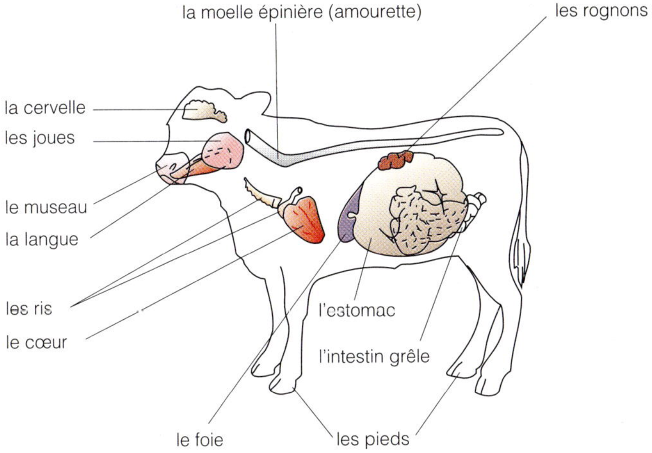

Préparation et cuisson

Abats rouges	Préparations préliminaires	Utilisations culinaires
Cœur Tous	Retirer les caillots de sang situés dans le cœur. Dégorger à l'eau glacée	Braisé, poêlé, sauté, grillé
Foie Tous	Supprimer la fine pellicule transparente qui le recouvre	Sauté, grillé, braisé
Langue Bœuf, veau, agneau	Parer et dégorger à l'eau glacée Éplucher, après cuisson, toute la peau qui recouvre la langue	Pochée, braisée, accompagnée de sauce piquante, tomate, madère, etc.
Rognons Veau, génisse, porc, agneau	Couper en deux les rognons d'agneau et de porc.Garder entiers ou détailler en tranches les rognons de veau ou de bœuf	Grillés, sautés, braisés
Abats blancs	**Préparations préliminaires**	**Utilisations culinaires**
Amourettes Veau, bœuf	Dégorger à l'eau courante Pocher au court-bouillon	Élément de garniture des bouchées, vol-au-vent
Cervelle Agneau, veau	Même préparation que les amourettes	Meunière, beurre noisette, fritots, beignets
Pieds Veau, mouton, porc	Désosser, dégorger, blanchir et cuire dans un blanc	Veau : avec une sauce vinaigrette Porc et mouton farcis, grillés, panés
Ris et thymus Veau, agneau	Dégorger à l'eau courante Blanchir, rafraîchir	Braisés, grillés, sautés, pochés, frits
Tête Veau	Désosser, dégorger, rouler Blanchir et pocher	Chaude avec une sauce vinaigrette, des fines herbes, gribiche, etc.

Les légumes

Crus, cuits, frais ou secs, en hors-d'œuvre, en accompagnement ou en dessert, les légumes sont les compléments indispensables de tous les menus protidiques. La saisonnalité des légumes apporte une variété qui contribue à les faire apprécier à longueur d'année.

La famille des légumes

Sous le nom générique de légumes, on désigne tous les produits végétaux utilisés dans l'alimentation : les racines (carottes, radis, salsifis, scorsonères), les bulbes (oignon, ail, échalote), les tubercules (pomme de terre, patate douce), les tiges (poireau, céleri branche, cardon), les feuilles (épinard, oseille, bette), les inflorescences (chou-fleur, artichaut), les fruits (tomate, concombre, potiron), les pousses (asperges, houblon), les graines (petits pois, maïs, légumineuses), les champignons, etc.

Les légumes frais

☐ Il faut acheter des légumes très frais, et au fur et à mesure des besoins. Avant leur consommation, crus ou cuits, les légumes sont épluchés. La technique diffère selon le type de légume : peler pour la pomme de terre, effiler pour les haricots verts, écosser pour les petits pois, retirer la tige pour les épinards, éliminer les feuilles flétries pour les poireaux. Le lavage suit la phage d'épluchage.
☐ Les légumes peuvent être frits (pomme de terre), grillés (aubergine), sautés (courgette), braisés (laitue), à l'anglaise (haricots verts), à la vapeur (chou-fleur), en ragoût (pomme de terre).
☐ La consommation des légumes se fait en entrée, cuits (salade de haricots verts) ou crus (tomate), sous forme de potage, de garniture d'accompagnement et en salade.

Les légumes secs

Ce sont les graines des légumineuses qui ont perdu la plus grande partie de leur eau par déshydratation. Flageolets, lentilles, cocos, pois cassés sont quelques-uns des légumes secs du marché. À l'achat, ils doivent avoir moins d'un an et être luisants. Avant la cuisson, ils doivent être triés et trempés quelques heures dans de l'eau froide non calcaire. La cuisson s'effectue à l'eau. Il ne faut saler l'eau qu'à la fin de la cuisson. Les légumes secs sont consommés en salade (lentilles), en potage (pois cassés) et en garniture d'accompagnement.

Les légumes exotiques

Souvent riches en amidon, en fibres et en vitamines, les légumes exotiques apportent des saveurs nouvelles. Les cuisiner est simple car ils sont le plus souvent cuits à l'eau salée ou à la vapeur. On trouve facilement :
– la patate douce (Amérique du Sud) ; elle ressemble à une betterave fourragère, elle est sucrée ;
– le gombo (Afrique) ; il ressemble à un gros piment vert, son goût s'apparente au haricot vert, il se prépare de la même façon ;
– le chou chinois (Chine) ; de forme allongée, il a l'aspect d'une laitue romaine ;
– le manioc (Mexique) ; cette racine allongée a le goût de la pomme de terre et sa chair est fondante.

QUAND ET COMMENT ACHETER DES LÉGUMES

■ À chaque mois ses légumes

Janvier : endives, chou-fleur, poireau, chou de Bruxelles, navet, salsifis, chou.
Février : salades de serre, carotte, endive, chou-fleur, poireau, chou, chou de Bruxelles, navet, salsifis.
Mars : salades de serre, carotte, chou-fleur, endive, chou, navet, poireau.
Avril : chou-fleur, oignon, poireau, concombre, chou, asperge, épinard, radis, laitue, persil.
Mai : tomate de serres, carotte nouvelle, laitue, navet, persil, petits pois, pommes de terre primeur, artichaut, oignon, asperge, concombre, carde, radis, courgette, épinard.
Juin : tomate de serre, carotte, ail, asperge, aubergine, carde, céleri, artichaut, concombre, haricot vert, chou, courgette, épinard, laitue, persil, oignon, petits pois, poivron, pomme de terre, radis, navet.
Juillet : tomate, carotte, haricot vert, oignon, concombre, ail, artichaut, aubergine, carde, courgette, laitue, navet, persil, petits pois, poivron, radis, pomme de terre.
Août : tomate, oignon, carde, haricot vert, ail, aubergine, concombre, laitue, persil, poivron, pomme de terre.
Septembre : tomate, carde, haricot vert, aubergine, courgette, navet, persil, poivron, radis, poireau, céleri branche, chicorée, frisée, scarole, laitue.
Octobre : carotte, carde, céleri branche et rave, chicorée, frisée, scarole, chou-fleur, poireau, laitue, chou, courge, épinard, fenouil, haricot vert, navet, persil, radis.
Novembre : cardon, carotte, chicorée, scarole, frisée, chou-fleur, endive, poireau, chou de Bruxelles, fenouil, navet, salsifis.
Décembre : carotte, endive, cardon, chicorée, frisée, scarole, poireau, chou, chou-fleur, chou de Bruxelles, fenouil, salsifis.

■ Les étiquettes

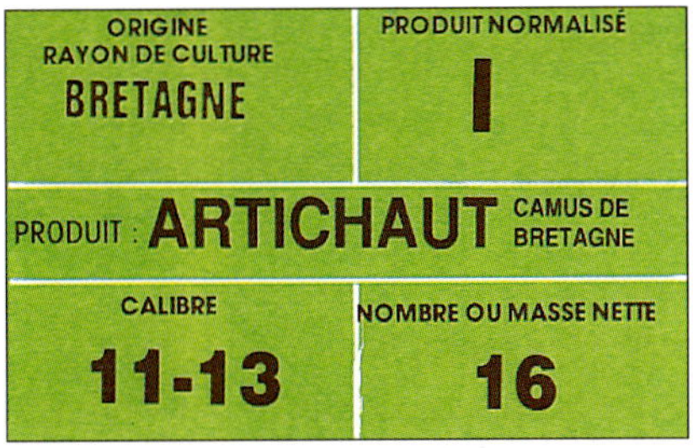

L'étiquetage nous renseigne sur la catégorie du produit et nous donne des informations sur sa variété, son nom, son calibre, son origine et le nombre ou la masse nette.

Couleur de l'étiquette	Catégorie	Caractéristique du produit
Rouge	Extra	Qualité supérieure, de forme et de couleur, exempte de défauts.
Verte	Cat. I	Bonne qualité, certains défauts légers sont admis dans la forme et la coloration.
Jaune	Cat. II	Qualité marchande possédant les caractéristiques minimum de la qualité.
Grise	Cat. III	Produit de qualité inférieure, rarement sur le marché.

Parmi les éléments figurant sur l'étiquette se trouve la case « produit normalisé ». La normalisation n'est qu'une garantie de calibre et d'état extérieur du produit.

Légumes en fêtes

– Foire aux potirons et aux légumes rares : tous les 13 octobre à Tranzault, dans l'Indre.
– Fête de la citrouille : le 21 septembre à Saint-Brisson-sur-Loire, dans le Loiret.
– Foire aux haricots : à Arpajon, dans l'Essonne, du 13 au 16 septembre.

Les fruits

Issus de la fécondation de la fleur, les fruits contribuent selon les variétés à créer une sensation caractéristique et typée dans la composition des recettes de cuisine. Connaître tout ce qui se rapporte à un fruit (variétés, espèces, qualités, défauts, saison) est nécessaire pour pouvoir les utiliser correctement en cuisine.

Les fruits frais

Ce sont les plus communs. Ils sont classés en fruits à pépins (raisin, pomme, poire, agrume) ou en fruits à noyaux (pêche, prune, etc.). Très riches en eau, ils sont rafraîchissants. Ils sont utilisés en pâtisserie pour la confection de tartes, sorbets, éléments de décor, et en cuisine en accompagnement de garniture, entiers, ou en compote, ou sous forme de jus dans les sauces.

Les petits fruits rouges

Ce groupe de fruits comprend un nombre de baies plus ou moins sauvages, fraise des bois, mûre, prunelle, groseille, myrtille, etc. Leur conservation est limitée, il faut faire attention de ne pas les écraser car ils sont très fragiles. Les fruits sont utilisés entiers, nature ou dans des salades de fruits. Ils sont également transformés en purée pour en faire des coulis, des sorbets, des confitures ou des gelées.

Les fruits exotiques

☐ Les fruits exotiques apportent de la variété, de la nouveauté, de la fraîcheur et des arômes originaux. Ils peuvent être classés en deux catégories, ceux originaires des Amériques et ceux originaires d'Extrême-Orient. Ils sont surtout vendus en France d'octobre à mars.

☐ Il faut les acheter à une bonne maturité. Ils sont fragiles, il faut donc les consommer rapidement. Ce sont des produits riches en vitamines B et C, peu énergétiques, ils ont de réelles qualités diététiques.

Les fruits oléagineux

Ce sont des graines, noix, noisettes, amandes. La teneur en eau de ces produits est faible par rapport aux autres fruits. Ils sont très nourrissants par leur richesse en graisse. Ils sont utilisés en fruits déguisés garnis de pâte d'amande, en accompagnement de plats cuisinés, en apéritif, en pâtisserie.

La conservation et les apports alimentaires

☐ Les fruits supportent mal le réfrigérateur ; par exemple, la banane noircit. Lorsqu'un fruit commence à s'abîmer, une moisissure se développe et produit des spores qui peuvent se propager d'un fruit à l'autre s'ils se touchent.

☐ Les fruits sont particulièrement riches en vitamine C, en carotène, en minéraux. Ils apportent des fibres alimentaires qui améliorent le transit intestinal. Leur valeur sensorielle est déterminée par des critères de saveur et de parfum, de texture et de couleur, qui varie selon le type de pigment présent. Ainsi, la chlorophylle apporte la couleur verte, l'anthocyanine la couleur rouge ou bleue et les caroténoïdes la couleur jaune ou orange.

CALENDRIER ET CUISINE AUX FRUITS

La saison des fruits

Janvier : pomme, poire, noix, orange, citron, clémentine, mandarine, pomelo, ananas, avocat.
Février : pomme, noix, orange, clémentine, mandarine, citron, ananas, avocat, banane.
Mars : pomme, orange, citron, pomelo, mandarine, ananas, avocat, banane.
Avril : pomme, orange, citron, pomelo, ananas, avocat, banane.
Mai : fraise, pomme, cerise, melon, orange, citron, pomelo.
Juin : abricot, cerise, fraise, melon, nectarine, brugnon, pêche, citron, banane.
Juillet : abricot, cerise, fraise, melon, nectarine, brugnon, pêche, prune, citron, pomelo.
Août : abricot, melon, nectarine, brugnon, pêche, poire, framboise, prune, raisin.
Septembre : melon, poire, pomme, prune, raisin, figue, citron.
Octobre : châtaigne, noix, poire, figue, pomme, raisin, citron, banane.

Novembre : châtaigne, marron, noix, poire, pomme, citron, banane, ananas, avocat, clémentine.
Décembre : châtaigne, marron, noix, poire, pomme, clémentine, citron, banane, ananas, avocat.

L'utilisation des fruits en cuisine

Rôle	Fruit	Préparation	Recettes
Lier	Banane	Toutes les préparations à base de curry	Curry d'agneau à la mosaïque de légumes
Aromatiser	Groseille	Sauce de gibier (grand veneur)	Selle de chevreuil grand veneur
Acidifier	Citron	Sauce blanche de poisson ou de volaille	Poularde pochée sauce suprême
Blanchir	Citron	Cuisson des légumes (champignon, artichaut)	Champignons à la grecque
Contraster	Orange	Sauce aigre-douce	Canard à l'orange
Adoucir	Raisin frais	Garniture de volaille et de poisson	Filets de sole Véronique
Rafraîchir	Fruits à jus	Salade de fruits, viandes froides des buffets	Suprême de volaille brésilien
Décorer	Fruits exotiques	Entremets	Coupe glacée
Napper	Fruits rouges	Confection de coulis	Coupe Melba

Les pâtes alimentaires

Fraîches ou industrielles, les pâtes apportent à la cuisine une diversité, une richesse de forme et de taille insoupçonnables. L'intérêt que la médecine porte aux pâtes, qui sont des sucres lents et se digèrent facilement, suscite un engouement amplement justifié dans la consommation contemporaine.

La technologie des pâtes

☐ Les pâtes industrielles sont composées de semoule de blé dur riche en gluten et pauvre en amidon, d'eau et de sel. La pâte est obtenue par malaxage mécanique de la semoule et de l'eau bouillante. La fabrication des pâtes est protégée par la loi qui impose aux fabricants français de n'utiliser que des blés durs. Il est interdit d'ajouter des colorants et des produits chimiques. En revanche, l'ajout de sel, d'œufs, de gluten, de lait, d'aromates, de légumes frais (sucs ou extraits de légumes) est permis. Dès l'obtention de la pâte, celle-ci, selon le type de pâtes, est soit abaissée dans des laminoirs pour obtenir les pâtes larges (nouilles, lasagnes, etc.), soit poussée à travers des filières de taille adéquate qui servent de moule ; on obtient alors les formes classiques : spaghetti, coquillettes, macaroni, qui sont coupées pour donner des pâtes longues ou courtes. Après la réalisation des formes, celles-ci sont séchées en soufflerie ou en étuve, pour une bonne conservation, elles ne doivent pas contenir plus de 12,5 % d'humidité.

☐ Les pâtes fraîches sont composées de farine de blé tendre, d'œufs, d'huile et de sel. Tous ces ingrédients sont mélangés intimement, la pâte obtenue est passée au laminoir pour obtenir l'épaisseur désirée, et elle est taillée selon l'appellation. La cuisson suit la confection des pâtes fraîches.

☐ La qualité de ce produit est jugée sur deux critères. Le premier porte sur l'aspect général : translucidité, élasticité des grandes pâtes, couleur ambrée, vitrosité de la pâte. Le second point concerne les caractéristiques de cuisson : une bonne pâte doit gonfler, ne pas coller et l'eau de cuisson doit rester claire.

Les pâtes et leurs dérivés

À côté des pâtes industrielles classiques existent sous la même dénomination diverses autres pâtes. Parmi les plus courantes figurent la pâte à raviolis. Elle est composée de farine, sel, jaunes d'œufs, huile, eau tiède. La consistance de cette pâte est légèrement plus molle que la pâte classique fraîche. La pâte à spätzle est une spécialité alsacienne.

Les pâtes et l'intérêt nutritionnel

Les pâtes présentent un intérêt alimentaire lié à leur composition chimique et à leur valeur énergétique. En effet, les pâtes sont riches en glucides simples et complexes, elles contiennent une certaine catégorie de fibres alimentaires de type insoluble, elles ont une teneur très réduite en matière grasse et ne contiennent pas de cholestérol, elles ont une bonne quantité de protéines, de fer et des vitamines du groupe B. Elles contiennent moins d'eau et plus de protéines que le pain. 100 g de pâtes fournissent 350 calories.

SAVOIR FAIRE ET CUIRE LES PÂTES

Bien choisir la farine

Avant d'acheter sa farine, il faut regarder le chiffre précédé du mot « type » sur l'emballage. Plus celui-ci est petit, plus la farine est légère et lève mieux. Les farines type 55 ou 65 sont les plus utilisées.

La semoule de blé

La farine de blé tendre est la poudre de l'amande écrasée du grain de blé. La semoule de blé dur est constituée par de minuscules fragments de l'amande cassée. La différence entre farine et semoule offre un intérêt pratique. Les fragments de grain conservent intactes la structure et la couleur naturelle jaune ambrée de l'amande, telles qu'on les trouve dans le grain vitreux. Les grains d'amidon restent protégés par leur maillage protéique qui leur donne le statut de sucre lent.

La cuisson des pâtes

On considère que pour cuire 100 grammes de pâtes, il faut 1 litre d'eau. Amenez cette eau à ébullition ; à ce stade, salez l'eau. En salant à ce moment, vous augmentez la force de l'ébullition. Aussitôt après, plongez les pâtes dans l'eau par petites quantités, remuez avec une fourchette doucement jusqu'à la reprise de l'ébullition. Selon le type de pâtes, il est admis que 10 minutes suffisent à les cuire *al dente*. Dès la fin de la cuisson, retirez les pâtes, versez un verre d'eau froide pour arrêter la cuisson. Égouttez, servez les pâtes fumantes. Dans l'eau de cuisson, on peut mettre un peu d'huile.

La législation

Seuls peuvent porter la dénomination « pâtes alimentaires » les produits prêts à l'emploi culinaire préparés par pétrissage sans fermentation de semoule de blé dur additionnée d'eau potable et soumise à des traitements physiques lui donnant un aspect consacré par les usages. Les pâtes alimentaires étiquetées « aux œufs » sont obtenues de la même façon, mais avec une incorporation lors du pétrissage d'un poids minimum d'œufs de 140 grammes par kilo de semoule.
On distingue :
- les pâtes à nouilles que l'on fabrique avec de la farine et des œufs entiers ;
- les pâtes ravioli qui demandent de la farine, des jaunes d'œuf, de l'huile, de l'eau et du sel.

Une poêlée de spätzles

L'Alsace

L'Alsace est réputée pour la confection des pâtes fraîches aux œufs. Les spätzles, spécialité de cette région, demandent un savoir-faire certain. Ils sont réalisés à partir d'un mélange œufs entiers, farine, semoule de blé, sel, muscade et lait. La pâte a une consistance molle. Le façonnage constitue le point délicat de sa réalisation. Elle est étalée sur une planche en bois et, à l'aide d'une spatule métallique, il faut sectionner de petits cordons qui tombent dans l'eau de cuisson. Les spätzles sont cuits quand ils remontent à la surface.

Les œufs et les ovo-produits

Les œufs frais constituent un élément de base de notre alimentation. Ils sont intégrés à de nombreuses préparations tout comme les ovo-produits, produits de transformation, qui facilitent le travail en cuisine. Un classement scrupuleux permet d'avoir toujours à l'achat des produits frais voire extra-frais.

Les propriétés de l'œuf

☐ Les propriétés physiques de l'œuf entier ou du blanc et du jaune séparés leur confèrent un intérêt majeur au niveau professionnel. L'œuf entier, lorsqu'il est mélangé à un liquide puis chauffé à des températures proches de 70-80 °C, coagule et provoque un épaississement du mélange. Ce pouvoir liant est fonction de la quantité d'œuf incorporé, de la nature du liquide, de la présence de sel, sucre ou amidon.
☐ Le blanc a la propriété de mousser lorsqu'on le soumet à un fouettage intensif (meringue, soufflés, etc.). Le blanc permet également de clarifier certains produits comme le consommé, le vin et les gelées.
☐ Le jaune, grâce aux lécithines qu'il contient (éléments gras), a un pouvoir émulsifiant et stabilisant utilisé principalement dans la réalisation des sauces de type mayonnaise, hollandaise et des sabayons. Par ailleurs, ses propriétés colorantes sont exploitées pour la dorure en pâtisserie et pour le glaçage de certaines sauces.

La commercialisation

☐ Les œufs sont classés en trois catégories :
– A : œufs frais et extra-frais, seuls produits commercialisés.
– B : œufs de deuxième qualité utilisés en industrie agro-alimentaire.
– C : œufs déclassés qui sont réservés pour la fabrication des ovo-produits.
☐ Les œufs commercialisés n'ont pas tous le même calibre ; c'est la raison pour laquelle certaines recettes déterminent les œufs en poids et non pas en nombre. Il faudra s'assurer du calibre avant de les utiliser (45-50, 50-55, 55-60, 60-65, 65-70 et plus de 70 g) ou bien encore les évaluer en volume (un litre est égal à 32 blancs, 48 jaunes ou 20 œufs entiers, en moyenne).
☐ Une petite bandelette rouge placée sur l'emballage permet d'identifier les œufs extra-frais (sept jours maximum après la ponte). Celle-ci devra obligatoirement être retirée par le vendeur au-delà de ce délai.

Les ovo-produits

☐ Cette appellation désigne l'ensemble des nouvelles formes de présentation, de conservation et de commercialisation des œufs hors coquilles qu'ils soient cuits (œufs durs en rouleaux et œufs écalés, pochés, mollés ou durs conditionnés sous vide, sous atmosphère contrôlée ou en saumure liquide) ou non cuits (œufs entiers battus, jaunes, blancs conditionnés en litre, frais ou surgelés, concentrés ou secs ainsi que les poudres pour omelettes et œufs brouillés).
☐ Ces produits sont principalements destinés au milieu professionnel, mais il est possible également de les rencontrer dans les grandes surfaces (blancs d'œuf par exemple).

LES UTILISATIONS CULINAIRES DES ŒUFS FRAIS

■ Un œuf en coupe

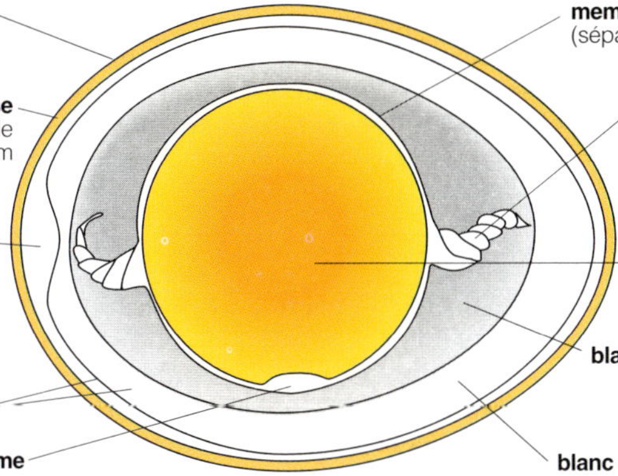

■ Les modes de cuisson

Classification	Dénomination	But et temps de cuisson
Œufs cuits avec leur coquille	Œuf coque	Cuire l'œuf dans sa coquille jusqu'à semi-coagulation du blanc, le jaune restant liquide. Temps de cuisson 3 min à la reprise de l'ébullition.
	Œuf mollet	Cuire l'œuf jusqu'à coagulation complète du blanc mais le jaune reste moelleux. Temps de cuisson 5 à 6 min suivant le calibre à la reprise de l'ébullition.
	Œuf dur	Cuire l'œuf jusqu'à coagulation complète du jaune et du blanc. Temps de cuisson 10 min à la reprise de l'ébullition dans une eau salée et vinaigrée.
Œufs cuits hors de leur coquille sans être mélangés	Œuf poché	Coaguler le blanc autour du jaune en le plongeant dans de l'eau vinaigrée non salée ou du vin rouge. Arrêter la cuisson en plongeant l'œuf dans de l'eau froide. Temps de cuisson 3 min.
	Œuf cocotte	Cuire le blanc en conservant le jaune crémeux dans une cocotte ou ramequin beurré. La cuisson s'effectue au bain-marie pendant 3 min.
	Œuf au plat	La cuisson s'effectue dans des plats à oreillettes allant sur le feu, pour obtenir une semi-coagulation du blanc et un jaune liquide. Temps de cuisson 3 à 4 min.
	Œuf à la poêle	Cuisson dans une petite poêle avec un corps gras chaud. Le blanc est coagulé et le jaune liquide. Temps de cuisson 2 à 4 min.
Œufs cuits hors de leur coquille et mélangés	Œuf brouillé	Cuire lentement sur le feu ou au bain-marie pour obtenir un mélange crémeux. La cuisson est arrêtée en incorporant du beurre, de la crème ou un peu d'œuf cru.
	Omelette	Cuisson complète des œufs tout en conservant l'intérieur moelleux ou baveux. La forme peut être roulée, plate, soufflée ou fourrée.

Les produits laitiers

Très présents dans les préparations culinaires, le lait, la crème, le beurre et le fromage, selon leurs qualités et particularités, sont abondamment utilisés en cuisine comme agents de mouillement, de liaison et de finition. Ces aliments ont une valeur nutritive très élevée et représentent les meilleures sources de calcium.

Le lait

☐ Les qualités du lait se mesurent à l'absence d'odeurs « parasites », à l'absence de microbes, à une faible acidité, à une aptitude technologique forte.

☐ Les modes de commercialisation les plus courants sont :
- le lait pasteurisé (traitement thermique qui élimine tous les germes pathogènes) ;
- le lait stérilisé de longue conservation (la stérilisation détruit tous les micro-organismes du lait) ;
- le lait stérilisé ultra-haute température (UHT) ;
- le lait en poudre obtenu par la déshydratation des laits pasteurisés.

La crème

La crème provient d'un écrémage par centrifugation du lait entier. La centrifugation du lait permet de séparer la phase lourde (petit-lait) de la phase légère (crème). Après cette opération, la crème obtenue porte la mention « crue ». Chauffée à 90 °C, puis aussitôt refroidie, la crème est pasteurisée. Chauffée à 115 °C durant vingt minutes, puis refroidie, la crème est stérilisée. En cuisine, on utilise deux types de crème. La crème double, qui contient moins de 30 % de matière grasse, est épaisse. La crème fleurette est liquide, elle contient la même quantité de matière grasse.

Le beurre

La dénomination de beurre est réservée aux produits obtenus après barattage de la crème de lait pasteurisée ou maturée. Les différentes étapes de fabrication du beurre sont l'écrémage du lait, la pasteurisation de la crème, la maturation, le barattage, le lavage du beurre, le malaxage, le moulage et le conditionnement. Les principaux beurres présents sur le marché sont les beurres pasteurisés, obtenus à partir des crèmes pasteurisées, les beurres salés, qui contiennent plus de 3 % de sel, et les beurres demi-sel, dont la teneur en sel est comprise dans une fourchette allant de 0,5 à 3 %. Un bon beurre doit avoir une couleur jaune doré, un goût franc avec un léger arôme de noisette, une consistance permettant de tartiner parfaitement à une température de 15 à 20 °C.

10 L de lait donnent en moyenne 1 kg de crème qui produit 400 g de beurre.

Le fromage

La fabrication du fromage, toujours à base de lait de chèvre, vache ou brebis, est obtenue par plusieurs opérations. Les grandes étapes de la fabrication sont la coagulation du lait, le découpage du caillé, l'égouttage, la mise en forme, l'ensemencement et l'affinage. Les fromages les plus employés en cuisine sont ceux issus de la famille des pâtes pressées cuites (gruyère, emmental, comté, beaufort...). Ils entrent dans la composition des quiches, salades, fondues ; ils sont utilisés râpés, en finition des gratins ou en liaison des pâtes.

UHT ET AOC

■ Les laits de consommation

Le marché propose différents types de lait ; ainsi, nous rencontrons :

– *le lait cru,* vendu en l'état dans les 24 heures qui suivent la traite. C'est un lait entier ;

– *le lait frais pasteurisé,* qui a subi un traitement par la chaleur pour l'assainir. Sa durée de conservation est de 7 jours ;

– *le lait stérilisé homogénéisé,* puis conditionné, qui subit dans son emballage un chauffage à 120 °C durant 20 minutes. Il peut être conservé 150 jours ;

– *le lait stérilisé ultra-haute température* (UHT) est soumis à un traitement thermique de 140 à 150 °C pendant deux secondes, puis conditionné aseptiquement. Sa durée de conservation est de 90 jours ;

– *le lait concentré partiellement déshydraté,* dont la conservation est assurée par stérilisation pour le lait concentré non sucré, par l'action inhibitrice d'une forte dose de sucre (18 % du volume du lait) pour le lait concentré sucré ;

– *le lait en poudre,* produit confectionné à partir du lait pasteurisé ou stérilisé UHT dont on a éliminé toute l'eau par dessiccation ;

– *le lait stérilisé aromatisé,* lait sucré auquel est ajoutée avant stérilisation une substance aromatique ;

– *le lait vitaminé* est un lait UHT demi-écrémé que l'on a enrichi de vitamines. Celles-ci sont mentionnées sur l'emballage.

Le lait dans tous ses états

■ Les catégories de lait

Le lait présente l'avantage de permettre la modulation de sa teneur en matière grasse. La législation permet d'en distinguer trois catégories à teneurs en matière grasse différentes présentées en emballage à :

– dominante rouge pour les laits entiers (36 grammes de matière grasse au litre) ;

– dominante bleue pour les laits demi-écrémés (16 grammes de matière grasse au litre) ;

– dominante verte pour les laits écrémés (moins de 3 grammes de matière grasse au litre).

■ Le beurre AOC de Charente-Poitou

Il est fabriqué à base de crème pasteurisée ayant subi une maturation biologique de 12 heures à une température comprise entre 9 et 15 °C. La composition et les qualités intrinsèques du beurre sont vérifiées grâce à des analyses physico-chimiques très complètes. La commission chargée de délivrer l'appellation fait prélever inopinément des échantillons 12 fois par an. À l'issue de la fabrication, des experts sont chargés de la dégustation du beurre. Le goût doit être pur et d'une saveur agréable. L'odeur doit être fine et fraîche. La texture, ferme, facile à tartiner. Seuls les beurres obtenant une note d'au moins 15 sur 20 au total et d'au moins 8 sur 10 au test du goût peuvent obtenir l'appellation d'origine contrôlée (AOC).

Les épices et les aromates

D'un point de vue culinaire, les épices et aromates offrent une palette colorée et gustative importante, qui est très utile pour la mise en valeur des plats. Même si dans le langage courant le terme épice englobe les deux à la fois, il convient néanmoins de les distinguer.

Les épices

☐ Ce terme signifie étymologiquement *espèces* (d'où l'expression : payer en espèces car autrefois on réglait ses achats avec des épices) mais également marchandises. Autrefois, on distinguait les épices de chambre (dragées à l'anis, nougats, etc.) des épices de cuisine dont le lait, le sucre et le miel faisaient partie tout comme des épices disparues tels l'ambre ou le musc et celles que nous connaissons encore aujourd'hui comme la cardamone, la lavande et toutes les autres importées principalement d'Orient.
☐ Les épices représentent la partie séchée des plantes aromatiques. Utilisées à faible dose, elles relèvent, colorent, parfument et caractérisent le plat dans lequel elles sont incorporées. La cannelle provient de l'écorce de la plante, le clou de girofle et les câpres sont extraits des boutons floraux, le gingembre et le curcuma des rhizomes, le poivre et la coriandre des graines, le safran des étamines de la fleur, etc.
☐ Les épices permettent de personnaliser un plat, de lui donner du caractère tout en améliorant sa présentation. De plus, les épices ont toutes des vertus thérapeutiques ; non seulement elles facilitent la digestion mais certaines, comme le clou de girofle, ont des propriétés antiseptiques, révulsives (pour la moutarde) ou excitante (pour le poivre).

Les aromates

☐ Ils regroupent l'ensemble des herbes et plantes aromatiques originaires d'Europe pour la plupart. La cuisine actuelle leur confère une place privilégiée et valorise leur pouvoir odorant, notamment celui des herbes fraîches.
☐ Parmi cette grande famille, nous trouvons les classiques comme le persil (plat ou frisé), l'estragon, le cerfeuil, la menthe, l'aneth, le basilic, mais aussi la citronnelle, la marjolaine, le serpolet, le fenouil que l'on peut également consommer en légume, le romarin, la sauge, la pimprenelle et les herbes mélangées comme le bouquet garni, les herbes de Provence.

Les condiments

Bien qu'ils ne puissent être classés comme épices ou aromates, les condiments combinent des substances à la fois aromatiques et épicées, qui seront mélangées aux aliments. On les retrouve présentés sur la table afin de relever les différentes préparations. Ils peuvent être de natures et de goûts différents :
- goût aillacé : oignon, échalote, ail, ciboule, raifort ;
- saveur salée : sel, sel de céleri, glutamate (utilisé dans la cuisine asiatique) ;
- saveur acide : vinaigre, moutarde, jus de citron, cornichons ;
- saveur sucrée : sucre, miel, cassonnade, saccharine ;
- saveur aigre-douce : ketchup.

LES FINES HERBES ET LES TISANES

■ Le thym *(Thymus vulgaris)*

C'est le plus répandu. Il entre dans la composition du bouquet garni. Il parfume la grillade d'agneau, le carré d'agneau, le turbot grillé, les marinades et gratins de légumes. En décoction, il facilite la digestion, possède des propriétés antiseptiques et agit efficacement contre les rhumes, bronchites et angines. Dans ce dernier cas, il est même recommandé de mâcher du thym.

■ La coriandre *(Coriandrum sativum)*

Plus connue sous le nom de « persil chinois », cette herbe que les Chinois appellent « la plante parfumée » s'utilise fraîche car elle supporte mal la cuisson. Les soupes, la salade, la marinade et les farces bénéficient de sa saveur poivrée. Excellente en cas d'aérophagie et de digestion difficile. En usage externe, elle calme les douleurs rhumatismales.

■ La sauge *(Salvia officinalis)*

Cette plante aux feuilles duvetées accompagne toutes les compositions de farces à base de porc et aromatise le gibier, les volailles, le foie, les petits pois, les haricots, par exemple. En décoction, elle est antispasmodique, diurétique, antiseptique, cicatrisante, elle calme l'asthme et régule la tension.

■ L'estragon *(Artemisia dracunculus)*

Cette herbe aromatique apparentée à l'absinthe est disponible fraîche, séchée, en poudre ou au vinaigre. Elle agrémente les sauces américaine, béarnaise, chasseur, aromatise les condiments, accompagne sous forme de beurre agneau, coquelet et rôti. Son goût relevé peut lui permettre de remplacer le poivre et le sel. Cette herbe possède une valeur vitaminique exceptionnelle et facilite la digestion.

■ Les tisanes

Il y a deux façons de faire des tisanes :
– par infusion, c'est-à-dire en versant de l'eau bouillante sur la plante. Il suffit de couvrir et d'attendre quelques minutes avant de boire. Les plantes fraîches sont à infuser rapidement (30 s suffisent). Les plantes sèchent infusent plus longtemps (1 ou 2 min). La tisane obtenue doit être très claire ;
– par décoction : on fait bouillir l'eau et la plante à petit feu. On laisse reposer quelques instants hors du feu et on passe.
Il faut savoir que les fleurs se récoltent au début de la floraison, les feuilles avant ou après la floraison, les racines au début du printemps ou de l'automne, les fruits au moment de leur pleine maturité.
Une fois cueillie, la récolte doit sécher à l'ombre dans un local aéré et chaud. Éviter de récolter les plantes dans des endroits contaminés par les engrais chimiques, le long des talus longeant les voies ferrées ou les routes. Ne jamais écraser la récolte ni l'enfermer dans des sacs plastique car elle noircirait en séchant.

Le bouquet garni

Il sert à parfumer de nombreuses préparations et se compose uniquement pour une recette prévue pour 4 personnes :
- 1 branche de thym,
- 2 à 3 branches de persil,
- 1 feuille de laurier.

Laver le persil, passer sous l'eau courante le thym et le laurier, attacher solidement le bouquet avec du fil avant de le plonger dans la cocotte.

L'alcool, le vin et les liqueurs

L'utilisation des alcools, vins et liqueurs est très répandue en cuisine, surtout pour l'arôme qu'ils fournissent. On les utilise également pour la conservation de certains produits, pour les flambages et les assaisonnements. Il convient néanmoins de ne pas en abuser.

Les alcools

☐ Ce sont des extraits obtenus après fermentation et distillation d'éléments divers comme les fruits (cidre, eaux-de-vie blanches, cognac, armagnac, etc.), les céréales et les graines (vodka, bière, whisky, etc.) et les racines (rhum, tequila, etc.). Les alcools sont utilisés en cuisine et en pâtisserie, pour leurs apports en parfum particulier. Il est souhaitable de les flamber pour atténuer l'alcool qu'ils contiennent. Le vermouth est généralement employé pour les sauces de poisson.

☐ Flamber un apprêt salé ou sucré consiste à verser sur lui un alcool chauffé au préalable, soit directement dans le récipient de cuisson, soit dans une casserole à part que l'on enflamme aussitôt. Cette opération se pratique, par exemple, avant un déglaçage au vin blanc, avant un mouillement avec du fond ou sur des entremets que l'on flambera directement à table.

Le vin et les liqueurs

☐ Vin blanc, vin rouge, vins de liqueur proviennent de la fermentation alcoolique du jus de raisin noir ou blanc complétée par un procédé de vinification spécial pour les vins de liqueur (porto, madère, xérès). Les vins qui conviennent en cuisine sont ceux qui présentent une acidité suffisante, une richesse en tanin (pour les rouges) et qui ne brunissent pas à la cuisson.

☐ Lorsque la dénomination d'un plat cuisiné se réfère à un vin d'appellation d'origine ou à un nom de cépage, le produit utilisé doit être exclusivement celui auquel il fait référence.

☐ Les liqueurs sont obtenues après macération et distillation d'alcool, de sirop et de fruits (orange, cerise, poire, fruits exotiques, etc.) ou de plantes. Elles sont employées le plus souvent à cru, au dernier moment, afin de préserver leur arôme.

Les alcools gastronomiques et les alcools de bouche

Dans la pratique, le cuisinier utilise, lorsqu'il en a besoin, les alcools proposés au bar (ou alcools dits de bouche). Or, depuis une dizaine d'années, il est possible de se procurer des alcools dits gastronomiques, qui sont en partie dénaturés pour les rendre impropres à la consommation au bar mais parfaitement utilisables en cuisine.

Les vinaigres

☐ Liquides condimentaires obtenus par la fermentation acétique du vin ou de tout autre liquide peu alcoolisé (bière, cidre, xérès), les vinaigres parfumés aux fruits ou aux plantes présentent un éventail de plus en plus conséquent sur le marché.

☐ Certains vinaigres sont issus de fabrications artisanales, comme le vinaigre balsamique, spécialité italienne, obtenu par décantage successif dans des fûts de tailles différentes, ou le vinaigre d'érable, de riz et même de lait, en Suisse.

LES UTILISATIONS CULINAIRES

Les modes d'utilisation

Nature et appellations	Utilisations
Les vins effervescents Champagne	En guise de mouillement total ou partiel pour les poissons braisés, le court-bouillon. Pour une réduction servant de base à la réalisation d'une sauce ou d'un beurre émulsionné.
Les vins blancs Alsace Bourgogne Bordeaux Sancerre Muscadet	En déglaçage pour des viandes sautées, des ragoûts ou des braisés. En guise de mouillement total ou partiel pour les poissons braisés, le court-bouillon, la choucroute, les tripes, les grecques. Pour une réduction servant de base à la réalisation d'une sauce ou d'un beurre émulsionné. Pour la marinade de certains gibiers, gibelottes, pâtés et galantines.
Les vins rouges Beaujolais Bordeaux Bourgogne Côtes-du-rhône Corbières	En marinade pour le gibier, la volaille et les viandes de boucherie façon gibier. En réduction servant de base aux sauces comme bourguignonne, bordelaise ou genevoise. En mouillement partiel pour les braisés, les fumets au vin rouge, les ragoûts et matelotes.
Les vins de liqueur Porto blanc ou rouge Madère Xérès	En déglaçage pour les viandes et volailles sautées. En mouillement pour le pochage de sole. En réduction pour certaines sauces du même nom. En marinade pour galantines et terrines. Comme apport de parfum pour le melon, consommé, gelée, sauce courte.
Les alcools Cognac Armagnac Calvados Whisky Rhum	En déglaçage et flambage pour servir de base à la réalisation d'une cuisson ou d'une sauce. Comme apport de parfum pour la fondue savoyarde (kirsch), pour le bar (pastis) ou certains crustacés (whisky). Comme complément aromatique pour des marinades de viandes utilisées pour des terrines.
Les liqueurs À base d'orange Cherry Curaçao	Pour les sauces aux fruits en finition et dans la liaison de ces sauces.
Les vinaigres Vinaigre blanc Vinaigre d'alcool coloré Vinaigre de vin Vinaigre parfumé	Pour la conservation des légumes pickles, des poissons crus marinés. Pour le pochage des œufs (vinaigre blanc). Pour la réalisation de gastrique. Pour les courts-bouillons. Pour les assaisonnements de salades. En réduction dans les sauces ou beurres émulsionnés. Dans les marinades pour atténuer le goût des gibiers et attendrir les chairs.

Les apports

L'alcool : donne une tonalité capiteuse et compense ou rehausse la saveur des aliments.
La couleur : amplifie et donne du caractère aux produits surtout si elle est concentrée.
Le tanin : apporte une délicate astringence s'il en est suffisamment pourvu.
Le sucre : apporte de l'onctuosité.
Le bouquet : spécifique à chaque produit, parfume les aliments selon le degré de concentration

Les tailles et les tournages de légumes

La cuisine est un travail manuel et les tailles et les tournages de légumes représentent les bases gestuelles indispensables. Des gestes rigoureux répondent à une terminologie professionnelle précise.

Le matériel

La taille et le tournage de légumes nécessitent l'utilisation de différents couteaux :
– *l'éminceur* sert dans toutes les opérations d'éminçage et de hachage ;
– *le filet de sole*, grâce à sa lame très fine, permet de ciseler oignons et échalotes plus facilement ;
– *le couteau d'office* permet de tourner les légumes ;
– *la mandoline*, avec ses deux lames (une lisse et une ondulée) et ses couteaux perpendiculaires, permet des tailles en bâtonnets, julienne, tranches, etc.
En collectivité, la plupart des tailles sont effectuées à l'aide de *robots électriques*.

Les différentes tailles de légumes

– *Bâtonnets* : segments de légumes (carotte et navet) de 3 à 4 cm de long et de 0,5 cm de section pour la jardinière.
– *Brunoise* : cubes de légumes de 0,5 cm de côté. Cette taille est utilisée pour réaliser la macédoine de légumes.
– *Canneler* : pratiquer des incisions en surface de fruits (citron, orange) ou de légumes (carotte, céleri) à l'aide d'un couteau canneleur.
– *Ciseler* : tailler une fine brunoise d'oignons et d'échalotes en pratiquant des incisions successives verticales puis horizontales à l'aide d'un couteau d'office.
– *Chiffonnade* : feuilles d'oseille, d'épinard ou de laitue émincées en fines lanières pour être fondues au beurre ou utilisées en décor.
– *Concasser* : hacher grossièrement à l'aide d'un éminceur de la pulpe de tomate ou du persil.
– *Escaloper* : détailler en quartiers avec une coupe oblique champignons, asperges, courgettes, artichauts…
– *Émincer* : tailler en tranches plus ou moins épaisses.
– *Hacher* : réduire en morceaux à l'aide d'un couteau ou d'un cutter.
– *Julienne* : légumes (carotte, navet, céleri, poireau...) émincés en fins filaments.
– *Lever* : extraire à l'aide d'une cuiller à racines (ou cuiller à pommes noisettes) des billes de légumes (carotte, navet, céleri, pomme de terre …).
– *Mirepoix* : taille en gros dés irréguliers de carotte et d'oignon pour parfumer certaines cuissons (fonds bruns, estouffades, braisés, poêlés).
– *Paysanne* : bâtonnets de légumes (de section carrée ou triangulaire) émincés finement pour certaines préparations de potages.
– *Tourner* : donner à certains légumes une forme oblongue régulière facilitant la cuisson et apportant une présentation plus soignée. C'est également éplucher un artichaut en donnant une forme régulière au fond ou marquer la surface d'un champignon de Paris de cannelures à l'aide d'un couteau d'office.

LE TRAVAIL FACILE ET SANS RISQUE

Le poste de travail

L'organisation du poste de travail est un facteur essentiel dans la réalisation de tailles et de tournages. Elle permet une meilleure hygiène et une plus grande efficacité.

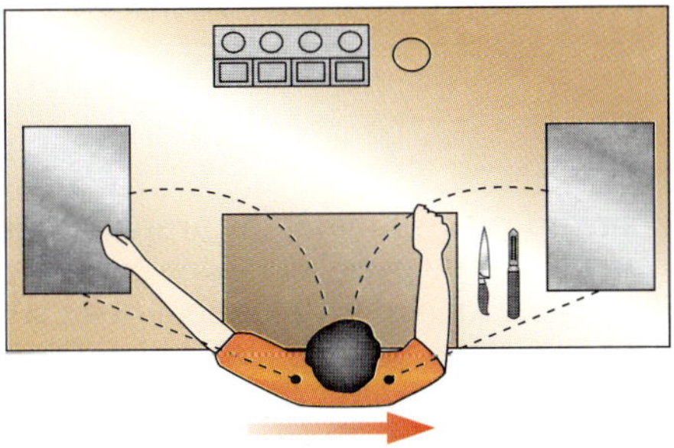

La progression du travail se fait toujours dans le même sens : de gauche à droite (pour un droitier)

Le rôle des mains

– Rôle de la main gauche

Les aliments traités sont maintenus par les doigts de la main gauche. Le pouce est en retrait.

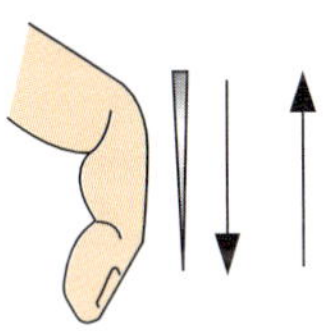

La lame glisse le long de la deuxième phalange.

– Rôle de la main droite

La main droite tient le couteau derrière la mitre.

La main droite imprime au couteau un mouvement de va-et-vient vertical.

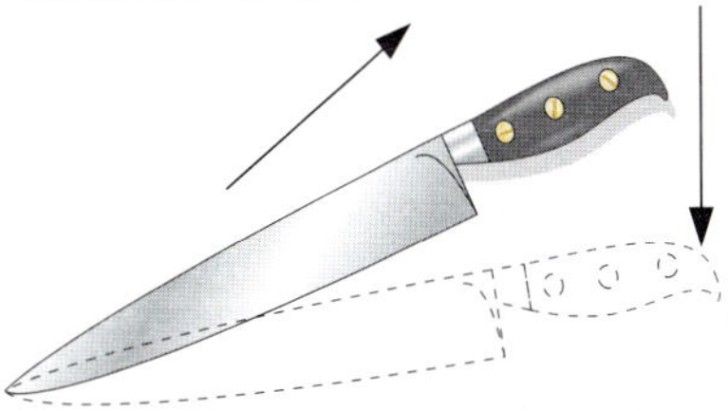

Pour émincer, le couteau tranche de haut en bas, glisse de droite à gauche, puis reprend sa position.

Les tailles de pommes de terre

On peut tailler les pommes de terre de mille et une façons, voici les plus célèbres.

– *Pomme allumette :* 3 mm de section et 6 à 7 cm de long (mandoline) ; frite.

– *Pomme mignonnette :* 5 mm de section et 6 à 7 cm de long (mandoline) ; frite.

– *Pomme Pont-Neuf :* 1 cm de section et 7 à 8 cm de long ; frite.

– *Pomme chips :* tranches de 1 mm taillées à la mandoline ; frites.

– *Pommes noisettes :* boules de 2 cm levées à la cuiller à pommes ; rissolées.

– *Pommes cocotte :* pommes tournées de 6 cm de hauteur et du diamètre d'une grosse olive ; rissolées.

– *Pomme château :* pomme tournée de 6 cm de hauteur et d'environ 3 cm de section ; rissolée.

– *Pomme vapeur ou à l'anglaise :* pomme tournée de 7 cm de hauteur et d'environ 4 cm de section ; pochée ou cuite à la vapeur.

– *Pommes dauphines :* boules de 2 cm levées à la cuiller ; frites.

Les marinades et les Duxelles

Les marinades ont pour objet de donner du goût aux aliments, mais également d'attendrir les fibres musculaires de certaines chairs, de prolonger la durée de conservation et d'atténuer le goût trop prononcé de certaines variétés de gibier. Les Duxelles sont des hachis de champignons utilisés comme farce.

Les marinades crues

□ Composées de vin blanc ou rouge suivant les préparations, de vinaigre, d'huile, d'oignons, de carottes, de queues de persil et de genièvre, les marinades crues sont principalement utilisées pour les viandes de boucherie et les gibiers.
□ Pour mettre une viande à mariner, poser au fond d'une terrine la moitié de la garniture aromatique, ajouter la pièce à traiter qui aura été préparée au préalable, puis compléter avec le reste de la garniture, assaisonner et mouiller avec le vin. Terminer en recouvrant d'une fine pellicule d'huile. Conserver le tout au frais 24 heures et retourner fréquemment la pièce dans la marinade.
□ L'emploi du vinaigre doit se faire avec beaucoup de doigté, surtout dans le cas des marinades de viandes de boucherie où une trop forte quantité de vinaigre altérerait la saveur du produit.

Les marinades cuites

□ Les marinades cuites comportent les mêmes ingrédients que les marinades crues, mais ils ont été cuits au préalable. La marinade ainsi préparée doit cuire pendant 30 minutes. La laisser refroidir, puis procéder comme pour la marinade crue.
□ L'emploi de la marinade cuite a pour but d'accélérer l'imprégnation des pièces soumises à son action. Le temps de séjour des pièces dans la marinade dépend de la nature de la pièce, de son volume et de la température de stockage. Une durée de 18 heures semble être un minimum pour obtenir un bon résultat.

Les marinades instantanées

□ Ces marinades sont spécifiques aux petites pièces destinées à être utilisées immédiatement. La composition des marinades instantanées varie en fonction des pièces à traiter.
□ L'huile, le jus de citron et des herbes (thym, laurier ou persil) aromatisent les poissons à griller, les beignets et les fritots. Le cognac, le madère ou le porto, assaisonnés de sel fin et de poivre, composeront la marinade de terrines, galantines et pâtés.

Les Duxelles

□ La Duxelles sèche est composée de champignons, le plus souvent des champignons de Paris, finement hachés et citronnés. Ils sont cuits dans du beurre avec des échalotes ciselées jusqu'à évaporation complète de l'eau de végétation, assaisonnés, terminés avec du persil haché.
□ La Duxelles à farcir utilise les mêmes phases techniques que la Duxelles sèche, mais en fin de cuisson, on ajoute du vin blanc que l'on fait réduire à sec, puis l'on mouille légèrement la préparation et le tout est lié à la mie de pain fraîche. Cette Duxelles est utilisée pour garnir les légumes (tomates, courgettes, fonds d'artichaut…).

L'ART DE RÉALISER UNE DUXELLES

Le champignon, élément de base de la Duxelles

Le champignon de Paris est le plus régulièrement utilisé lors de la confection de cette préparation.
Traditionnellement, si un champignon ne se lave jamais (il s'essuie), le champignon de Paris se lave mais très rapidement. Le champignon absorbe beaucoup d'eau, il en est constitué à 85 % et peut doubler son poids en 45 minutes ; il ne doit donc jamais être laissé à tremper.

Comment nettoyer un champignon de Paris ?

Retirer la partie sableuse de la base du pied en le taillant comme un crayon. Disposer les champignons dans un grand récipient, ajouter de l'eau froide, et les brasser en les frottant les uns contre les autres. Sortir les champignons de l'eau avec les mains, les poser dans une passoire, à ce moment seulement jeter l'eau du récipient. Répéter cette opération jusqu'à ce qu'il n'y ait plus de dépôt de sable dans le fond de la bassine. Il est important de hacher très rapidement les champignons pour la préparation de la Duxelles afin d'éviter un risque de noircissement qui nuirait à l'esthétique de la recette.
Dès que les champignons sont hachés, il est recommandé, afin qu'ils gagnent en qualité, de les presser. Pour ce faire, envelopper les champignons dans un torchon ; tordre ce dernier de manière à comprimer les champignons qui, sous cette torsion, rendent une partie de leur eau.

Duxelles grasse

Pour faire une Duxelles grasse procéder de la même façon que pour la Duxelles sèche mais ajouter du jambon gras taillé en dés avec les champignons hachés.

Réalisation d'une Duxelles sèche

- Ciseler les échalotes et les oignons.

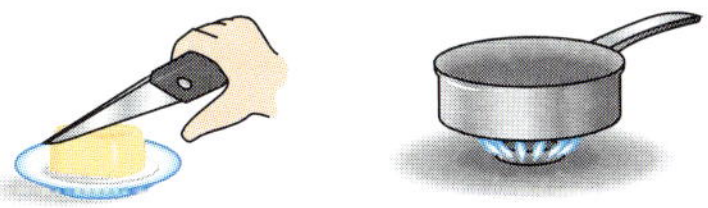

- Faire fondre 50 g de beurre.
- Y ajouter les échalotes et les oignons ciselés.
- Les faire suer doucement.

- Ajouter 250 g de champignons de Paris hachés, citronnés et réservés dans un récipient.
- Dessécher le tout sur feu vif.
- Assaisonner.

- Laisser cuire pendant 10 minutes environ en remuant avec une spatule en bois.

- Au terme de la cuisson, ajouter 20 g de persil haché.
- Mélanger le tout avec une spatule en bois.
- Verser la farce dans une jatte et réserver au frais.

Les farces

L'appellation « farce » désigne des préparations chaudes ou froides caractérisées par un mélange de différents aliments hachés plus ou moins finement et assaisonnés. Elles peuvent servir à farcir des légumes, à fabriquer des terrines ou à accompagner des gibiers sous forme de garniture.

La farce à gratin à base de foie

☐ Elle est réalisée à partir de lard gras fondu dans lequel on fait raidir vivement des échalotes ciselées et des dés de foies de volaille ou de gibier. Assaisonnée, broyée, puis passée au tamis fin et lissée, cette farce est utilisée pour garnir des croûtons et des canapés placés sous des pièces de volaille ou de gibier rôtis.
☐ Il est important de bien faire raidir les foies, car ceux-ci doivent rester saignants, pour obtenir une farce rosée.

Les farces grasses à terrines

☐ Elles peuvent servir à la préparation des pâtés, terrines ou galantines. On retrouve souvent une proportion importante de lard gras – en moyenne 50 % –, de porc maigre ou de veau et l'élément d'appellation. Cependant, la technique est toujours identique : hacher séparément chairs et lard, les rassembler dans un récipient avec l'assaisonnement, mélanger, compléter avec le cognac et éventuellement lier avec des œufs. L'assaisonnement est constitué de sel épicé.
☐ Pour farcir les petites pièces de volaille, prendre de la poitrine de lard fumée, la tailler en dés, et un oignon ciselé. Faire suer le tout, ajouter de la mie de pain fraîche, assaisonner, aromatiser de thym et de sauge.
☐ Les farces simples sont souvent assaisonnées de sel épicé, que l'on obtient en mélangeant 100 g de sel fin avec 20 g de poivre et 20 g d'épices. Dans certains cas, on peut additionner les farces de foie gras frais et de truffes hachées.

La farce montée à la crème mousseline

☐ Elle a pour base une chair très fraîche et finement hachée de veau, volaille, poisson ou crustacé. Elle se prépare toujours de la même manière. Placer la chair dans un récipient posé sur de la glace pilée, incorporer des blancs d'œufs en petite quantité (3 blancs pour 1 kg de chair), puis monter à la crème fraîche (800 g pour 1 kg de chair).
☐ La réussite de cette technique passe par l'utilisation de produits très frais. Le blanc d'œuf ajouté à la mousse va donner de la tenue à la masse. La crème fraîche est incorporée, peu à peu, à l'aide de la spatule en bois. La quantité de crème absorbée peut varier selon les propriétés albumineuses de l'élément de base utilisé. La mousse doit former un ensemble homogène, de bonne tenue tant à chaud qu'à froid.

Les farces à légumes

Le cas le plus courant est l'utilisation de chair à saucisse dans laquelle sont incorporés différents condiments et épices. Une variante est l'utilisation des restes de viandes bouillis ou braisés auxquels sont ajoutés un oignon haché, du vin blanc, de la sauce tomate et du fond brun.

PÂTÉS, MOUSSES, PANADE

Les pâtés et terrines

Bien souvent, dans la confection des pâtés ou terrines il y a le préalable du chemisage. Cette opération consiste à enrober la farce avant cuisson dans une enveloppe.

L'enveloppe peut être de nature très diverse, traditionnellement celle-ci était de deux sortes : soit une barde de lard, qui a l'avantage de donner une consistance plus moelleuse à la terrine ou au pâté, soit une pâte, qui fournit une croûte dorée au pâté et offre un croustillant bien agréable à l'issue de la cuisson. Depuis quelque temps déjà, d'autres éléments se substituent à ces deux produits.

Selon le type de préparation, la terrine ou le moule peut être chemisé de papier aluminium, d'un film alimentaire pour les préparations répondant à des critères d'allègement.

Mais on rencontre des produits aussi divers que des tranches de poitrine fumée, du poisson fumé, des feuilles d'épinards blanchies, du vert de poireau cuit, des fines herbes hachées, des lamelles de carottes cuites ; généralement, le chemisage par ces derniers produits est réservé aux terrines de poisson ou de légumes.

Quant à la farce proprement dite pour obtenir une bonne tenue, l'idéal est de la lier avec des œufs, de la mie de pain, de la farine (plus difficile à utiliser) et de l'albumine contenu dans la viande.

Les mousses

Toujours à base de purée très fine (de volaille, jambon, légumes, poisson, ou crustacés), ces produits sont mixés, allégés avec de la crème qui peut être fouettée au préalable, collés à l'aide de feuilles de gélatine ramollies et quelquefois enrichis d'un velouté de poisson ou de volaille.

Après avoir mélangé l'ensemble des éléments, la préparation est versée dans un moule puis stockée au réfrigérateur jusqu'à obtenir le durcissement désiré. Il faut démouler avant de servir et lustrer de gelée.

La panade

C'est une préparation que l'on utilise pour lier les farces à quenelles. La plus couramment usitée est réalisée à base de farine. Pour procéder, il faut réunir dans une casserole de l'eau (0,25 litre), du beurre (65 g) et une pincée de sel. On amène à ébullition ces ingrédients ; dès les premiers bouillons, on verse la farine et on mélange énergiquement à l'aide d'une spatule jusqu'à ce que la préparation se détache bien du fond du récipient de cuisson.

À l'issue de la cuisson, on fait refroidir la panade, puis on l'utilise dans la confection de la farce, à quenelles de brochet notamment.

À l'origine

En France, le mot farce définit une plaisanterie, un divertissement. Ainsi, autrefois, quand le repas était spectacle, on farcissait la nourriture, les poissons, la volaille, le gibier afin de divertir ses invités. Ce n'est que plus tard que ces farces se sont affinées et sont devenues plus savoureuses, entrant de ce fait dans les éléments de l'art culinaire.

Les mousses, quant à elles, furent créées pour les Précieuses qui ne devaient pas donner le spectacle grossier de la mastication. Les belles laissaient fondre la mousse sous la langue en silence sans bouger les mâchoires. Inutile de préciser que pour réaliser de tels mets, il fallait des heures de cuisine compliquée à une époque où n'existait aucun robot ménager.

Les beurres

Confectionné à partir de la crème du lait, le beurre, par sa finesse de goût, fait ressortir l'arôme des aliments. Il entre dans la composition de bon nombre de préparations complexes qui sont utilisées en accompagnement des plats, en finition des sauces ou en support de canapés.

Le rôle du beurre

Une des principales propriétés du beurre est de capter les arômes des aliments. C'est la raison pour laquelle on termine les préparations de légumes avec une noisette de beurre cru. Le beurre a également la propriété d'adoucir et d'équilibrer les saveurs. Il réduit la sensation de piquant des aliments. Cru, sa température idéale de dégustation se situe entre 16 et 18 °C.

Les beurres émulsionnés

□ *Le beurre blanc* est d'une réalisation délicate. Obtenu à partir d'une réduction d'échalote ciselée, de vin blanc et de fumet de poisson, le beurre très froid est incorporé en petites parcelles dans la réduction. Il est nécessaire de travailler cette émulsion sur un feu vif tout en remuant à l'aide d'un fouet. La difficulté de la technique réside dans le respect de l'équilibre entre la phase aqueuse (la réduction) et la phase lipidique (le beurre).

□ *La sauce hollandaise* est confectionnée avec des jaunes d'œufs, que l'on émulsionne avec de l'eau à une température empêchant la coagulation totale des jaunes d'œufs. Lorsque l'émulsion jaune d'œuf/eau est obtenue, il faut incorporer le beurre clarifié en le versant en filet, tout en le fouettant pour faciliter la stabilisation de l'émulsion. La phase d'incorporation du beurre se fait hors du feu.

Les beurres composés

□ *Les beurres composés à froid* sont des beurres travaillés en pommade auxquels on ajoute, dans des proportions variables, des produits hachés (persil, cerfeuil, estragon, etc.), réduits en purée (crevettes, saumon fumé, etc.) ou en l'état (moutarde, paprika, etc.). Ces beurres accompagnent les viandes et poissons grillés ou servent de support à la confection de canapés et de toasts.

□ *Les beurres composés à chaud* répondent à une technique particulière. Le beurre est mis à fondre au bain-marie avec une denrée ; il doit s'imprégner des arômes et de la couleur de celle-ci par le procédé de l'infusion. La durée nécessaire de l'opération pour obtenir un résultat probant est d'une dizaine d'heures.

Les beurres cuits

□ *Le beurre noisette* est un beurre cuit dans une poêle jusqu'à l'obtention d'une belle couleur brun clair. L'appoint de cette cuisson est obtenu après la phase mousseuse du beurre.

□ *Le beurre meunière* est obtenu à partir de beurre noisette aromatisé avec le jus d'un citron et du persil haché.

□ *Le beurre noir* est obtenu à partir d'un beurre noisette aromatisé avec un trait de vinaigre et agrémenté de quelques câpres.

DU BON USAGE DU BEURRE

Le beurre support de cuisson

Température	Phénomène physico-chimique	Applications culinaires
40 °C	Fusion de la phase lipide et rupture de l'émulsion	Beurre clarifié
56 °C	Coagulations des protéines Développement du goût, la texture est onctueuse, la coloration laiteuse	Beurres blancs Sauces émulsionnées chaudes
100 °C	La flaveur se modifie	
165 °C	Condensation des acides, coloration et apparition de nombreux éléments aromatiques nouveaux qui donnent le goût de beurre noisette	Beurre noisette

Les points délicats

Si les jaunes d'œufs épaississent trop rapidement, ajouter quelques gouttes d'eau froide pour faire chuter la température.
Si les jaunes d'œufs ne forment pas la crème attendue, c'est que la température d'émulsion est trop basse, il faut augmenter la source de chaleur.
Si la sauce « tourne », mettre dans un récipient un peu d'eau froide (si la sauce est chaude) ou un peu d'eau chaude (si la sauce est froide) et verser dessus, petit à petit tout en fouettant, la sauce tournée pour la « remonter ».

Les qualités culinaires du beurre

– *La saveur :* le beurre doit sa saveur à la présence de diacétyls formés lors de la maturation des crèmes, et à sa capacité à fixer d'autres arômes. Il améliore le goût des aliments.
– *La plage de fusion :* de par sa constitution en acides gras saturés et insaturés, le point de fusion du beurre est proche de la température du corps (37 °C). Ce point est important pour déterminer les préparations que l'on désire effectuer.
– *Le pouvoir crémant* est l'aptitude d'une matière grasse à prendre et à retenir de l'air quand on la soumet à l'action du fouet en présence d'autres ingrédients. Le beurre a un pouvoir crémant pauvre.
– *La couleur* est due à la présence de matières colorantes d'origine naturelle. La couleur du beurre varie selon les saisons, blanc en hiver et jaune en été. Le beurre rancit facilement.

8 °C	15 à 20 °C	25 à 28 °C	30 à 35 °C	45 °C	80 à 100 °C	120 °C
Dur	Onctueux	Mou	Onctueux	Séparation de l'eau	Évaporation de l'eau, pétillement	Température critique

Les sauces au beurre

La sauce béarnaise semble avoir la faveur des consommateurs. L'origine de son appellation est due, semble-t-il, au fait qu'elle ait été servie pour la première fois au pavillon Henry IV à Saint-Germain-en-Laye au XIXe siècle.
Sa réalisation demande de réunir dans une sauteuse du vinaigre (0,5 dl), de l'estragon haché (25 g), des grains de poivre (6) que l'on concasse, de l'échalote (40 g) détaillée en petits dés et du cerfeuil haché (10 g). Tous ces éléments sont mis à cuire doucement sur le coin du feu ; à l'issue de la cuisson, il doit rester la valeur de 3 centilitres dans la sauteuse. On laisse refroidir la réduction, on la passe au chinois, on ajoute 4 jaunes d'œufs et 2 cuillères à soupe d'eau et on émulsionne le tout sur un feu jusqu'à obtenir la consistance crémeuse souhaitée. On complète par des fines herbes et on incorpore hors du feu 250 g de beurre clarifié.

Les liaisons

Réaliser une liaison en cuisine, c'est modifier la consistance d'un liquide pour le rendre beaucoup plus onctueux. Les préparations sont épaissies pour devenir crémeuses et onctueuses. Les liaisons peuvent être réalisées à partir d'amidon, d'œufs, de corps gras ou de purée de légumes.

La liaison aux amidons

☐ Les amidons utilisés en pratique culinaire sont présentés essentiellement sous la forme de farine de blé, de fécule de pomme de terre, de maïzena ou de crème de riz. Avant utilisation, les grains d'amidon doivent être délayés dans un liquide froid (eau, vin, alcool), puis versés en filet dans la préparation à lier (fond brun). La température du liquide à lier a une grande importance. Plus la température est élevée, plus la liaison sera efficace. La formation du gel débute à partir de 50 °C, mais l'efficacité maximum est obtenue autour de 90 °C. La propriété des amidons est de se gonfler en milieu humide en absorbant jusqu'à trente fois leur volume d'eau. En s'agglutinant, les grains forment un empois, plus ou moins épais selon la concentration de l'amidon.

☐ Les roux sont composés de beurre et de farine en quantités égales. Cette technique est réalisée en faisant fondre du beurre dans une casserole, auquel on ajoute de la farine ; reste à mélanger le tout à l'aide d'une spatule. Lorsque le mélange présente une écume blanchâtre, il prend l'appellation de roux blanc, si vous poursuivez la cuisson, le mélange prend une couleur blonde, c'est le roux blond. Le roux brun est obtenu en continuant la cuisson jusqu'à obtenir une coloration noisette.

☐ Selon la nature des roux, leur utilisation sera spécifique : ainsi, le roux blanc sera utilisé pour confectionner des sauces du type béchamel, le roux blond permettra d'obtenir des sauces ayant une couleur ivoire et le roux brun sera utilisé dans le cas des liaisons des fonds bruns.

La liaison aux jaunes d'œufs

Délicate à réussir, cette liaison ne supporte pas l'ébullition. Le jaune d'œuf ne doit pas dépasser la température de 70 °C : au-delà, il devient dur et la sauce se décompose. Il est souvent associé à un liquide (crème) avant utilisation. Cette liaison est utilisée pour lier les potages de type velouté, la sauce de la blanquette de veau, etc.

Les liaisons aux corps gras

Le beurre est utilisé en complément de liaison dans le cas de finition des sauces. En revanche dans la confection du beurre blanc, il est le seul élément de liaison. La tenue de cette sauce est obtenue grâce, entre autres, à la lécithine contenue dans le beurre. La crème est utilisée en agent de liaison par réduction. Le plus souvent, elle est associée à d'autres éléments de liaison (jaune d'œuf, sauce béchamel, etc.).

Les liaisons de purée de légumes

Il s'agit d'utiliser une purée de légumes de son choix et de la porter à la consistance désirée avec un liquide également de son choix. Le coulis de tomates fraîches est la recette type pour matérialiser ce type de liaison.

L'UTILISATION DES LIAISONS

■ Les gélifiants et épaississants d'origine végétale

L'industrie de l'agro-alimentaire est une très grande utilisatrice de liants pour la fabrication industrielle des différents plats cuisinés. Les principales substances en usage dans ce secteur sont :

- la pectine (E 440) issue des pommes, des agrumes, des coings, des groseilles ;
- l'agar-agar (E 407) extrait d'algues marines ;
- les carraghénates (E 407) également extrait d'algues marines, le nom vient du breton *carraghen* (algue) ;
- la farine de graine de caroube (E 407) extraite de l'arbre le caroubier ;
- la gomme xanthane (E 450) obtenue par la fermentation bactérienne de glucides ;
- la gomme arabique (E 414) issue de tiges et branches d'acacias ;
- la gomme adragante (E 414) provient du suintement du tronc des arbrisseaux du genre astragale.

Les éléments entre parenthèses correspondent à la classification de ces additifs au regard des normes européennes. Aucun de ces additifs n'est dangereux pour la santé.

Les liants naturels

- L'œuf est le liant le plus utilisé car sa neutralité n'altère pas les saveurs. De plus, le blanc donne la tenue et le jaune le moelleux.
- La mie de pain est le liant le plus simple. Il faut toujours l'humecter avant de s'en servir.
- La farine est moins facile à utiliser car elle devient rapidement collante. On l'emploie sous forme de panade de lait.
- Le sang par la coagulation de son albumine est un liant utilisé dans les préparations confectionnées à base de vin rouge. Une fois la liaison réalisée la sauce ne doit pas bouillir.

■ Lier avec un amidon

1. Chauffer le liquide à feu vif.

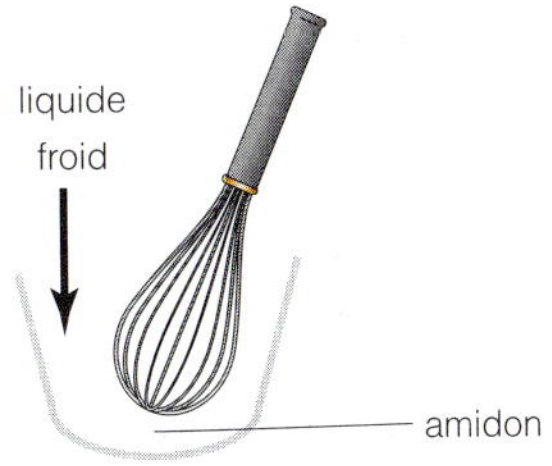

2. Délayer l'amidon avec un liquide froid.

3. Verser la liaison en filet dans le liquide bouillant en remuant sans arrêt avec un fouet, laisser cuire cinq minutes à feu moyen.

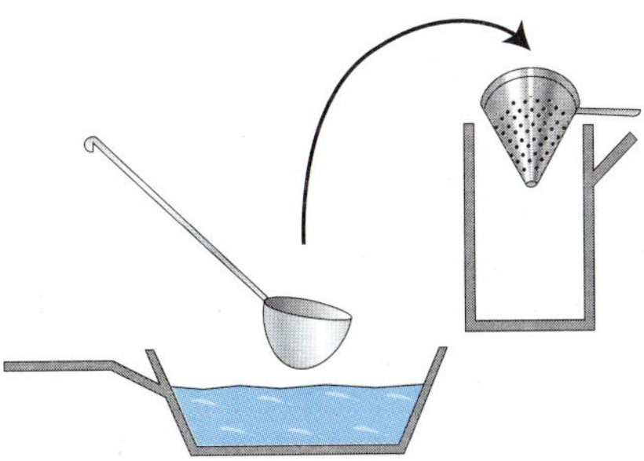

4. Passer au chinois en fin d'opération.

Les fonds de base

Les fonds sont des préparations concentrées réalisées avec des éléments nutritifs très divers et riches. Les fonds servent de préparations préliminaires à la cuisson et à la confection des sauces. On distingue les fonds bruns à base de veau et de gibier, les fonds blancs à base de veau ou de volaille et le fumet de poisson.

Les fonds bruns

☐ Ils sont réalisés à partir de trois groupes de produits : les éléments nutritifs de base qui seront en relation avec l'appellation, la garniture aromatique et le liquide de mouillement. Les éléments nutritifs seront dans un premier travail concassés, puis colorés au four, sans graisse ; aux deux tiers de la coloration, l'on ajoute la garniture aromatique composée de carottes et d'oignons détaillés en gros dés. Tous ces produits sont pincés au four jusqu'à obtenir la coloration désirée. Ces éléments sont ensuite réunis dans une marmite, et mouillés largement à l'eau. À ébullition, il est nécessaire d'écumer, de dégraisser, puis d'ajouter le complément de garniture aromatique, ail, tomates fraîches et concentrées, et bouquet garni. Un fond ne se sale jamais. À l'issue de la cuisson, il faut passer le fond au chinois et le réserver au frais.

☐ Il existe deux types de fond brun :

– le fond brun de veau est composé d'os et de parures de veau ainsi que de jarret de veau. Sa cuisson lente et régulière dure une dizaine d'heures ;

– le fond brun de gibier, confectionné à partir d'os et de parures de gibiers, aura une cuisson plus courte : trois heures. C'est le fond de base pour les sauces de gibier grand-veneur, Diane, poivrade.

Les fonds blancs

☐ Les produits de base sont identiques à ceux du fond brun. La manière de procéder est différente. Les os et parures sont d'abord blanchis. Cette opération consiste à mettre les ingrédients dans une marmite remplie d'eau froide et à les porter à ébullition ; ensuite, rincer et laver pour retirer les impuretés. Après le blanchiment, il faut remettre en cuisson les os avec l'eau, mener de nouveau le tout à ébullition et ajouter la garniture aromatique. Cuire l'ensemble lentement durant cinq heures. En fin de cuisson, passer le fond au chinois et le réserver.

☐ Il existe deux types de fond blanc :

– le fond blanc de veau se confectionne à partir d'os de veau ;

– le fond blanc de volaille est souvent réalisé avec de la poule. Il peut être corsé avec l'ajout d'abattis de volaille.

Le fumet de poisson

L'utilisation d'arêtes de poissons nobles (turbot, sole) donne le meilleur résultat au niveau gustatif. Bien qu'étant considéré comme un fond blanc de poisson, son traitement est spécifique. La garniture aromatique à base de carotte, oignon et échalote émincés se fait suer doucement au beurre. Les arêtes sont ajoutées à cette garniture, le mouillement à l'eau se fait à hauteur. Amener à ébullition puis écumer, le fumet se cuit lentement durant 20 minutes. Après cuisson, passer le fumet au chinois. Il est important de tailler finement la garniture aromatique afin que celle-ci soit cuite à l'issue de la cuisson du fumet.

LES FONDS INDUSTRIELS

■ Les types de fonds

Les industries de l'agro-alimentaire présentent au consommateur une gamme très variée de fonds. Les formes de commercialisation de ces différents produits offrent l'avantage de pouvoir satisfaire l'ensemble des utilisateurs, professionnels avertis ou ménagères novices.

Les fonds de l'industrie de l'agro-alimentaire sont présentés sous diverses formes : déshydratés de façon traditionnelle ou par lyophilisation, liquide appertisé, concentré en glace de viande.

La ménagère rencontre les fonds sous différentes formes.

– *Appertisé* pour les fonds bruns, fumets, et gelées. Ces produits ont une longue durée de conservation à température ambiante, mais il est difficile de retrouver les goûts et saveurs traditionnels.

– *Déshydraté* pour la sauce béchamel et la sauce tomate. Elles sont d'une très grande facilité de mise en œuvre et elles ont une longue durée de conservation à température ambiante. La réussite de ces sauces passe par un respect scrupuleux du mode d'emploi figurant sur le paquet.

– *En pâte à diluer* pour les roux, fumets et jus de rôti. Ce type de préparation présente l'avantage de pouvoir obtenir des fonds concentrés ; cependant le dosage reste malgré tout difficile à réussir.

– *Surgelé*. Principalement utilisé pour la sauce béarnaise, ce mode de préparation restitue fidèlement les goûts et saveurs du produit. Il est nécessaire de posséder un congélateur.

– *Concentré* pour l'ensemble des fonds. Sa conservation est correcte, mais il est important de garder ce produit au frais après chaque utilisation. Le dosage est délicat à obtenir de manière rigoureuse.

– *Sous-vide* frais pour tous les fonds. Ce procédé possède l'avantage de confectionner un produit prêt à l'emploi ayant les caractéristiques des produits traditionnels. Le frein de cette technique est lié au coût élevé et à sa faible durée de conservation.

Pour tirer le meilleur parti des fonds semi-élaborés

Il faut suivre scrupuleusement le mode d'emploi présenté par le fabricant, peser la poudre, respecter le volume d'eau et le temps d'ébullition, appliquer le temps de mijotage, ne pas dépasser le temps de cuisson indiqué car les effets de réduction des fonds concentreraient les goûts.

■ Hygiène et réglementation des fonds en cuisine professionnelle

L'arrêté du 26 juin 1974 donne les règles de conservation des fonds.

Plusieurs cas peuvent être envisagés :

– une consommation dans les 24 heures pour un fonds maintenu à une température supérieure à 65 °C ;

– une conservation pendant 3 jours maximum à condition que le refroidissement ait été effectué dans des appareils spéciaux capables d'abaisser la température du fond de + 65 °C à + 10 °C en moins de deux heures ;

– une conservation pendant 6 jours maximum pour les liaisons réfrigérées dont le refroidissement rapide en cellule a été réalisé dans des établissements ayant obtenu la marque de salubrité relative aux plats cuisinés ;

– une conservation durant 12 mois maximum pour les liaisons congelées ou surgelées, à une température de – 18 °C, réalisées dans les mêmes conditions que le cas précédent.

Les deux derniers cas se rencontrent dans les cuisines centrales.

Les sauces de base

Les grandes sauces de base, appelées aussi sauces mères, ont pour fonction de fournir les éléments fondamentaux de toutes les sauces. Leurs réalisations, codifiées depuis de très nombreuses années, ont subi certaines évolutions. Cependant, elles demandent toujours temps et soins.

Le rôle des sauces

Les sauces ont un rôle actif au niveau gustatif, celui de varier les goûts, les saveurs afin d'apporter des sensations nouvelles. Elles sont servies en petites quantités ; on considère que la quantité raisonnable pour une personne varie de 5 cl à 1 dl selon la nature de la sauce.

Les grandes sauces traditionnelles

Au XIXe siècle, Antonin Carême fut le premier à établir une classification des sauces. Sous le terme générique « grandes sauces », il en proposait cinq :
– *L'espagnole*, grande sauce brune, qui dérive de la cameline médiévale, d'une grande richesse quant aux produits employés (noix de veau, perdreaux, jambon de Bayonne…). La recette originelle comporte quatre pages et demande deux jours de préparation.
– *Le velouté*, grande sauce blanche à base de fond blanc de veau est lié avec un roux. Elle accompagne les viandes blanches, c'est la sauce de Mme du Châtelet.
– *L'allemande* est un velouté, lié avec des jaunes d'œufs et de la crème. Dans l'assaisonnement entre de la noix de muscade.
– *La béchamel*, velouté réduit, enrichi de crème cuite et réduite, assaisonnée notamment avec de la muscade. La crème peut être remplacée par du lait.
– *La sauce tomate* est de couleur rouge orangé, obtenue avec une base de purée de tomates liée à la farine et mouillée à l'eau. Dans sa garniture aromatique, il y a un apport de lard.

Les sauces « nouvelle cuisine »

Depuis les années 70, la nouvelle cuisine préconise la fin de l'utilisation de la farine et des fonds. Elle prône le respect des saveurs des aliments. Dorénavant, les sauces se font par déglaçage à l'eau du récipient de cuisson. Les liaisons s'effectuent avec des purées de légumes.

L'émulsion

☐ L'émulsion est un phénomène physique qui correspond à la suspension de deux corps liquides non miscibles entre eux. Ces éléments se présentent sous la forme de très fines gouttelettes dues à une agitation mécanique. Pour éviter la séparation de ces deux corps et obtenir une sauce homogène, l'apport d'un agent émulsifiant et stabilisant est nécessaire. Le plus connu et le plus commun est le jaune d'œuf. Il contient des graisses phosphorées, les lécithines, qui ont des propriétés hydrophiles (affinité avec l'eau) et lipophiles (affinité avec l'huile), ce qui permet d'obtenir une émulsion stable.

☐ Les sauces émulsionnées de base sont la mayonnaise pour les sauces froides et la sauce hollandaise pour les sauces chaudes.

LA RÉALISATION D'UNE SAUCE DE BASE

■ La sauce tomate

Ingrédients

Pour 1 litre

1 kg de tomates	4 gousses d'ail
150 g de carottes	50 g de farine
150 g d'oignons	1 bouquet garni
100 g de beurre	1 morceau
200 g de concentré	de sucre blanc
de tomates	1 pincée
150 g de poitrine	de gros sel
de porc salée	Poivre du moulin

À l'aide d'un couteau éminceur, tailler en petits dés les carottes, les oignons et la poitrine de porc.

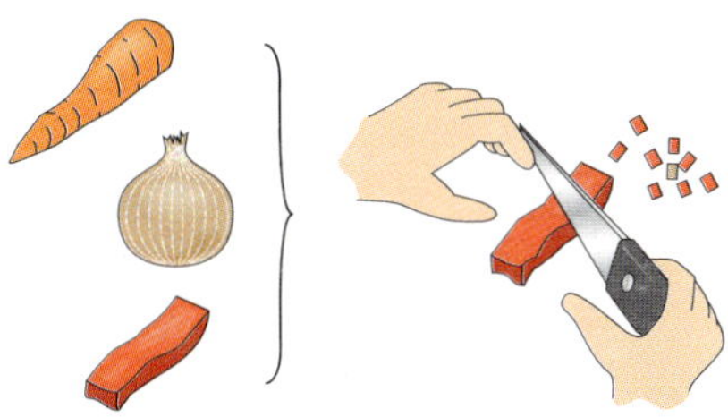

Dans une casserole, faire fondre le beurre. Verser la poitrine et les légumes et faire blondir. Saupoudrer d'un peu de farine pour lier.

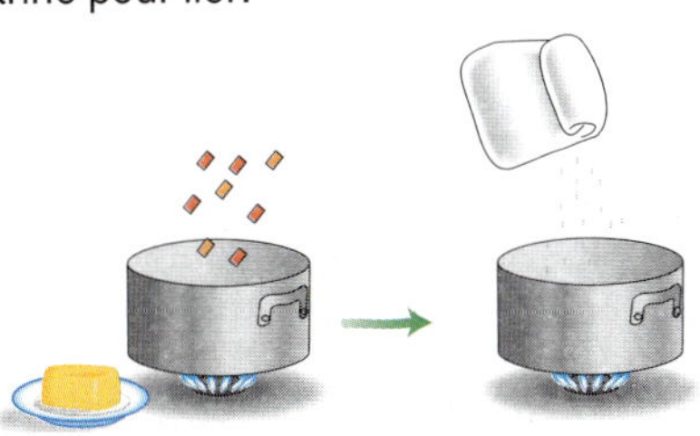

Ajouter le concentré de tomates tout en continuant à remuer. Couvrir la casserole et enfourner, 7 à 8 minutes à four chaud.

Sortir la casserole, incorporer les tomates coupées en morceaux, l'ail écrasé, le bouquet garni, le sel, le poivre et le sucre. Mouiller avec 1,5 L d'eau bouillante. Remuer et placer de nouveau dans le four, couvercle fermé pendant 1 heure 30 à four moyen.

Passer la sauce au chinois sans la fouler.
Rectifier l'assaisonnement.
Enfermer dans des bocaux à fermeture hermétique. Attendez qu'ils soient froids pour les mettre au frais.

Question de vocabulaire

Le mot sauce serait d'origine gasconne. En langue d'oïl, on disait *salse*, mais dès le XIIe siècle, ce terme ne fut plus guère employé. On le remplaça par le gascon *sauço*, dérivé du latin *salsus* (au féminin, *salsa*) comme l'équivalent de la langue d'oïl et qui signifie « salé ».

Les sauces dérivées

Les sauces dérivées sont confectionnées à partir d'une proportion donnée de sauce mère à laquelle s'ajoutent des éléments très divers qui communiquent à chaque sauce sa saveur particulière. Bien souvent, la nature de l'auxiliaire contribue à donner le nom de la sauce.

Les sauces dérivées

☐ Les sauces dérivées peuvent être obtenues, entres autres, par déglaçage des récipients de cuisson des viandes ou poissons sautés, ou par réduction des fonds de pochage de poisson. La réalisation des sauces par réduction permet d'augmenter l'onctuosité de celles-ci. Il s'agit de faire évaporer par ébullition une partie de la sauce pour en augmenter la viscosité et concentrer les saveurs.
☐ La palette des sauces dérivées est très large ; il y a les sauces dites de couleur brune, à base de fond brun lié, et celles de couleur blanche, à base de velouté de volaille, de veau ou de poisson. Quasiment chaque grande sauce décline des sauces dérivées.

un fond	une liaison	une grande sauce	une première garniture	une petite sauce	une deuxième garniture	une sauce dérivée
fumet	roux blanc	velouté de poisson	jus d'huîtres crème, beurre, essence de champignons	sauce normande	huîtres	sauces huîtres

La nature et l'utilisation des additifs

☐ On distingue les fines herbes : estragon, ciboulette, cerfeuil, persil, etc. ; les alcools, et liqueurs ; les légumes : champignons, poivron, oignons, tomates, truffes, cornichons, etc. ; les épices : curry, paprika, genièvre, moutarde, etc. ; les produits « BOF » : beurre, œuf, crème, gruyère, etc. ; les fruits : oranges, citrons, groseilles, airelles, cerises, etc. ; les viandes : langue écarlate, jambon, crêtes de coq, etc. ; les produits de la mer : huîtres, moules, crevettes, homards, langoustines, etc.
☐ Les différents additifs peuvent être utilisés en infusion, en réduction, en purée, en dés, sous forme de jus, en julienne, pochés, ciselés, râpés, écrasés. Dans les sauces à appellation moderne, on retrouvera le produit ayant donné son nom à la création.
☐ Les liaisons permettent aux sauces de rester plus longtemps en contact avec les papilles gustatives, ce qui permet d'en augmenter la perception. Une sauce liée est plus goûteuse qu'une sauce de même concentration, mais moins épaisse.
☐ Le beurre est un élément important dans la finition des sauces, par sa grande capacité à fixer les arômes volatils dans les sauces et à augmenter ainsi les saveurs.

RÉALISER ET ACCOMMODER UNE SAUC

Accords entre les sauces et les mets

Sauce mère	Additifs	Sauces dérivées	Accord
Velouté de poisson	Jus de moules, jaunes d'œufs, crème	Normande	Accompagne les poissons à court mouillement
	Julienne de poireau, céleri, champignons, oignon	Bretonne	
Velouté de volaille	Crème	Suprême	Volaille pochée
	Crème et purée de tomates	Aurore	
	Crème et glace de viande	Ivoire	
Fond de veau brun lié	Échalote et vin blanc	Bercy	Viandes sautées
	Truffes	Périgueux	
	Julienne de jambon, langue écarlate, champignons	Zinguarra	
Sauce Béchamel	Purée d'oignons	Soubise	Gratin de légumes
	Gruyère et jaune d'œuf	Mornay	
Sauce tomate	Brunoise de poivron	Mexicaine	Beignets, fritots et pâtes
	Tomates concassées, ail écrasé, persil haché	Portugaise	
Sauce mayonnaise	Crème fouettée	Chantilly	Préparations froides et poissons frits
	Câpres, cornichons, oignons, persil, estragon hachés	Tartare	
Sauce hollandaise	Moutarde	Moutarde	Poissons pochés
	Julienne d'oranges sanguines	Maltaise	Asperges
Sauce béarnaise	Coulis de tomates	Choron	Viandes ou poissons grillés
	Menthe en place de l'estragon	Paloise	

Astuces pour embellir les sauces

– La sauce est amère, âcre : ajouter une pincée de sucre, ou un trait d'alcool liquoreux de type porto ;
– Dynamiser une sauce en exprimant le jus d'un citron au dernier moment ;
– Penser à faire réduire le vin par ébullition afin de concentrer les arômes et de volatiliser l'alcool. Dans le cas du vin blanc, il y aura élimination de l'acidité, pour le vin rouge, son parfum sera plus dense et capiteux. Les vins de types liquoreux seront utilisés « crus » au dernier moment.

La sauce chaud-froid

De nombreuses pièces de viande ou de poisson disposées sur les buffets sont servies en chaud-froid. À cette appellation correspond aujourd'hui une sauce nappante couvrant la pièce traitée. Confectionnée à partir d'un velouté bien blanc et collée à la gelée ou à l'aide de feuilles de gélatine ramollies au préalable, son utilisation est délicate. Un coup de main avisé est indispensable afin d'obtenir un nappage uniforme.

Les gratins et les glaçages

Ces préparations, fort appréciées à l'œil par leur brillance et au goût par le croustillant quelles apportent, sont la combinaison d'une cuisson menée avec patience et régularité. La diversité des types de gratin permet de réaliser des préparations à partir de l'ensemble des produits proposés sur le marché

Le gratin complet

☐ La réalisation d'un gratin complet doit répondre à trois points bien précis :
– l'élément principal est toujours cru, et il doit subir une cuisson complète ;
– la cuisson doit être combinée avec la réduction de la sauce, qui est l'agent du gratin ;
– la formation de la croûte dorée ou du gratin se forme à la surface par la combinaison de la chaleur, de la sauce, du beurre et d'un élément favorisant la croûte, le plus souvent à base de pain (chapelure ou mie de pain fraîche), plus rarement de fromage (gruyère, parmesan râpé...).

☐ La conduite de la cuisson d'un gratin complet est très délicate, car il faut respecter l'équilibre entre la quantité de sauce et la taille de la pièce à cuire. Si la sauce est trop abondante, le risque est grand de voir se former le gratin avant que la sauce n'ait atteint son point de consistance. En revanche, s'il n'y a pas suffisamment de sauce, celle-ci risque d'être trop réduite avant que la pièce ne soit cuite. Il est important de maîtriser la température du four selon la pièce. En effet, si la pièce est petite, la chaleur sera intense, au contraire, si la pièce est de grosse taille, la chaleur du four sera douce.

☐ La sauce de base est une sauce Duxelles grasse ou maigre. Dès la sortie du four, il est de règle de terminer la préparation avec quelques gouttes de jus de citron et du persil haché.

Le gratin rapide

Ce type de gratin comporte les mêmes éléments que ci-dessus. La différence réside dans le fait que l'élément principal est cuit au préalable, puis recouvert uniquement de la quantité de sauce nécessaire et saupoudré de chapelure ou de mie de pain pour accélérer la prise du gratin.

Le gratin léger

Cette technique est plus spécialement réservée aux pâtes et farineux. Ces derniers, après cuisson, sont disposés dans un plat à gratin beurré et largement saupoudrés de gruyère râpé, de chapelure et de beurre fondu. La finition pour obtenir le gratin se réalise sous une salamandre ou sous les résistances supérieures d'un four électrique.

Les glaçages

Le but de cette technique est d'obtenir une coloration dorée quasi instantanée de la surface de la sauce. Pour obtenir ce résultat, on utilise une sauce (type sauce vin blanc) que l'on enrichit de beurre, de sauce hollandaise ou de crème fouettée. La pièce de poisson (ou de viande) est nappée de ce mélange puis elle est présentée sous la salamandre.

SAUCE GRATIN ET GRATIN DAUPHINOIS

Le gratin dauphinois

Ingrédients

Pour 8 personnes

1,6 kg de pommes de terre	50 g de beurre
1 l de lait	2 gousses d'ail
5 œufs	sel fin
100 g de gruyère râpé	poivre du moulin

Émincer les pommes de terre en tranches de 3 mm d'épaisseur et les frotter à l'ail. Beurrer un plat allant au four. Disposer une couche de pommes de terre aillées. Dans un bol, casser les œufs, assaisonner avec le sel et le poivre, battre au fouet ; ajouter le lait et remuer.

Verser une partie du mélange sur les pommes de terre, saupoudrer de gruyère râpé. Faire une seconde couche de pommes de terre qui sera également salée, poivrée et saupoudrée de gruyère râpé. Ajouter des noisettes de beurre. Mettre 70 minutes à four chaud (200 °C). Cette température est importante car elle doit permettre de réaliser conjointement la cuisson des pommes de terre et la liaison du liquide. Au final, le gratin sera réussi si, au moment de servir, le plat a une belle couleur brun doré et si les pommes de terre ont conservé toute leur consistance.

La sauce gratin

Cette sauce est spécifique à l'élaboration des poissons au gratin. Sa technique consiste à faire réduire de moitié 3 dl de vin blanc et 3 dl de fumet de poisson additionnés de 50 g d'échalotes hachées. Dès que le liquide est réduit, il faut lui ajouter 100 g de duxelles sèche et 5 dl de sauce demi-glace et faire cuire le tout 5 minutes. Ajouter 10 g de persil haché pour terminer.

Beurrer un plat allant au four, disposer dessus quelques cuillères de sauce gratin. Recouvrir avec un merlan dont on aura incisé les chairs au préalable. Entourer le poisson de tranches de champignons crus et poser sur le poisson 3 petits champignons cuits à blanc. Verser autour du merlan 5 cl de vin blanc, et couvrir de sauce gratin. Saupoudrer de chapelure fine et de quelques morceaux de beurre. Mettre le plat au four. La chaleur du four doit être réglée de telle manière que la réduction de la sauce, la cuisson du poisson et la formation du gratin se fassent de manière simultanée. Dès la sortie du four, exprimer quelques gouttes de citron sur le poisson, saupoudrez de persil haché et servir.

Trucs et astuces

– Lors d'un glaçage, il vaut mieux utiliser la crème fouettée ou la sauce hollandaise que le beurre. Car l'emploi unique de cet ingrédient conduit souvent à l'obtention de « flaques » de beurre fondu particulièrement disgracieuses.

– Pour réussir un bon gratin caramélisé, il faut saupoudrer la préparation de sucre semoule, puis la masquer de sucre glace avant de la présenter sous la salamandre. Cette technique offre l'avantage d'obtenir une coloration plus forte et d'apporter de la brillance au mets.

Les pâtes

Les pâtes sont réalisées à partir d'un simple mélange de farine et d'eau enrichi en sel, sucre, levure, œufs et matière grasse. Utilisées en cuisine et en pâtisserie depuis des siècles, elles constituent une source importante d'idées originales. Elles peuvent se classer en quatre grandes familles.

Les pâtes battues, poussées ou montées

□ L'appellation « poussée ou montée » provient du fait que ce type de pâtes augmente de volume sous l'action de la chaleur qui agit, d'une part, sur les matières premières entrant dans la composition (levure chimique, etc.) et, d'autre part, sur la technique de réalisation (blancs montés, travail au fouet, etc.).
□ Ces pâtes sont utilisées principalement pour la réalisation des beignets, gaufres, soufflés, cakes salés ou sucrés, génoises, madeleines et pains d'épices, œufs à la neige, etc.

Les pâtes sèches

□ C'est un ensemble de pâtes qui se caractérisent par leur structure friable et par leur absence de corps (la pâte est très peu travaillée pour ne pas devenir élastique). Elles sont très friables et croustillantes après la cuisson et se divisent en trois catégories selon la technique mise en œuvre pour leur réalisation. On distingue les pâtes brisées ou pâtes à foncer, réalisées à partir d'un sablage entre farine et matière grasse ; les pâtes sucrées réalisées à partir d'un crémé (mélange de la matière grasse avec du sucre avant de l'incorporer dans la farine) et les pâtes feuilletées, couches superposées de matière grasse et de détrempe (farine et eau) que l'on étale et plie pour obtenir une multitude de feuillets alternés.
□ Elles sont utilisées en cuisine ou en pâtisserie (quiches, petits fours, etc.).

Les pâtes molles

Elles proviennent toujours d'un mélange de farine, d'œufs, de liquide (lait, le plus souvent, ou eau) et de matière grasse, dans des proportions variables selon la pâte que l'on désire obtenir. La pâte à choux et la pâte à crêpes en font partie et subissent une cuisson partielle ou complète sur le feu.

Les pâtes levées

□ Elles regroupent l'ensemble des pâtes fermentées qui sont réalisées à partir de la levure boulangère. Pour un résultat optimal, les pâtes demandent un pétrissage long et vigoureux et une farine riche en gluten (type 45). Le temps de réalisation peut être relativement long dans la mesure où la pâte, après pétrissage, doit impérativement pousser ou pointer au minimum deux fois. Le meilleur résultat est obtenu lorsque la pâte est réalisée la veille et conservée une nuit au frais dans un linge.
□ Dans cette famille des pâtes levées, on classe la pâte à brioche, Kugelhopf, à baba ou à savarin, et toutes les pâtes à pain classiques (ces dernières ne contiennent pas d'œufs, contrairement aux précédentes).
□ Les pâtes levées feuilletées (croissants) sont réalisées à la fois selon la technique des pâtes levées et de la pâte feuilletée.

LA PÂTE FEUILLETÉE

Bref historique

L'origine de cette recette est sans doute née d'une erreur commise sur une pâte à foncer dans laquelle on aurait oublié la matière grasse. L'exécutant, pour se rattraper, étala et plia plusieurs fois la pâte pour incorporer le beurre. Mais la paternité de la technique appartient sans doute à deux hommes du XVIIe siècle, l'un Claude Gellée dit le Lorrain, peintre célèbre qui effectua un apprentissage en pâtisserie à Toul, et l'autre un certain Feuillet, chef pâtissier du prince de Condé. La pâte feuilletée que nous connaissons aujourd'hui qui est constituée de feuillets alternés de beurre et de détrempe (farine et eau), est obtenue par pliages successifs.

Technique de la réalisation

- Peser les ingrédients et tamiser la farine.
- Verser la farine en fontaine sur le marbre réfrigéré.

- Incorporer au centre le sel fin et presque toute l'eau. Faire dissoudre le sel fin, mélanger du bout des doigts.
- Humecter la farine restant sur le marbre avec l'eau réservée, rassembler l'ensemble en travaillant la pâte le moins possible.
- Faire une boule, inciser la pâte en forme de croix pour qu'elle se détende plus rapidement.
- Laisser reposer au frais pendant 10 minutes.
- Peser la matière grasse (la moitié du poids de la détrempe pour le feuilletage). Matière grasse et détrempe doivent avoir la même consistance.
- Abaisser la détrempe au rouleau en laissant le centre plus épais.
- Placer la matière grasse sur la partie la plus épaisse.
- Envelopper en repliant les quatre côtés.

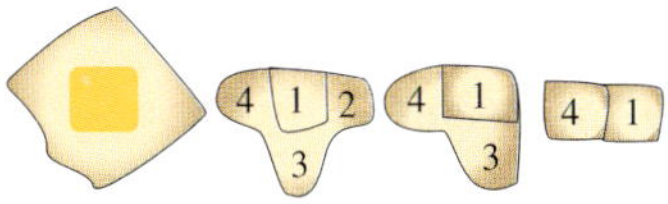

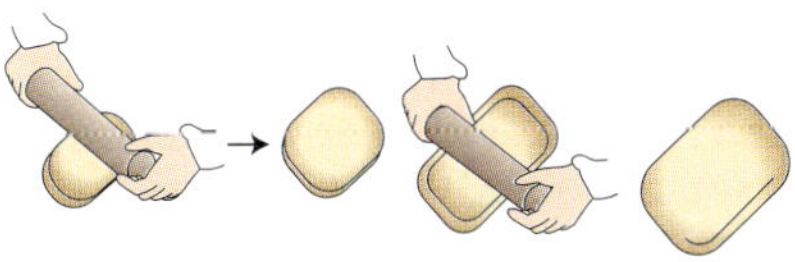

- Égaliser l'épaisseur du pâton obtenu en le tapotant légèrement au rouleau dans les deux sens uniformément.
- Donner le premier tour en abaissant la pâte régulièrement en forme de rectangle (la longueur sera trois fois celle de la largeur et l'épaisseur d'environ 1 cm).
- Enlever l'excédent de farine à la brosse et plier l'abaisse en trois partie égales.
- Donner 1/4 de tour au pâton, souder légèrement les trois épaisseurs au rouleau pour éviter un déplacement des feuilles, puis donnez le deuxième tour ; brosser pour enlever l'excédent de farine.
- Plier l'abaisse en trois parties égales.

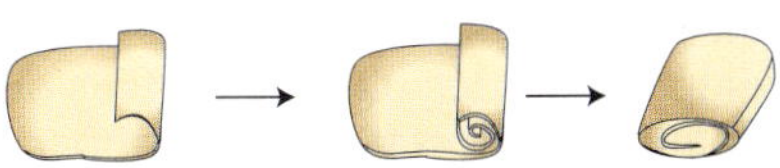

- Marquer légèrement deux empreintes sur le coin supérieur gauche du pâton avec deux doigts pour établir un repère.
- Envelopper le pâton d'une feuille de papier sulfurisé pour éviter le croûtage et laisser reposer au frais pendant 15 minutes.
- Répéter les opérations ci-dessus encore deux fois deux tours, en laissant reposer la pâte au frais pendant 15 minutes entre chaque série de 2 tours.
- Faire cuire à four chaud (220 à 230 °C).

Les biscuits

Composés d'ingrédients simples (farine, sucre, œufs, beurre) les biscuits offrent une très grande diversité. Biscuits secs ou à couper, ils sont partout : en accompagnement du dessert ou du café, comme goûter, au petit déjeuner, pour toutes les fêtes, dans la composition d'autres entremets.

Le biscuit

☐ Gâteau sec et peu levé, le biscuit était, à l'origine, une galette que l'on cuisait en deux fois (bis-cuit) ou deux fois plus longtemps, pour lui assurer une meilleure conservation. Le produit obtenu était presque entièrement déshydraté. Aliment de base à haute valeur énergétique, il était destiné aux soldats et aux marins et s'appelait, sous Louis XIV, « pain de pierre », puis « pain de guerre », avant d'être complètement remplacé par la ration de pain frais. Vitaminé et enrichi en jus de viande, il était même distribué dans les écoles pendant la Seconde Guerre mondiale.
☐ Ce mélange de farine, sucre, jaunes d'œufs et blancs montés a vu sa technique évoluer avec le temps.

Le biscuit de Savoie

Comme son nom l'indique, c'est un Savoyard, cuisinier du comte Amédée VI de Savoie, qui, en 1383, à partir de la recette du biscuit, incorpora pour moitié de la farine et pour moitié de la fécule. Le biscuit de Savoie était né, et depuis, la petite commune de Yennes, proche du lac du Bourget, s'est faite la gardienne de cette spécialité régionale. Le biscuit de Savoie sert de base à divers entremets et gâteaux fourrés, bien qu'il soit quelque peu délaissé au profit de la génoise.

La génoise

☐ La génoise est une variante de la pâte à biscuit au niveau de la technique de fabrication. Les œufs sont battus entiers avec le sucre et non séparément, pour obtenir une pâtisserie légère qui peut être consommée nature accompagnée de sauce anglaise. La génoise sert également de base à plusieurs gâteaux fourrés, à certains entremets, pour les pièces montées ou les bûches de Noël.
☐ La paternité de cette recette appartiendrait à la ville de Gênes dont l'autre spécialité, qu'il ne faut pas confondre, est le pain de Gênes (biscuit aux amandes).

Les biscuits secs

☐ Qu'ils soient sucrés ou salés, les biscuits sont classés en trois catégories, en fonction de la consistance de leurs pâtes. Les unes sont assez fermes et sèches pour être éventuellement découpées à l'emporte-pièce, les autres sont molles et cuisent, le plus souvent, dans des moules (madeleines), d'autres enfin sont fluides, voire liquides et donnent des biscuits si minces qu'on les façonne à chaud dans des gouttières (tuiles) ou autour d'un manche de cuillère en bois (cigarettes).
☐ Les biscuits secs doivent leur variété, d'une part à leur saveur, qui varie en fonction des préférences régionales, et d'autre part à leur aspect. Il faut savoir les façonner et les modeler, et si certaines formes sont choisies pour l'effet décoratif qu'elles produisent, d'autres sont traditionnellement associées aux grandes fêtes.

QUELQUES RECETTES DE BISCUITS SECS

Le congolais

Ingrédients pour 20 gâteaux

250 g de sucre en poudre
250 g de noix de coco
un sachet de vanille
3 œufs
25 g de farine
300 g de chocolat fondu

Dans une jatte, mélanger le sucre, la noix de coco et la farine. Ajouter les œufs battus et la vanille. Pétrir jusqu'à obtenir une pâte homogène. Façonner plusieurs petites pyramides sur une plaque beurrée. Enfourner dans un four préalablement chauffé et laisser cuire. Enrober de chocolat.

Les madeleines

Ingrédients pour 30 madeleines

6 œufs
300 g de sucre
400 g de farine
10 g de levure chimique
200 g de beurre
3 gouttes de fleur d'oranger

Dans une jatte, travailler le beurre à la cuillère de bois pour l'amollir. Ajouter le sucre, bien mélanger. Incorporer les œufs un par un au mélange en prenant soin que chaque œuf soit parfaitement mélangé avant d'ajouter le suivant. Tamiser la farine et la levure, les ajouter en mélangeant parfaitement. Parfumer avec l'eau de fleur d'oranger. Beurrer les moules à madeleine et les remplir de pâte. Faire cuire 10 minutes à four chaud. Démouler dès la sortie du four.

Les galettes bretonnes

Ingrédients pour 10 galettes

150 g de farine
60 g de beurre salé
2 œufs
60 g de sucre
fleur d'oranger

Faire fondre le sucre dans les œufs bien battus. Incorporer 100 g de farine et mélanger. Mettre les 50 g restants sur un linge, y placer la pâte travaillée. Incorporer le beurre et malaxer, ajouter quelques gouttes de fleur d'oranger. Diviser la pâte en 10 morceaux de la grosseur d'un œuf. Les aplatir avec un rouleau. Badigeonner chaque galette avec un peu de jaune d'œuf. Faire cuire 25 minutes à four chaud.

Les tuiles aux amandes

Ingrédients pour 300 g de tuiles

100 g de sucre
2 œufs
75 g de farine
50 g de beurre
50 g d'amandes effilées
1 pincée de sel

Faire fondre 40 g de beurre. Allumer le four. Dans un saladier, verser le sucre, le sel, la farine et les œufs. Battre au fouet. Incorporer (sans les casser) les amandes. Ajouter le beurre fondu, mélanger délicatement. Badigeonner la plaque du four avec le restant de beurre. Disposer des petits tas de pâte sur la plaque en les espaçant bien, puis les étaler avec une fourchette trempée dans l'eau froide. Glisser la plaque dans le four chaud et faire cuire 3 à 4 minutes. Décoller les tuiles dès leur sortie du four et les enrouler sur un rouleau pour les incurver.

Les crèmes

Les crèmes jouent un grand rôle dans la confection des entremets. L'éventail très large des crèmes les font appréhender, selon leur consistance, soit comme des éléments principaux, soit comme des auxiliaires de décoration et d'accompagnement. Leur réalisation est souvent délicate.

Les crèmes liquides

La plus célèbre est la crème anglaise. Lorsqu'elle est aromatisée avec divers parfums, elle constitue la base pour réaliser les glaces. Également présente pour accompagner les entremets à base de biscuits (génoise, de Savoie...), sa réalisation est délicate. La réussite de cette technique est le résultat d'une coagulation partielle des jaunes d'œufs sucrés dans du lait bouilli, éventuellement aromatisé. La température optimale à atteindre lors de la cuisson se situe à 83 °C, c'est le point de température, appelé « point de nappe », qui donne le maximum de liaison à la crème. Une température supérieure entraînerait une coagulation totale, les jaunes graineraient et la coagulation ne serait pas homogène.

La crème épaisse

☐ La crème pâtissière est utilisée comme élément de garniture dans les entremets. Sa consistance solide est due à la présence d'un amidon. Sa réalisation technique s'en trouve facilitée grâce à l'ébullition que peut supporter l'ensemble des composants (faire bouillir le lait, puis le verser sur la masse constituée par des jaunes d'œufs, du sucre, de l'amidon, mélanger le tout et porter à ébullition en remuant constamment).
☐ La crème pâtissière sert de support à de nombreuses préparations, elle est utilisée :
– nature pour garnir chou, éclair, mille-feuille ;
– allégée avec une meringue pour la confection des soufflés ;
– enrichie de poudre d'amandes, beurre et rhum pour réaliser des pithiviers, galette des rois, etc.

La crème au beurre

C'est une préparation émulsionnée à base de jaunes d'œufs, de sucre cuit et de beurre en pommade. La difficulté technique réside dans le respect des températures de chacun des ingrédients. Le sucre doit être cuit à 117 °C, puis versé sur les jaunes d'œufs et émulsionné jusqu'à complet refroidissement. Incorporer à cette masse refroidie, tout en remuant sans arrêt, le beurre en pommade. La cuisson du sucre a la propriété de pasteuriser les œufs. La crème au beurre est utilisée pour garnir et décorer les pièces de pâtisserie (bûches, petits fours...).

La crème prise

Les crèmes prises ou crèmes pochées sont des mélanges de lait, de sucre, d'œufs entiers ou de jaunes d'œufs. La liaison, l'épaississement par coagulation s'opère dans un bain-marie et au four. L'eau du bain-marie ne doit pas bouillir mais atteindre la température de 90 °C. Ces crèmes sont placées au réfrigérateur après cuisson, pour être servies froides. Les crèmes réalisées à partir d'œufs entiers sont démoulées sur assiette. Les crèmes confectionnées à base de jaunes d'œufs sont servies dans le pot de cuisson.

La crème anglaise

Elle est utilisée dans de nombreuses préparations d'entremets. Les principales appellations de crème anglaise collée avec des feuilles de gélatine sont les entremets de type bavarois et les charlottes. Ainsi, les bavarois sont souvent aromatisés et moulés directement dans un ramequin, puis démoulés au moment du service puis décorés d'une pointe de crème chantilly. Par contre pour l'appellation charlotte les ramequins sont au préalable chemisés de biscuit à la cuiller, ou de biscuit type joconde avant de remplir l'intérieur de la crème.

La crème bavaroise

Pour bien réussir la crème bavaroise, il faut incorporer la crème fouettée à la crème anglaise froide, puis travailler le mélange délicatement dans un récipient contenant de la glace. Lorsque la crème est très froide, la verser dans le moule. Si l'opération est mal menée, la crème fouettée peut se dissocier de la crème anglaise et, lors du démoulage, l'entremets n'aurait pas de tenue.
La crème bavaroise est née d'un séjour des princes de Bavière à Paris au début du XVIIIe siècle. Ils allaient au célèbre café Procope et se faisaient servir du thé sucré au sirop ; cette boisson prit le nom de crème bavaroise.
Au cours des années, on lui ajouta du lait, du chocolat, du café, de l'alcool puis, de boisson, cette recette devint entremets de pâtisserie dans la version que nous connaissons aujourd'hui.

La crème chantilly

Elle nous vient du célèbre cuisinier Fritz Karl Watel, dit Vatel ; elle fut semble-t-il servie pour la première fois à Louis XIV au banquet de Vaux-le-Vicomte le 17 août 1661, que donna Fouquet en l'honneur du jeune roi. La crème mousseuse (fouettée et parfumée) prit le nom de chantilly plus tard, quand Vatel entra au service du prince de Condé... à Chantilly.
Pour obtenir une crème bien ferme, il est indispensable que celle-ci soit bien fraîche. Un gage de réussite passe par un battage très ample de la crème, à l'aide d'un fouet, pour bien faire rentrer l'air nécessaire dans la préparation.
Si la crème est granuleuse, elle est trop fouettée, par contre si elle jaunit c'est qu'elle n'est pas suffisamment battue.
Elle est utilisée en accompagnement de certains fruits, en finition de coupes glacées. Elle entre dans la composition des mousses, sauces froides, etc.

Préparation de la crème brûlée

Les ingrédients pour réaliser cette crème sont les suivants : 8 jaunes d'œufs, 120 g de sucre, 1/2 gousse de vanille, 1/2 L de crème et 50 g de cassonade en poudre.
Verser les œufs et le sucre dans une jatte. Travailler avec une spatule en bois jusqu'à l'obtention d'un mélange onctueux.
Dans une casserole, chauffer la crème et la vanille. Aux premiers bouillonnements, verser la crème vanillée sur le mélange œufs-sucre. Remuer et passez au chinois.
Mettre la crème dans des ramequins. Enfourner ces ramequins au bain-marie dans un four chauffé à 95 °C. Lorsque la crème est tremblotante, elle est cuite. Sortir du four et réserver au réfrigérateur.
Au moment de servir, saupoudrer de cassonade et passer quelques secondes sous le gril du four. Servir aussitôt.

Les modes de cuisson classiques

Depuis toujours, l'homme cuisine. Si les premières méthodes étaient simples et empiriques, peu à peu elles se sont diversifiées et sophistiquées. Depuis le XIXe siècle il existe tout un éventail de

Cuisson par concentration

☐ Durant cette cuisson, les aliments saisis en surface concentrent les éléments nutritifs et sapides à l'intérieur. Les types de cuisson sont les suivants.
– *Rôtir :* la viande est cuite au four sur une plaque à rôtir ou à la broche. Cette technique ne s'applique qu'à des bêtes jeunes et aux morceaux de 1re catégorie.
– *Griller :* l'aliment est soumis à la chaleur directe d'un foyer par contact ou par rayonnement (gril ou salamandre). Les pièces ainsi traitées sont petites et de 1re catégorie (ou jeunes pour les volailles).
– *Sauter :* des petites pièces de viande, poisson ou légumes sont cuites dans un récipient à feu vif. Cette préparation est souvent accompagnée d'un beurre meunière ou d'une sauce courte faite par déglaçage dans le récipient de cuisson.
– *Frire :* l'aliment est cuit par immersion dans un corps gras chaud (huile végétale ou animale). La plupart des aliments frits ont d'abord subi un enrobage (farine, mie de pain, pâte à frire...) et parfois une précuisson. Un aliment frit doit être servi immédiatement afin de conserver son croustillant.
– *Poêler :* l'aliment est cuit au four dans un récipient à bord haut et muni d'un couvercle. Cette méthode s'applique plutôt aux viandes blanches et aux volailles, qui seront ainsi moins sèches.
– *Pocher, départ à chaud :* l'aliment est cuit dans un liquide (eau ou fond) bouillant afin de le saisir pour éviter les échanges avec ce liquide.
– *Cuisson à la vapeur :* un aliment est cuit dans un récipient sans être au contact du liquide.

Cuisson par expansion

☐ Durant la cuisson un échange se produit entre l'aliment et le milieu liquide dans lequel il cuit. La cuisson se démarre toujours à froid.
☐ Le type de cuisson est le *pocher, départ à froid*. Par ce procédé, on recherche un échange soit de l'aliment vers le liquide (blanchir le lard pour le dessaler), soit un échange du liquide vers l'aliment (cuire un poisson dans un court-bouillon pour améliorer sa saveur), soit, le plus souvent, un double échange allant vers un équilibre des saveurs (pot-au-feu, blanquette, etc.).

Cuisson mixte

Ce type de cuisson est un assemblage des deux types précédents : dans un premier temps la viande est saisie en surface puis elle cuit dans un milieu liquide avec lequel elle pratique un échange de saveurs. On distingue :
– *les ragoûts*, aliments coupés en morceaux et cuits doucement à couvert dans une sauce après avoir été rissolés ;
– *les braisés*. On cuit au four à couvert des grosses pièces de viandes dans un fond corsé additionné d'une garniture aromatique après les avoir rissolées.

LES MODES DE CUISSON TRADITIONNELS

Actions de la chaleur sur les aliments

La chaleur a de nombreux effets sur les aliments.

– *La consistance :* la cuisson d'une viande a pour effet d'attendrir ses fibres. Ce facteur est plus marqué encore sur les cuissons longues (pochés, ragoût ou braisé) de viandes de 2e ou 3e catégorie. Il en est de même pour la cellulose des végétaux, qui ramollit à la cuisson, ainsi que pour l'amidon, qui devient gélatineux et plus digeste.

– *La saveur :* selon la technique utilisée, la cuisson renforce ou atténue la saveur des aliments. Dans les cuissons par concentration, la caramélisation en surface apporte de l'appétence au produit. Dans les grillades, un goût de fumée vient renforcer cette appétence.

– *Les parfums :* certaines cuissons bien maîtrisées permettent de préserver ou de développer le parfum d'un produit (rôti à la broche). D'autres techniques comme le blanchiment, permettent d'éliminer des parfums plus désagréables.

– *La couleur :* la cuisson peut transformer la couleur des aliments ; ainsi, les protéines et les pigments des viandes prennent une teinte brunâtre, la chlorophylle des légumes, qui dans un premier temps prend un vert plus vif à la cuisson, jaunit rapidement s'il y a surcuisson.

– *Le poids :* durant les cuissons, on constate une perte en eau et en graisse des viandes. Sur des cuissons sèches comme les rôtis de porc, cette perte peut être de l'ordre de 20 % de la masse de départ.

Pour les légumes secs, les pâtes et le riz, la tendance est inverse. Ainsi, le riz absorbe 1,5 fois son volume en eau.

– *L'effet bactériologique :* les températures assez élevées lors des cuissons permettent une destruction importante des bactéries pathogènes qui auraient pu contaminer un produit.

– *La valeur nutritionnelle :* la cuisson altère la valeur nutritionnelle des aliments. Ainsi, les vitamines sensibles à la chaleur et hydrosolubles vont être fortement altérées. Il en va de même pour les sels minéraux qui se dissolvent dans les eaux de cuisson des légumes.

Préparations préliminaires à certaines cuissons

Afin de nourrir certaines viandes durant la cuisson et pour les rendre plus moelleuses, on utilise le lard gras sous plusieurs formes et selon plusieurs techniques.

– *Le bardage* consiste à recouvrir ou à envelopper certaines viandes ou volailles afin de les protéger à la cuisson. Cette technique est appliquée sur les pintades, poulardes, pigeons et autres volatiles. On l'utilisera également pour envelopper certaines viandes farcies afin d'assurer une cuisson lente et régulière sans dessèchement.

– *Le piquage* s'effectue sur les parties maigres des viandes blanches ou rouges rôties ou poêlées, les ris de veau et certaines volailles poêlées.

De fins bâtonnets de lard (3 mm de section), marinés dans du cognac parfumé d'herbes fraîches, sont introduits dans le muscle en surface de façon régulière à l'aide d'une aiguille spéciale (aiguille à piquer).

– *Le lardage* se pratique surtout sur les grosses pièces braisées comme l'aiguillette de bœuf, le paleron, le foie de veau entier.

Dans cette méthode, de gros bâtonnets de lard gras (section de 1 cm et 30 cm de longueur), marinés comme précédemment, sont introduits sur toute la longueur de la pièce et à intervalles réguliers.

Les modes de cuisson modernes

L'évolution des attentes alimentaires notamment en ce qui concerne le goût des produits et le désir d'équilibre nutritionnel, a fait apparaître de « nouveaux » modes de cuisson.

La cuisson sous vide

☐ L'objectif de la cuisson sous vide est d'éviter l'exaltation et la dénaturation du goût des aliments par le phénomène de l'oxydation que l'on constate généralement lors des cuissons à l'air libre.

☐ Cuire sous vide, c'est cuire avant tout un produit d'une très grande fraîcheur, placé dans un conditionnement étanche (sachet ou barquette), à l'intérieur duquel on extrait l'air et que l'on soude hermétiquement. Soumis ensuite à une cuisson inférieure à 100 °C, ou cuisson basse température, le plat cuisiné ainsi obtenu doit être refroidi selon des prescriptions strictes (de + 65 °C à + 10 °C en moins de deux heures) et pourra être consommé entre 6 et 21 jours après sa fabrication s'il a été conservé à + 3 °C sans variation de température.

La cuisson par enrobage

☐ Le principe de la cuisson par enrobage consiste à emprisonner le produit à cuire dans une enveloppe, consommable ou non, et d'y maintenir à l'intérieur l'humidité et les éléments nutritifs (principe du vase clos).

☐ Les enveloppes consommables seront, selon les cas, des feuilles préalablement blanchies (vigne, épinard, blette, laitue, chou), des crêpes fines réalisées à base d'amidons divers (feuille de brick, pâte à phyllo, feuille de riz, crêpe traditionnelle), ou encore de fines escalopes de poisson ou de viande.

☐ Les enveloppes non consommables seront, selon les cas, des papillotes en papier (sulfurisé ou aluminium), des feuilles de bananier ou d'épis de maïs, des croûtes de sel, d'argile ou des vessies de porc parfaitement lavées.

La cuisson au maigre

La réduction des corps gras utilisés lors des cuissons est, depuis 1974, une des caractéristiques de la nouvelle cuisine. La cuisson au maigre peut être réalisée grâce à l'emploi de matériel spécifique, comme la poêle anti-adhésive, qui nécessite peu ou pas de graisse, ou le roemertopf, utilisé pour les cuissons à l'étouffée. Elle exploite également les rayonnements du micro-ondes ou ceux d'une source de chaleur intense placée directement sur le produit à cuire (cuisson à la salamandre). Les pièces seront dans ce cas petites, de faible épaisseur et uniformes.

La cuisson à la vapeur

Elle consiste à exposer l'aliment à cuire à la vapeur d'un liquide (eau, fumet). Cet aliment peut se présenter brut ou être enveloppé dans un film étirable, voire dans une feuille de légume. Cette technique a pour effet de préserver la sapidité de l'aliment ainsi que ses qualités organoleptiques (couleur) et nutritionnelles. Il conviendra de blanchir préalablement les légumes frais dont l'odeur est prononcée.

QUATRE CUISSONS RAPIDES ET SAINES

La cuisson micro-ondes

Si dans l'ensemble des techniques de cuisson traditionnelles l'aliment est toujours cuit par l'extérieur, dans le cas de l'utilisation de l'enceinte à micro-ondes, le chauffage (la cuisson) s'effectue à l'intérieur du produit. Les micro-ondes qui sont émises par un magnétron sont absorbées par les molécules d'eau, de graisse, de sucre des aliments. À chaque changement de sens du courant alternatif, il se produit un brusque changement d'orientation des molécules (à 180 °) dans l'aliment. Ces changements d'orientation de type aller-retour s'effectuent à très grande vitesse : 2 450 millions de fois par seconde. Il se produit des frictions de molécules d'aliments les unes contre les autres, permettant l'élévation très rapide de la température dans l'aliment. L'utilisation de produit de faible épaisseur est conseillé. De plus, pour obtenir de bons résultats, il faut opérer par séquences. Ainsi, par exemple, à un cycle de 40 secondes dans l'enceinte succédera un temps de repos de 20 secondes afin que se réalise la propagation de la chaleur par conduction à l'intérieur de l'aliment.

La cuisson vapeur

Pour passer de l'état solide à l'état liquide, un gramme de glace a besoin de 76 calories. Pour passer de l'état liquide à l'état gazeux, ce même gramme d'eau accumulera 540 calories, qu'il sera capable de restituer lorsqu'il reviendra à l'état liquide. L'on constate à travers ces chiffres le pouvoir « accumulateur de chaleur » que possède la vapeur d'eau. Dès que la vapeur rencontre un corps plus froid, elle échange sa réserve de calories avec ce corps, afin de retrouver tout ou partie de son état initial. Comme la réserve calorifique de la vapeur est importante, il suffit de peu de vapeur pour fournir au corps froid l'énergie nécessaire à sa cuisson.
Grâce aux nouvelles technologies, il existe des matériels capables de fournir différents types de vapeur pour la cuisson des aliments. Par l'intermédiaire de ces machines, on peut produire de la vapeur « saturée » et de la vapeur « sèche », dont la température oscille entre 100 et 120 °C.

La cuisson à l'unilatérale

Elle est essentiellement appliquée au poisson. Cette cuisson se réalise en posant une portion de poisson côté peau dans une poêle antiadhésive contenant un peu de matière grasse, puis en cuisant cette portion par conduction de la chaleur à travers les chairs du produit sans la retourner. Lorsque la chair à la surface devient opaque et que la peau est croustillante le poisson est cuit.

La cuisson en croûte de sel

Dans un plat allant au four, disposer un lit de gros sel de mer, poser dessus un poisson entier bien lavé et non écaillé. Recouvrir celui-ci de gros sel de mer, puis enfourner le tout dans un four bien chaud. La durée de cuisson varie selon le poids du produit. Ainsi, pour un poisson de 2 kg, la cuisson sera de 50 minutes dans un four à 210 °C. À l'issue de la cuisson, sortir le plat du four, casser la croûte de sel. La peau va adhérer au sel, il ne reste plus qu'à prendre les filets de poisson avec deux cuillères et à les disposer sur un plat pour les servir aussitôt. Pour son assaisonnement, le poisson ne prendra que la quantité de sel dont il a besoin.
Le but du gros sel est de former une croûte hermétique permettant de conserver intacts saveur et moelleux.

La composition culinaire d'un repas

L'élaboration d'un repas doit prendre en compte la satisfaction des besoins nutritionnels des convives et se dérouler dans une ambiance chaleureuse.

Les repas au quotidien

Un repas doit, dans l'idéal, comporter trois ou quatre plats :
– un hors-d'œuvre dans lequel les crudités et les salades doivent avoir priorité pour l'apport en fibres alimentaires utiles au remplissage de l'estomac et au bon transit intestinal ;
– une viande, un poisson ou des œufs, accompagné de légumes verts cuits, pour l'apport glucidique, et de pommes de terre, pâtes, riz ou légumes secs, pour leur sucre lent ;
– un fromage qui, outre les protides et les lipides, donne l'indispensable calcium ;
– un dessert, en préférant les fruits, pour leurs fibres, que les sucreries.

Le pain

☐ Pour beaucoup le pain est devenu un des aliments indispensable de l'alimentation française (50 kg de pain par an et par habitant). Il faut dire qu'il apporte la plupart des nutriments utiles à l'organisme : il est salé (100 g de pain contiennent 400 mg de sodium, qui représentent 20 % de l'apport journalier en sodium.
☐ À côté du pain ordinaire existent toutes sortes de pains, les plus connus sont :
– le pain sans sel, pour ceux à qui le médecin prescrit un régime hyposodé ;
– le pain de campagne, fabriqué suivant les méthodes traditionnelles avec notamment, l'utilisation de levain ;
– le pain complet, réalisé à partir de farine complète ;
– le pain au son, dont la farine est enrichie avec le son ;
– le pain viennois, fabriqué avec une farine très blanche désignée sous le nom de « PS 5 » et ayant une incorporation de 4 % de malt et 4 % de poudre de lait ;
– le pain de mie, obtenu à partir d'une pâte à pain à laquelle on ajoute du sucre qui donne une texture plus régulière et retarde le rassissement.

La boisson

Même si certains diététiciens recommandent de ne pas boire en mangeant, les repas français sont rarement secs et bien que la jeunesse se laisse tenter par des boissons de type soda, le vin reste encore fréquent sur les tables sauf dans certaines régions (le Nord et l'Est) où l'on lui préfère la bière et dans les grandes villes (Paris notamment) qui succombent au charme des eaux diverses et variées.

L'ambiance

Les sécrétions digestives sont souvent influencées par le système nerveux. Il faut donc veiller, aussi souvent que possible, à prendre ses repas dans une atmosphère détendue et gaie qui ne bloquera pas la digestion.

ÉLABORER DES MENUS

Les critères rédactionnels

Les critères de rédaction sont bien établis. Parmi les plus courants, il faut recommander :

– l'emploi de la locution « à la » ou « à l'a », qui est une abréviation des expressions à la mode de, à la manière de, à la façon de est à éviter. Son utilisation est acceptée quand le sens, l'usage obligent à écrire la locution en entier (tripes à la mode de Caen). Si une recette porte un nom propre, la locution « à la » est à éviter, ce n'est pas la personne qui a créé le mets, celui-ci n'est pas « à la mode de » (pêche Melba) ;

– les abréviations sur le menu sont à proscrire, il faut toujours écrire les noms en entier ;

– les noms de personnes désignant une préparation devenue classique ne peuvent être traduits, ils sont ajoutés au nom des mets (filets de sole Condorcet) ;

– les fautes d'orthographe sont à bannir. Le texte du menu concerne toujours une personne. Si on peut découper un mets en plusieurs portions, celui-ci est toujours indiqué au singulier, s'il faut deux pièces ou plus par personne, le mets indiqué est au pluriel (noisettes d'agneau, filets de sole) ;

– les spécialités nationales caractéristiques sont inscrites sous leur nom d'origine (*minestrone*, Italie ; *irish stew*, Irlande) ;

– dans tous les cas, éviter les pléonasmes. Si une préparation indique la manière de préparer un mets, il est inutile de mentionner encore un fois cette préparation (potage minestrone).

Les appellations d'origine culinaires

On entend par appellation d'origine « la dénomination géographique d'un pays, d'une région ou d'une localité servant à désigner un produit qui en est originaire et dont les qualités ou les caractères sont dus exclusivement ou essentiellement au milieu géographique comprenant les facteurs naturels ou les facteurs humains » (Convention des Arrangements de Lisbonne, 31 octobre 1958).

Mais ce principe est valable uniquement pour les produits naturels et non pour les produits fabriqués, à l'exception de certains. Ainsi, la Bourgogne est une appellation d'origine applicable à un vin répondant à certaines conditions de cépage et de vinification, récolté en Bourgogne, tandis que la « sole normande » peut être fabriquée n'importe où et pas seulement dans cette province.

Les types de menus

On distingue :

– le lunch (déjeuner) ; il se déguste à midi, il est composé de mets légers ;

– le brunch ; cette dénomination est la contraction des mots anglais *breakfast* et *lunch*. Son menu consiste en un mélange de mets pouvant être proposés pour ces deux repas ;

– le dîner ou repas du soir ; certains mets proposés au lunch sont remplacés par d'autres (potages, par exemple) ;

– le souper ; c'est le repas de gala, les mets servis sont de grande qualité et extrêmement raffinés ;

– le menu maigre est réalisé durant le carême, les mets proposés sont composés d'aliments d'origine végétale ;

– le menu diététique peut être établi pour chaque repas, y figurent les calories de chaque mets proposé.

Les établissements de restauration rapide proposent de plus en plus souvent des salades variées, des boissons non sucrées, des produits laitiers et des assaisonnements plus légers.

La composition culinaire d'un buffet

Le buffet est un ensemble de plats froids ou chauds agréablement disposés accompagné de boissons, présenté lors d'une réception avec ou sans service de personnel.

Le dressage du buffet

□ Le buffet se distingue du repas traditionnel par le service qui est assuré à partir d'une grande table commune où sont disposés l'ensemble des mets. Contrairement au repas, où le client ne se lève pas et reçoit directement à sa table le plat ou l'assiette qu'il a commandé, le client du buffet se sert et peut, selon la nature du buffet, consommer assis ou debout.

□ Les dimensions du buffet sont importantes, et il convient de respecter les principes suivants : 1 m pour la hauteur de la table, 80 à 90 cm pour la profondeur, la longueur est subordonnée à la pièce dans laquelle sera installé le buffet mais également au nombre de convives (3 m pour 30 à 50 personnes, 5 m pour 50 à 80, 15 m pour 300 à 400 personnes).

□ L'utilisation d'une nappe blanche est conseillée. Sur le devant, elle descend au ras du sol, sur l'arrière, elle est plus courte car cette partie reste ouverte pour stocker les bouteilles.

Le buffet froid

□ Le buffet froid est généralement servi en guise de repas, et peut être debout ou assis. Dans ce cas, les convives disposent de couverts dressés sur une table et de chaises pour pouvoir s'installer. Le service du débarrassage du pain et des boissons est assuré par le personnel. Sur un buffet froid, on présente des poissons entiers découpés par le personnel, des viandes tranchées devant les convives, des charcuteries, des salades (crudités, salades composées), des sauces (mayonnaise, vinaigrette et dérivées). Le buffet est complété par des éléments de décoration (sculptures, compositions florales, etc.), des éléments de service (assiettes, couverts de service, etc.) et des condiments.

□ Lorsque le buffet froid est servi debout, il faut prévoir un prédécoupage en petites portions de la taille d'une bouchée (brochettes, pièces avec piques, etc.).

□ Tous les plats qui sont présentés sur le buffet doivent rester au frais le plus longtemps possible. Il en va de même pour tous les entremets ou desserts contenant des œufs ou de la crème. Il est préférable de réaliser des dressages en petites quantités et de réapprovisionner le buffet régulièrement.

Le buffet chaud

□ Le buffet chaud comporte des entrées chaudes ainsi qu'un ou plusieurs plats chauds avec garniture. Les plats sont présentés sur des réchauds maintenant la température au minimum à 60 °C. Tous les plats chauds sont, en principe, servis par du personnel situé à l'arrière.

□ Lorsque buffets froid et chaud sont associés, les plats froids sont disposés sur le devant du buffet et les plats chauds à l'arrière. Les desserts, dans ce cas, sont présentés une fois les buffets froid et chaud terminés ou sur un buffet distinct.

RÈGLES POUR UN BUFFET RÉUSSI

Critères de réussite d'un décor

La réussite dépend de la qualité des produits employés et du savoir-faire. Il convient d'avoir de l'initiative, du sens artistique (harmonie des couleurs, des formes, des goûts), de la patience, car certains décors demandent de la minutie et du temps.

Un décor doit donner envie au convive de déguster le plat à partir de son jugement visuel. Il doit également compenser l'effet des cuissons sur la couleur des aliments, qui ont parfois tendance à ternir.

Avant de choisir le décor ou la présentation, il faut tenir compte du matériel (plat, assiette), de la nature des produits à décorer et à dresser, de son mode de cuisson, de son volume, du thème du buffet, du transport éventuel et de la couleur (vert = acide, rouge = sucré ou épicé, bleu-violet = amer, etc.)

La composition d'un buffet

Il s'agit d'un buffet pour un lunch de 50 personnes servi de 13 h à 17 h ou de 18 à 22 h.

Boissons :

- Champagne ou équivalent : 20 à 25 bouteilles
- Jus de fruits : 10 litres

Petites pièces :

- 100 sandwiches pain de mie varié
- 100 brioches ovales fourrées à la mousse de foie gras
- 200 canapés variés
- 50 choux salés
- 50 allumettes au fromage
- 35 pruneaux au lard
- 35 croissants au jambon
- 35 bouchées
- 35 quiches
- 100 saucisses cocktail

Les cinq dernières pièces sont présentées aux convives dès leur arrivée.

Grosses pièces :

- Langouste en bellevue 75 médaillons
- Jambon : 50 à 60 tranches
- Galantine : 50 à 60 tranches
- Pièce de bœuf glacé à la gelée : 50 à 60 tranches.

Pièces sucrées :

- 150 fours glacés
- 75 fruits déguisés
- 1,5 kg de fours secs

La disposition d'un buffet

La disposition d'un buffet doit être étudiée à l'avance. Elle sera fonction des produits qui y seront dressés (chauds et/ou froids), du nombre de préparations à présenter, de la place disponible, du nombre de convives, de la nature du buffet (campagnard, casher, cocktail, dessert, etc.). Un buffet se dresse toujours de la gauche vers la droite (entrée et poissons à gauche, desserts à l'extrême droite, assiettes sur le devant et sur les côtés, condiments et sauces devant ou à proximité de la pièce avec lequel ils ou elles s'associent.

Il est préférable de dissocier le salé du sucré et de disposer les grosses pièces à l'arrière et au centre du buffet. Il faut tenir compte du volume et de la hauteur des pièces et les exposer en dégradé de la plus imposante à la plus petite.

Hiérarchie des pièces sur le buffet

La présentation et le dressage d'une table

Le confort, un éclairage judicieux, une vaisselle impeccable sont les éléments de base d'une jolie table. Mais quelques astuces peuvent nettement améliorer l'harmonie du repas.

Les verres et les couverts

☐ Les verres sont fonction des vins retenus par la maîtresse de maison. Ils sont placés en rang devant l'assiette et légèrement sur la gauche de la pointe du couteau, dans l'ordre d'apparition des vins et suivant la taille des verres. Ainsi, nous pourrons avoir la flûte à champagne ou le verre à vin blanc, puis le verre à eau, le verre à bourgogne, puis la tulipe à bordeaux. Si l'on ne dispose pas de ces deux derniers, le verre à vin rouge classique étant plus petit que le verre à eau, il sera positionné avant celui-ci ceci pour des commodités de service.
☐ Les couverts sont alignés suivant le bord de la table et dans l'ordre d'apparition des plats (potage, entrée froide, entrée chaude, poisson, viande). Les couverts à fromage ou à desserts sont disposés entre les verres et l'assiette.
☐ À la place de chaque convive, il est possible de disposer une assiette d'attente généralement plus grande qu'une assiette plate et assortie au service et au nappage. Selon les besoins du menu, on complète la table avec des couverts à poisson (cuillère, fourchette et couteau), des fourchettes à huîtres, à melon, des pinces et curettes pour crustacés, des beurriers individuels avec couteau, des rince-doigts, etc.

Le pliage des serviettes

Les serviettes dressées sur le buffet ou sur la table contribuent à valoriser l'esthétique de la salle à manger. On utilisera pour les pliages des serviettes de tailles normales (50 x 50 cm), légèrement amidonnées et repassées. Quelques tours de main permettront d'en maîtriser la ou les techniques.

La présentation du plat

☐ Dans la présentation et la décoration, les garnitures offrent généralement une grande diversité de composition et de combinaisons.
☐ Comme les pièces de viande, de poisson, de charcuterie qu'elles accompagnent, les garnitures doivent être consommables en totalité. Leur goût doit être équilibré et compatible avec les éléments avec lesquels elles sont associées. Pour le plat de résistance, au nombre de portions doit correspondre celui des garnitures.

La décoration florale

La première règle est d'accorder la décoration florale à la nappe, aux assiettes, aux couverts, au thème du repas. Évitez les compositions trop odorantes, les surcharges de fleurs, les associations fleurs exotiques et vaisselle rustique ou fleurs champêtres et couvert opulent. Les bouquets touffus ou denses ne doivent pas gêner les convives, pas plus que la hauteur (maximum 30 cm). Une harmonie en camaïeu apportera à la table plus de douceur et de raffinement.

LE PLIAGE DES SERVIETTES

La bougie

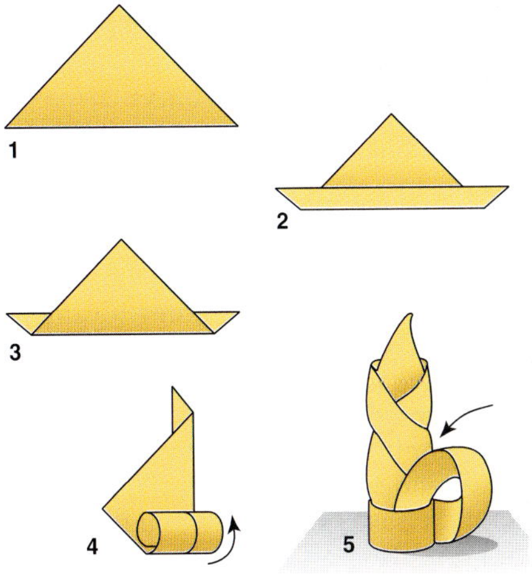

1. Plier la serviette en deux pour former un triangle.
2. Ramener la base vers le haut sur le quart de la hauteur.
3. Retourner la serviette.
4. Rouler le pliage.
5. Terminer le pliage en rentrant l'angle dans la bordure.

Le cygne

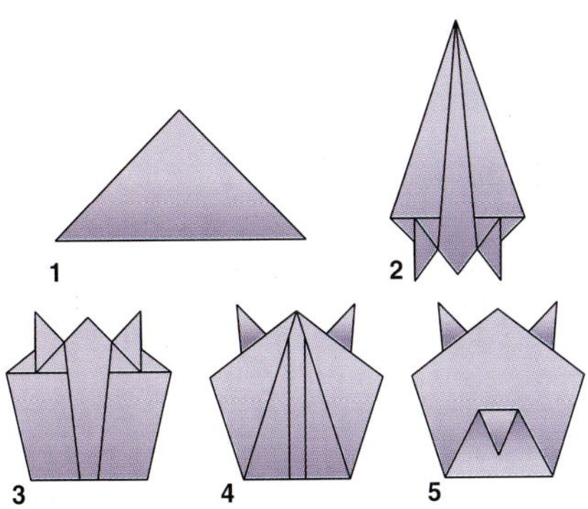

1. Plier la serviette en deux pour former un triangle.
2. Rouler les angles vers le sommet en partant de la base.
3. Plier en deux au milieu.
4. Retourner ce pliage.
5. Replier la pointe centrale et disposer la serviette dans le verre.

Le chou

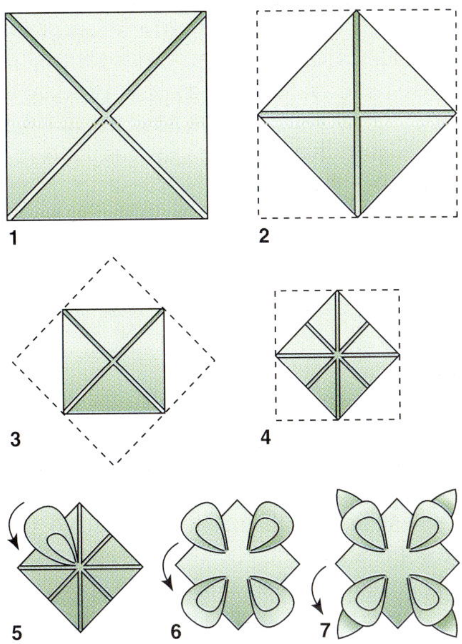

1. Plier en ramenant les quatre coins vers le centre du carré.
2-3. Renouveler deux fois ce pliage, puis retourner la serviette.
4. Plier à nouveau les quatre coins vers le centre.
5. Déplier les quatre pétales en ramenant les quatre coins sur le dessus tout en maintenant bien le centre.
6. Sortir de chaque côté les quatre autres pétales.
7. Terminer en redressant vers le haut les quatre derniers pétales. Poser la serviette ainsi pliée au centre de l'assiette.

Les potages

Les potages, nom générique un peu précieux, ont comme ancêtres les soupes, qui furent longtemps le plat unique des classes populaires. Après avoir eu leur heure de gloire au XIXe siècle et au début du XXe siècle, ils semblent être un peu oubliés aujourd'hui malgré la grande diversité de préparation qu'ils offrent.

Les potages clairs

Ce sont les consommés simples ou doubles de viande, volaille, gibier ou poisson. Leur réalisation se fait en deux temps. En premier lieu, il s'agit de confectionner un fond de base en rapport avec le type de consommé à réaliser. Puis, dans un deuxième temps, il faut renforcer la saveur du fond et le rendre limpide. Pour obtenir ce résultat, la confection d'une clarification est nécessaire. Cette dernière est composée d'éléments nutritifs (viande ou poisson crus hachés), d'éléments aromatiques (carotte, poireau, céleri, tomate, le tout émincé) et de blancs d'œufs. Tous ces produits sont mélangés et incorporés dans le fond de base, puis amenés à une température comprise entre 85 et 90 °C durant 45 minutes. À l'issue de la cuisson, le consommé obtenu est filtré très délicatement à travers un linge humide.

Les potages liés

Souvent à base de légumes frais ou secs, ces potages sont liés par ajout d'éléments de liaison (amidon, crème, beurres, œuf) ou à partir de leurs propres composants. On compte, en général, pour quatre personnes, 1 L de liquide, 125 g de légumes frais par personne ou 40 g de légumes secs. L'eau de cuisson des légumes frais (haricots verts, asperges, choux-fleurs) constitue une excellente base de potage. Sous la terminologie « potages liés », on rencontre :

- les potages taillés, composés d'une variété de légumes taillés en paysanne ;
- les potages purées, à base de légumes frais dont la liaison est assurée par la pomme de terre ;
- les potages de légumes secs, la saveur et la liaison sont données par l'élément principal de son appellation ;
- les potages de légumes frais et secs, qui est un mariage de plusieurs légumes frais liés par un légume sec ;
- les crèmes et veloutés sont des potages très onctueux qui ont pour liaison commune un roux. La liaison finale est différente selon l'appellation, la crème est terminée avec de la crème fraîche et le velouté avec un mélange de jaune d'œuf et de crème ;
- la bisque est un potage de crustacé, lié à l'aide de riz ou de crème de riz ;
- le consommé lié est confectionné à partir de consommé décrit ci-dessus et lié avec de la crème et des jaunes d'œufs.

Les soupes de poissons

À base de poisson de roche le plus souvent, les soupes de poissons sont des préparations très riches qui ont l'avantage de fournir un repas complet (l'entrée et le plat principal). Les poissons sont à chair ferme et tendre. Ces préparations s'apparentent à des pot-au-feu de la mer.

TRADITIONS ET ÉVOLUTION DES POTAGES

Soupes et coutumes régionales

Chaque région a sa spécialité de soupe qui exprime sa culture et les produits de son terroir. C'est ainsi que l'on trouve des recettes de soupes très variées comme :
- la soupe au lait dans le Nord (sorte de panade au lait sucré qui servait de repas le soir aux enfants) ;
- la soupe à la bière en Alsace (velouté à la bière crémé et garni de tranches de pain frit) ;
- la gratinée à l'oignon de Lyon (compotée d'oignons au fond blanc, garnie de pain et fromage et glacée) ;
- la soupe au pistou de Provence (soupe de légumes variés parfumée à l'ail et au basilic) ;
- la garbure des Pyrénées (soupe grasse de légumes au confit et au lard) ;
- le ttoro du pays Basque (soupe de poissons) ;
- le tourin toulousain (soupe à l'ail, graisse d'oie, blanc d'œuf et pain) ;
- la bréjaude du Limousin (soupe au chou et au lard) ;
- la soupe au chou auvergnate (autre variété de soupe au chou et au lard) ;
- la cotriade en Bretagne (soupe de poissons), etc.

Une autre coutume liée au Sud-Ouest et au Centre consiste à verser dans l'assiette après avoir bu la soupe un trait de vin rouge, cela s'appelle faire chabrol.

Évolution des potages

La mode est aux potages sophistiqués servis en soupière accompagnés d'une riche garniture à même l'assiette. Ce sont surtout les appellations qui ont évolué ; ainsi, on peut rencontrer le potage de homard au chou-fleur, la crème d'asperges vertes et brocolis, la chartreuse de volaille et son ragoût, le consommé de pleine mer et petit farci au caviar, la soupe de lentilles, etc.

Comment goûter un potage

Pour bien goûter un potage, il ne faut pas utiliser une cuillère mais une soucoupe. La cuillère étant bombée, la température de la soupe n'est pas la même au centre et sur les bords, cela risque de dénaturer le goût surtout si l'on veut vérifier l'assaisonnement. En revanche, la soucoupe étant plate, le potage ne subira aucune variation de température.

Potages en boîte

Les premiers potages issus de l'industrie agro-alimentaire apparaissent au XIXe siècle sous l'impulsion du chimiste allemand Liebig et du meunier suisse Maggi. Les nouveaux potages sont accueillis avec peu d'enthousiasme à tel point qu'on les appelle « potages en comprimés ». Depuis ils ont été considérablement améliorés et on en trouve aujourd'hui sous différentes formes :
- déshydratés et lyophilisés ;
- concentrés (en conserve, en UHT ou en surgelé) ;
- prêts à l'emploi (en pasteurisé, en UHT ou surgelé).

Ces potages qui répondent instantanément à une demande et qui correspondent bien aux exigences de l'hygiène n'offrent cependant pas les qualités d'un potage frais et ne peuvent représenter qu'une solution de dépannage.

Les hors-d'œuvre

Les hors-d'œuvre chauds et froids constituent le prologue du repas et doivent donc, à ce titre, mettre en appétit sans être trop riches ou trop abondants. La variété est très grande, mais qu'ils soient froids, chauds, simples ou composés, on peut les classer en plusieurs catégories.

Les hors-d'œuvre froids

Ils sont généralement servis au déjeuner. Leur variété et leur composition est infinie tant les combinaisons peuvent être multiples. On peut néanmoins citer les éléments de base qui les composent : légumes crus, légumes cuits, légumes confits, légumes farcis, légumes à la grecque, mousse et terrine de légumes, sorbet de légumes, céréales, charcuterie cuite et crue, viande salée, fumée et enfin œufs de poisson, de poule, de caille.

Les hors-d'œuvre chauds

Appelés autrefois petites entrées ou entrées volantes, ils sont généralement proposés au dîner après ou à la place du potage, et éventuellement au déjeuner, surtout en hiver. Ce sont souvent des préparations réalisées à base de pâte (barquettes, beignets, crêpes, etc.), mais ils peuvent également être réalisés à partir de béchamel ou de velouté, de céréales, de fruits ou de légumes farcis, de brochettes, de coquillages, de crustacés ou de restants de poisson (ou desserte), de mousses de légumes, d'œufs ou de desserte de viande.

Les salades composées

□ Elles tendent à prendre la place des hors-d'œuvre chauds et froids. Elles répondent mieux aux exigences des convives généralement pressés mais soucieux de manger sain, équilibré, diététique, léger, frais, etc.

□ Les assaisonnements sont très importants et peuvent se démarquer des classiques sauce vinaigrette ou mayonnaise. L'élément gras utilisé est si possible original (olive, noisette, noix, fromage blanc, yaourt, etc.) et en rapport avec le produit utilisé et la saison. Les éléments acides sont fonction de l'huile et tout aussi originaux (framboise, balsamique, échalote, xérès, jus de pamplemousse, etc.). Les moutardes sont douces et parfumées, et l'ensemble sera aromatisé avec des épices (curry, safran) et des fines herbes, des concentrés de jus de viande ou de volaille.

Les œufs

□ Toutes les recettes réalisées à base d'œufs peuvent être considérées comme des hors-d'œuvre chauds. Néanmoins, quelques-unes permettent de réaliser des hors-d'œuvre froids (œufs pochés en aspic, œufs durs ou omelette en salade).

□ Les œufs cuits en coquilles ainsi que les œufs pochés sont remontés en température dans une chauffante (eau en ébullition au moment du dressage, dans laquelle on plonge des produits à réchauffer). Ils sont accompagnés d'une garniture et d'une sauce, si nécessaire, et sont éventuellement dressés sur des socles de légumes, de pain de mie ou de pâte (croûte en pâte feuilletée, croustade en pâte brisée).

Décorer les hors-d'œuvre

La présentation des hors-d'œuvre demande une grande attention. Les hors-d'œuvre froids se prêtent plus facilement à la décoration, car ils peuvent être dressés à l'avance, ce qui n'est pas le cas des hors-d'œuvre chauds qui seront donc décorés sobrement.
Ces derniers sont généralement dressés sur les plats recouverts d'une serviette ou d'un papier gaufré et éventuellement recouverts d'une cloche, sauf les préparations à base de pâtes et celles traitées à la friture.
Les hors-d'œuvre froids et les salades composées sont présentés soit au buffet soit sur assiette, ce qui permet de personnaliser la présentation. Dans ce cas, veillez tout particulièrement à alterner les couleurs, à harmoniser les mélanges, à assaisonner au dernier moment les crudités et à ne décorer qu'avec des éléments comestibles.

Tourner un champignon

Prendre des champignons bien fermes et bien blancs avec des têtes larges et régulières.
Les éplucher et, avant de les laver, couper les pieds au ras du chapeau.

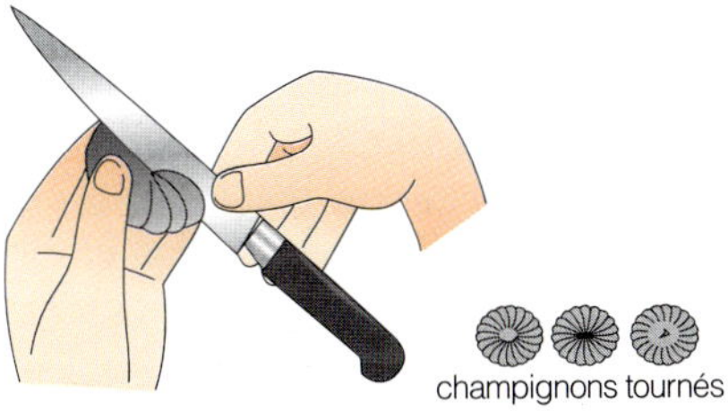

Prendre la tête du champignon dans la main gauche sous la lame d'un couteau tenu du bout des doigts de la main droite.
En partant du centre de la tête, inciser dans un mouvement circulaire autour du pouce pour lever une fine cannelure en spirale.
Refaire la même opération quelques millimètres plus loin besoin et ainsi de suite sur toute la tête du champignon.
Laver rapidement les champignons tournés et les arroser de citron.

Canneler un citron ou une orange

1. Pratiquer sur la verticale et autour du citron (ou de l'orange) 8 à 10 petites cannelures régulières, à l'aide d'un couteau à canneler.

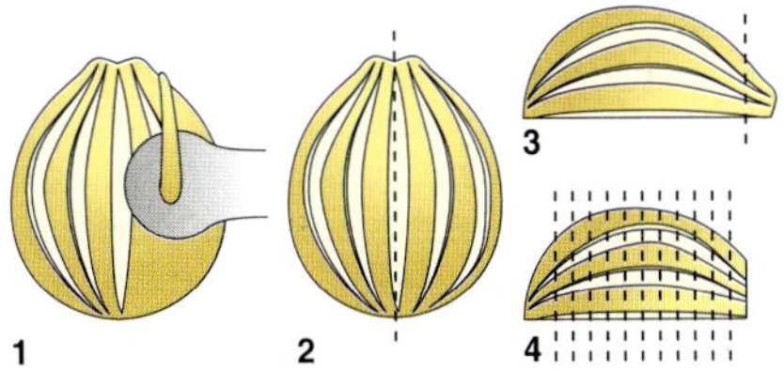

2. Couper en deux sur la verticale, à l'aide d'un couteau à filets de sole (de préférence).
3. Poser la partie coupée sur la planche. Couper et éliminer l'extrémité.
4. Émincer sur la demi-circonférence en tranches fines de 2 mm environ d'épaisseur.
Éliminer, dans la mesure du possible, les pépins avec la pointe du couteau.

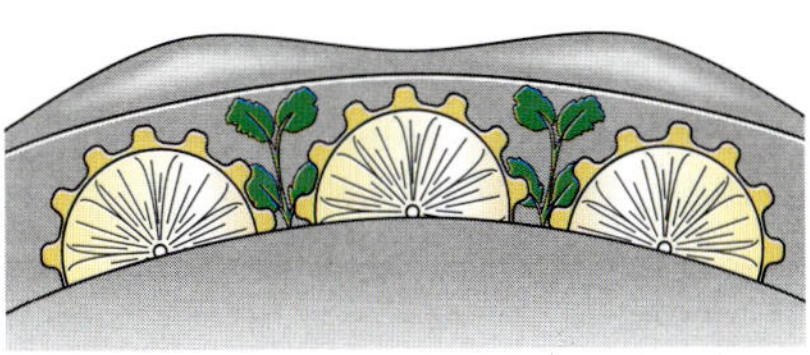

Mettre ces demi-tranches bout à bout sur la bordure d'un plat.
Agrémenter, entre chaque demi-tranche, d'une feuille de persil.

Le plat de résistance : les viandes

La viande offre, de par sa diversité, une multitude de combinaisons et d'apprêts. Le choix du morceau, la cuisson appropriée, la sauce d'accompagnement sont ses seules contraintes.

Les viandes de boucherie

□ Quelle que soit la viande utilisée, porc, veau, agneau, bœuf, cheval, il faut choisir sa viande en tenant compte de sa couleur, sa tendreté, sa capacité à retenir l'eau, sa succulence (aptitude de la viande à rendre son jus lors de la mastication que l'on appelle également la jutosité) et sa saveur. Petites ou grosses pièces, il faut choisir celles qui apportent le moins de contraintes en cuisine et au moment du service. Le choix est aussi fonction du nombre et de la nature des convives, de la saison, des équipements disponibles.

□ Dans l'ordonnancement des mets, il convient habituellement de faire précéder la pièce de viande d'un sorbet, spoom ou granité. Cette habitude se veut être un contraste entre sucré/salé, froid/chaud et liquide/solide, qui donne à la bouche toute sa plénitude pour apprécier la viande.

□ Lorsqu'elle est grillée, sautée à la poêle ou rôtie, la viande de bœuf peut être servie bleue, saignante, à point ou bien cuite. Chaque degré de cuisson correspond à un temps déterminé qui est fonction de l'épaisseur du morceau ou de la pièce. Dressées en plat, les pièces sont disposées de la moins cuite à la plus cuite. Ces remarques ne sont pas applicables pour le veau ou le porc qui doivent être obligatoirement bien cuits. Pour l'agneau, gigot, selle, carré, noisette doivent rester rosés.

Les volailles

Les fêtes de fin d'année sont propices à la consommation de volailles. La dinde rôtie ou accompagnée de marrons, par exemple, est servie en entier à cette époque alors que tout au long de l'année elle est consommée détaillée. D'autres espèces, dont la valeur symbolique est moins importante, président également pendant ces fêtes : le chapon (coq castré), le canard gras dont le foie est utilisé pour la réalisation du foie gras, l'oie, la pintade ou la caille. Elles sont revêtues, pour la circonstance, d'artifices de présentation comme des papillotes à base de feuilles de légumes. Elles seront éventuellement désossées, farcies et reconstituées. Entières, bardées, dénervées aux articulations, ficelées ou bridées, rôties ou en cocotte, il suffit de les incliner sur une assiette pour s'assurer de leur cuisson : le jus qui en ressort doit être clair et limpide, sans trace de sang.

Les gibiers

□ Pour différencier certains gibiers à plume après cuisson, il est nécessaire de mettre en évidence les caractéristiques propres à chacun d'eux. À titre d'exemple, les pattes de certains volatiles sont entrecroisées, le bec pointu des bécasses est piqué dans la jointure de leurs cuisses, etc.

□ Quel que soit le gibier disponible, sa consommation ne doit pas être trop importante car les chairs sont plus riches en protéines que les viandes de boucherie et libèrent donc davantage de déchets toxiques dans l'organisme.

LES DÉCOUPES

Le poulet

Il y a deux façons de découper le poulet : à cru et une fois cuit.

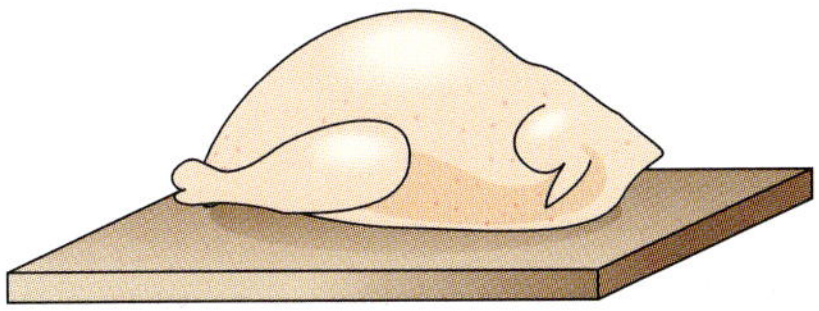

– À cru, après l'avoir flambé et vidé, poser le poulet sur la cuisse gauche, la poitrine tournée vers soi et trancher avec le couteau à désosser la peau et les chairs au niveau de la jointure que l'on sectionne délicatement.

Dégager toute la cuisse en incisant entre chair et os jusqu'au croupion. Retourner le poulet et renouveler l'opération avec la cuisse droite. Couper la poitrine en deux parties égales et séparer les ailes. Retirer les petits os de l'intérieur de la poitrine et l'os du bréchet (os central).

– Une fois cuit, détacher les cuisses et les partager à l'articulation. Lever les ailes par une incision parallèle au bréchet et les séparer à l'articulation de l'épaule. D'un coup de couteau, séparer la carcasse de la poitrine et débarrasser celle-ci de l'os du bréchet.

Une poularde cuite se découpe de la même façon qu'un poulet, mais après avoir détaché les cuisses, il faut partager la poitrine en deux le long du bréchet et chaque moitié doit être détaillée obliquement en plusieurs morceaux.

Le canard

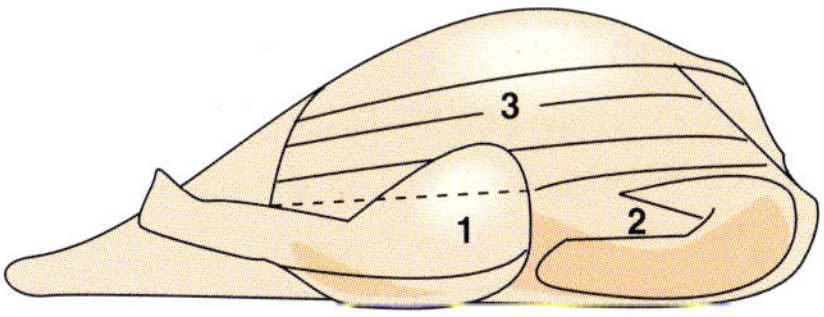

Détacher les cuisses aux jointures et les partager (1).
Lever les ailes (2).
Découper dans chaque demi-poitrine 3 à 4 aiguillettes dans le sens de la longueur (3).

Le gigot de mouton

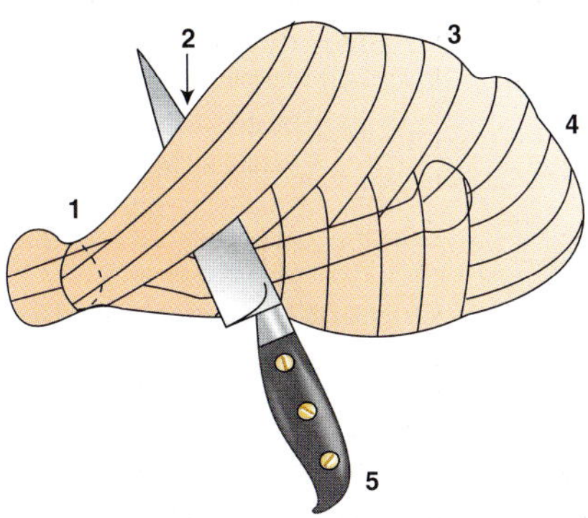

Découper la chair autour de l'os (1).
Couper quatre tranches fines (2).
Tourner le gigot pour que 3 soit en haut.
Trancher contre soi (3).
Arrivé à 4, retourner le gigot et terminer de trancher de 4 à 5.
Une grande fourchette piquée dans la pièce de viande et tenue par la main gauche permet de faciliter le travail.

Le plat de résistance : les poissons

Accommoder les poissons passe par une connaissance des différentes cuissons. Le choix judicieux d'une cuisson est un atout pour optimiser le goût du poisson.

Les cuissons dans un liquide

☐ La cuisson au court-bouillon est typique des grosses pièces de poissons servies entières (par exemple, le saumon). La cuisson s'effectue toujours au départ dans un liquide froid. La cuisson est menée sans ébullition à raison d'une durée de 15 minutes par kilo de poisson. Les poissons destinés à être servis froids refroidissent dans le court-bouillon.
☐ Les poissons cuits pochés se font le plus souvent au vin blanc, et pour quelques exceptions au vin rouge. Dans le cas d'une cuisson au vin blanc, il faut procéder avec méthode. Beurrer le récipient de cuisson, ajouter les échalotes ciselées et l'assaisonnement, poser les poissons sur cette garniture, puis mouiller jusqu'à hauteur avec 1/3 de vin blanc et 2/3 de fumet de poisson. Couvrir avec un papier d'aluminium et faire cuire. Après cuisson, le fond de pochage servira de base pour réaliser la sauce d'accompagnement.
☐ Braiser s'applique le plus souvent aux grosses pièces. Les poissons sont disposés sur une garniture de légumes taillés finement puis mouillés à moitié de leur hauteur avec du vin blanc et du fumet de poisson. La cuisson est menée au four à chaleur douce. Après cuisson, le fond est utilisé pour confectionner la sauce d'accompagnement.
☐ Les petits poissons sont cuits dans un court-bouillon blanc, composé de lait, d'eau, de quelques gouttes de jus de citron, de thym et de laurier.
☐ Pour l'ensemble de ces cuissons, il faut veiller à éviter l'ébullition du liquide, afin que la chair des poissons ne se dessèche et ne se recroqueville.

Les cuissons dans de la matière grasse

☐ Les poissons traités à la friture sont toujours de petite taille, soit entier soit détaillés en filets. Ils peuvent être frits nature, panés puis frits, enrobés d'œuf ou de pâte à frire puis frits. Dans le cas d'un poisson frit nature, celui-ci est mariné au préalable dans une marinade instantanée, puis fariné et frit à 180 °C.
☐ Les poissons « meunière » sont assaisonnés, farinés, cuits dans une poêle contenant de la matière grasse chaude. Le poisson doit être doré en fin de cuisson. Il faut servir les poissons traités par cette cuisson avec un beurre meunière.

Les autres cuissons

☐ Les poissons grillés sont assaisonnés, posés sur un gril très chaud. Il faut bien marquer le quadrillage sur les deux faces, puis terminer la cuisson au four à sec.
☐ Pour réaliser un gratin de poisson, ce dernier est préalablement poché et effeuillé. Les feuillets sont ensuite liés avec une sauce vin blanc ou une béchamel. Le dressage s'effectue sur un socle de légumes (pommes de terre, épinards), la préparation est gratinée sous la salamandre.

LES DÉCOUPES DE POISSON

■ Lever les filets d'un poisson plat

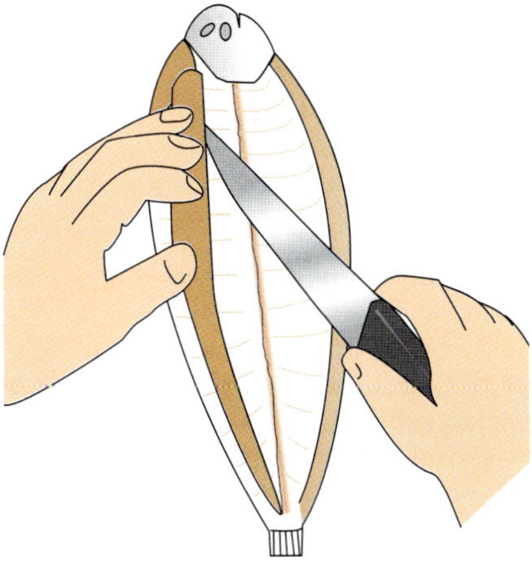

Lever le premier filet et bien dégager la chair autour de la tête. S'aider de la main gauche pour décoller le filet de l'arête centrale. La lame du couteau épouse la forme de l'arête afin d'éviter la perte.

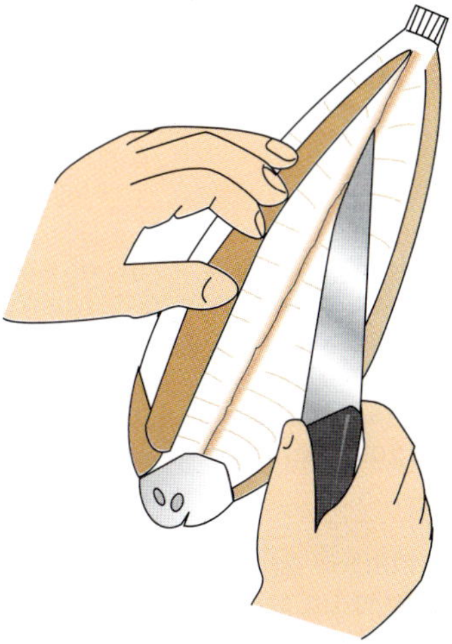

Lever le deuxième filet et réaliser le même travail ; il s'agit maintenant de commencer le geste technique à la base de la queue.

■ Lever les filets d'un poisson rond

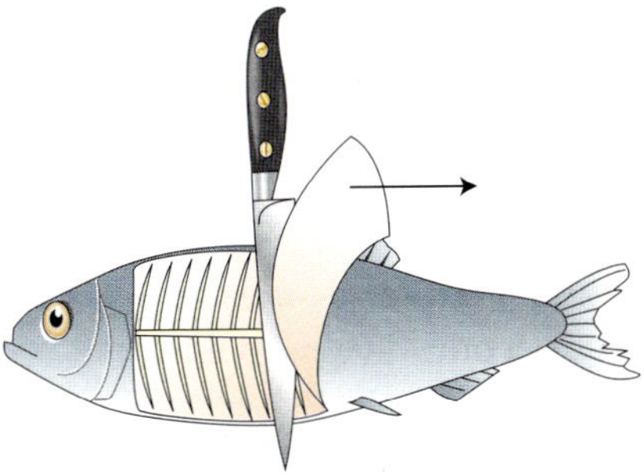

Lever les filets en partant de la tête.

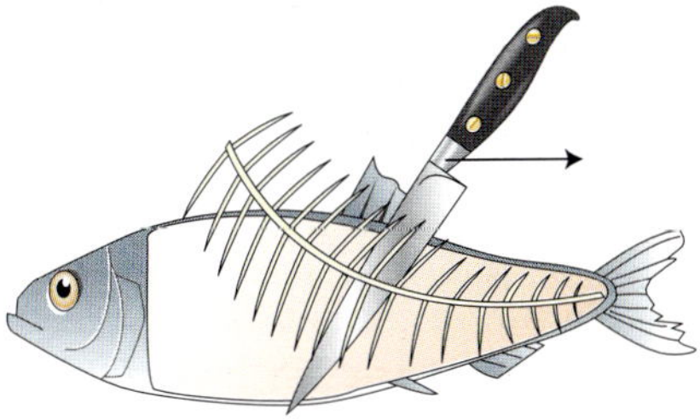

Enlever l'arête principale.

■ Trancher un saumon cuit

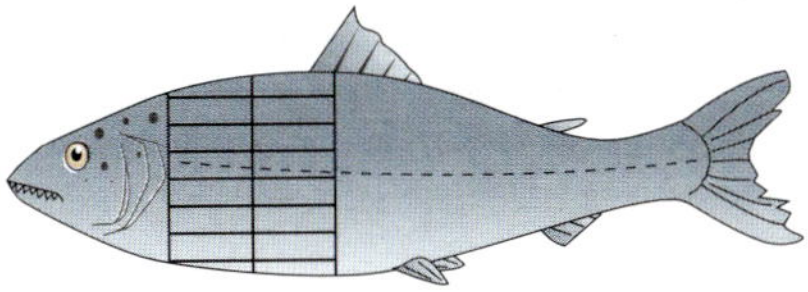

Détacher d'abord la chair de l'arête centrale sur le dos, puis découper le saumon comme le montre le dessin.

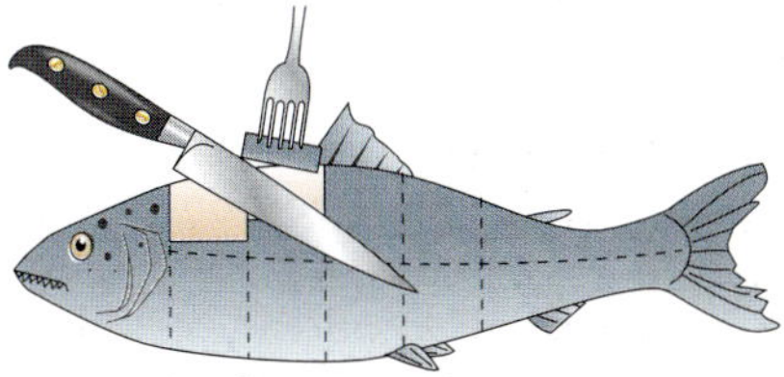

Utiliser ensuite les services à poisson pour lever les morceaux.

Les desserts

Associés aux pâtisseries et aux fruits crus et cuits, les entremets chauds, froids ou glacés composent la famille des desserts. Ils doivent répondre à de nombreuses exigences : diversité, goût, simplicité, originalité, présentation et mode. Il est donc nécessaire de veiller à leur parfaite réalisation.

Les desserts ou entremets chauds

Composés principalement de beignets, soufflés, crêpes, charlottes, clafoutis et omelettes, ils combinent des pâtes de base avec des alcools et liqueurs, des fruits cuits, crus ou confits, des fleurs (beignets de violettes ou de fleurs d'acacia), des crèmes ou des confitures. Généralement commandés au début du repas, ils nécessitent une mise en place plus ou moins importante pour leur réalisation. Ils sont accompagnés quelquefois d'un coulis, d'une glace ou d'un sorbet pour marquer un contraste de chaud et de froid et atténuer éventuellement le goût trop sucré de certains entremets.

Les desserts ou entremets froids

Composés principalement de bavarois, de charlottes, de crèmes prises, d'œufs à la neige, de puddings et de mousses, les entremets froids sont parfois présentés ensemble sur un chariot de desserts ou dans une vitrine réfrigérée. La nature des ingrédients qui les composent (œufs, lait, crème) implique qu'ils soient conservés au froid jusqu'au moment de leur utilisation. Afin d'obtenir leur consistance définitive et de les former pour qu'ils soient présentables dans l'assiette, certains entremets subissent une cuisson préalable (crèmes prises pochées au bain-marie, blancs d'œufs pochés au lait, etc.), d'autres utilisent, en plus de la cuisson, les propriétés liantes de l'amidon (riz au lait, gâteau de semoule, etc.), d'autres enfin sont composés de gélatine qui, en refroidissant, gélifie le mélange dans lequel elle est introduite (mousse, bavarois, charlotte).

Les sorbets et les glaces

□ La réalisation des sorbets et des glaces se fait soit à partir d'un sirop, soit à partir d'un mélange pasteurisé de lait, d'œufs, de sucre et facultativement de crème, que l'on nomme un mix pour les glaces. On incorpore à ces préparations de base des arômes, des purées de fruits, des épices, des alcools divers. Les appareils ainsi réalisés sont alors sanglés dans une turbine à glace (sorbetière) qui, progressivement, par brassage, congèle le mélange et le fait augmenter de volume (foisonnement).

□ Les bombes, les parfaits et les soufflés glacés se composent d'un mélange de jaunes d'œufs et de sirop de sucre montés au bain-marie jusqu'à ce qu'il forme un ruban dans lequel on incorpore de la crème fouettée et un arôme caractéristique. La bombe est moulée dans des moules demi-sphériques dont les parois sont chemisées de glace ou de sorbet et l'intérieur garni du mélange précédent. Les parfaits ne comportent qu'un seul parfum, les moules ne sont donc pas chemisés. Enfin, les soufflés sont dressés dans des moules du même nom autour desquels on aura ajouté une bande de papier aluminium, retirée pour le service, qui donnera l'illusion d'un soufflé.

DE BONS OUTILS ET UNE BELLE PRÉSENTATION

Les bons outils

La réalisation des desserts débute par une pesée précise, aussi faut-il un verre doseur ou, de préférence, une balance au gramme. La fabrication demande un plan de travail spacieux muni d'un marbre pour le travail des pâtes, d'un batteur électrique, d'une râpe, d'un tamis, de moules avec un revêtement en Teflon, de préférence, ou en terre cuite vernissée, et des calottes et cul-de-poule.

Un thermomètre, une petite casserole en cuivre pour la cuisson du sucre et des emporte-pièce compléteront l'équipement traditionnel.

Une sorbetière et un conservateur seront nécessaires pour la confection et la conservation des entremets glacés. Tous les outils et équipements utilisés sont inaltérables et facilement démontables pour faciliter leur entretien (éviter l'aluminium qui peut s'oxyder au contact des œufs).

La présentation

Les fruits givrés seront présentés directement dans le fruit évidé et sur une serviette pliée. Les glaces seront dans des coupes glacées ou dans des tulipes réalisées en pâte à langue de chat. Les soufflés glacés resteront dans leur moule, parfaits et bombes seront démoulés. Les omelettes glacées seront arrosées d'une liqueur et flambées devant les convives. Les vacherins pourront être dressés sur des socles de glace sculptée.

Les desserts chauds seront commandés en début de repas pour permettre leur réalisation. Individuels ou collectifs, ils pourront, selon la nature du dessert, être flambés devant les convives.

Le chocolat, les crèmes (au beurre, chantilly, mousseline), les fruits, les sucres travaillés (filés, tirés, soufflés, caramel, etc.), la pâte d'amande, le pastillage, la nougatine peuvent servir de supports et d'éléments de décor pour l'ensemble des entremets.

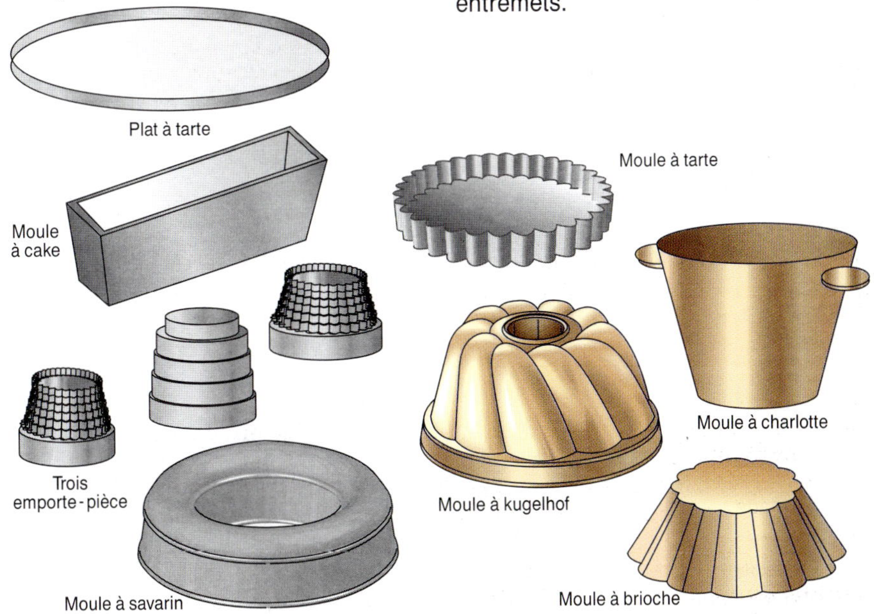

Les grammages

La réalisation d'une production culinaire nécessite avant tout une bonne connaissance des quantités de matières premières à mettre en œuvre. Les tableaux de grammages ci-dessous permettent d'établir les achats plus facilement et de définir avec précision le coût du repas à réaliser.
La connaissance des grammages s'acquiert avec l'expérience. L'application et le respect des grammages permettent de retrouver dans l'assiette de chacun une quantité toujours identique.

Les viandes de boucherie

Morceaux servis sans os	Poids par personne
Rôtis	160 g
Grillades	160 g
Sautés	160 g
Pochés	200 g
Ragoûts	200 g
Braisés	200 g
Morceaux servis avec os	
Rôtis	200 g
Grillades	200 g
Grillades (Grosse pièce)	300 g
Sautés	200 g
Poêlés	200 g
Ragoûts	250 g

Les abats

Foie de veau	125 g
Rognon	150 g
Ris de veau	200 g
Cervelle	150 g

Les volailles et les gibiers

Poulet, pintade	300 g
Canard	400 g
Lapin (dépouillé)	300 g
Lièvre (dépouillé)	400 g

Les produits de la mer

Grosses pièces à détailler	
Colin étêté	200 g
Turbot, barbue	300 à 400 g
Sole à filets	250 g
Coquillages	
Moules	400 g
Coquilles St-Jacques	400 à 500 g
Petites pièces entières	
Merlan	200 g
Sole, truite	200 g

Les légumes

Purée pour croquettes	125 g
Pommes allumettes, Pont-Neuf, noisettes	300 à 400 g
Purée	250 g
Artichaut (pour fond)	300 g
Épinards frais	300 g
Haricots verts	150 g
Laitue	200 g
Carottes	150 g
Petits pois (surgelés)	150 g
Les légumes secs (haricots, lentilles, pois cassés)	
En garniture	60 à 70 g
Base d'un potage	60 à 70 g
En hors-d'œuvre	30 à 40 g

Les corps gras pour cuisson et finition

Techniques	Huile par personne	Beurre par personne
Rôtir	1 cl	
Griller	1 cl	
Rissoler	1 cl	
Paner à l'anglaise	1 cl	
Sauter	1 cl	5 g
Sauter « meunière »	1 cl	10 g
Glacer un légume		5 g
Lustrer		5 g
Monter au beurre		10 g
Lier un légume cuit à l'anglaise		15 g
Lier le riz, les pâtes		15 g
Monter au beurre pour glacer		15 g
Purées		15 g
Potages (1/3 pour suer ; 2/3 pour la finition)		15 g
Beurres composés		15 à 20 g
Beurre noisette		20 g
Beurre, fondu, blanc, nantais		30 g
Béarnaise, hollandaise		30 g

Les vins (pour mouiller ou déglacer)

Principe	Quantité
Longues cuissons (ragoûts, braisés)	1 dl par portion
Cuisson à court mouillement (poissons)	0,2 dl par portion
Déglaçage (sautés, poêlés)	0,2 dl par portion

Liaison à l'amidon [1]

Consistance	Roux		Beurre manié		Singer	Délayer
	Beurre	Farine	Beurre	Farine	Farine	Fécule
Légère	40 g	40 g				
Nappante	60 g	60 g				
Très épaisse	120 g	120 g				
Matelote			50 g	50 g		
Ragoûts					20 à 30 g	
Fonds						30 g

1. Pour un litre de mouillement

Glossaire des termes culinaires

ABAISSER : étendre une pâte au rouleau à pâtisserie à l'épaisseur voulue.

APPAREIL : mélange de plusieurs produits.

ABRICOTER : mettre une pellicule de confiture d'abricots sur un entremets en s'aidant d'un pinceau.

AGAPES : repas chrétien qui remplacèrent, au début du Christianisme, les banquets funéraires des païens.

AÏOLI : mayonnaise provençale à base d'ails pilés au mortier avec du sel, du poivre et un jaune d'œuf, auquel on ajoute de l'huile d'olive goutte à goutte.

AMBIGU : repas qui se donnait au XVIIe siècle, le soir ou la nuit, à la suite d'un spectacle ou d'une fête.

AMOURETTE : nom de la moelle épinière des animaux. Elle se cuisine comme la cervelle. On l'utilise surtout dans la garniture des vol-au-vent.

ARROW-ROOT : fécule tirée de l'igname et du curcuma et utilisée en pâtisserie et en cuisine.

ASPIC : préparations moulées à base de gelée et d'éléments dont la nature en donne l'appellation (foie gras, jambon, sole).

BACON : vieux mot français, qui au Moyen Âge, signifiait lard.

BAIN-MARIE : récipient contenant de l'eau permettant de garder au chaud les préparations ou de les faire cuire.

BALLOTTINE : sorte de galantine réalisée à base de volaille, poisson, viande, gibier à plume, dont la chair est désossée, farcie, roulée, ficelée et pochée dans un linge. Pour les volailles, c'est la peau qui fera office de linge.

BARON : pièce d'agneau comprenant les deux gigots et la selle.

BEATILLES : abats délicats composés notamment de ris d'agneau, de crêtes de coq et de rognons de coq.

BEIGNET : aliment cru (légume, viande, poisson) de petite taille enrobé de pâte à frire et traité à la friture.

BEURRE MANIÉ : mélange de beurre et de farine en proportions égales sans cuisson pour terminer la liaison d'une sauce.

BLANCHIR : ramener à ébullition des produits, puis les refroidir à l'eau courante. Utile pour :

- supprimer leur âcreté (chou),
- les raffermir (viandes),
- retirer l'excès de sel (poitrine fumée),
- éliminer la fécule (pomme de terre).

Se dit aussi lorsque l'on mélange au fouet ou à la spatule en bois des jaunes d'œufs et du sucre, jusqu'à obtenir une préparation mousseuse.

BOUCANER : conserver de la viande par séchage à la fumée, en général après saumurage.

BOUTARGUE : œufs de poisson du mulet. Ces œufs sont lavés, salés, pressés puis égouttés et séchés au soleil. On peut trouver la boutargue sous l'appellation de caviar blanc.

BRUNOISE : légumes épluchés, taillés en dés réguliers de 3 mm.

BUISSON : manière de dresser les crustacés ou les poissons en pyramide.

CAMELINE : sauce médiévale faite de mie de pain trempée dans de l'eau froide, broyée au mortier et mouillée de vin. On l'aromatise au gingembre, à la cannelle et au safran.

CAPILOTADE : ragoût préparé avec des restes de viande déjà cuits que l'on remet à mijoter jusqu'à ce qu'ils s'effilochent.

CARPACCIO : hors-d'œuvre italien composé de tranches très fines de viande ou de poisson agrémentés d'aromates et de sauces froides.

CERNER : inciser le tour d'une pomme à l'aide d'un couteau d'office.

CHATEAUBRIAND : steak pour deux personnes pris dans le filet de bœuf.

CHEMISER : masquer le fond et les parois intérieures d'un moule à l'aide d'une préparation qui adhère au moule.

CISELER : couper finement des herbes ou des salades. Ne pas confondre avec hacher.

CLAFOUTIS : entremets à base de lait, d'œufs, de farine et de sucre auquel on ajoute de belles cerises noires non dénoyautées. Le tout est cuit au four.

COLLER : lier un liquide, avec des feuilles de gélatine ramollies, puis fondues, pour lui donner de la tenue.

CONCASSER : couper grossièrement des aliments à l'aide d'un couteau ou d'un couperet.

CONDIMENT : substance végétale qui rehausse le goût des préparations.

CONTISER : incisions faites sur de la viande ou du poisson afin d'y déposer une garniture, avant cuisson.

COULIS : pulpe de légumes, de fruits réduite en purée.

CROMESQUIS : petits dés de viande liés avec une sauce réduite et des jaunes d'œufs, puis détaillés à froid en rectangles. Ces derniers sont enveloppés d'une crêpe et trempés dans la pâte à frire. Ils seront ensuite traités à la friture.

DARIOLE : petits moules garnis d'un appareil à base de légumes et d'œufs, cuits au four et servis démoulés.

DARTOIS : pâtisserie ou hors-d'œuvre chaud formé de deux bandes de pâte feuilletée enfermant une garniture salée, que l'on nomme également sausselis, ou sucrée.

DÉCANTER : séparer la viande de la sauce et de la garniture dans les ragoûts avec une écumoire et une fourchette.

DÉGLACER : décoller les sucs qui sont restés attachés au fond du récipient de cuisson en ajoutant un liquide (le plus souvent du vin blanc) et en raclant bien, tout en le chauffant.

DÉGORGER : laisser tremper sous de l'eau courante froide de la viande ou du poisson pour leur faire exprimer le sang et les impuretés qu'ils contiennent.

DÉGRAISSER : enlever la graisse inutile ou en excès à l'aide :
- d'un petit couteau sur une viande crue ou cuite,
- d'une louche à la surface d'un bouillon ou de tout autre liquide chaud,
- d'une écumoire que l'on passe au ras d'un liquide froid,
- d'un papier absorbant posé à plat sur la surface d'un consommé.

DÉPOUILLER : retirer les impuretés et les graisses qui se forment en surface des fonds et des sauces.

DRESSER : disposer avec harmonie les éléments d'une recette sur les plats de service.

ÉBARBER : couper court, à l'aide de ciseaux, les barbes et les nageoires d'un poisson.

ÉCAILLER : enlever toutes les écailles d'un poisson en les grattant à rebours avec un couteau.

ÉCALER : retirer la coquille des œufs cuits durs ou mollets.

ÉCUMER : retirer à l'aide d'une écumoire les impuretés qui remontent à la surface d'un liquide en cuisson.

ÉMINCER : couper en fines tranches de la viande, des légumes, etc.

ÉQUEUTER : supprimer les tiges principales des végétaux comme le persil ou les épinards.

FONCER : garnir un cercle à tarte d'une abaisse de pâte régulière.

FONDUE : marmite frottée à l'ail, remplit de gruyère et de vin blanc. Le contenu est travaillé à la spatule en bois sur un feu chaux. Une fois cuit, on verse de l'alcool de cerises.

FRICANDEAU : tranche épaisse de noix de veau piquée de lard gras. C'est aussi une spécialité charcutière du Sud-Ouest.

FRITOTS OU FRITEAUX : beignets salés composés d'un morceau d'aliment généralement cuit, mariné, puis trempé dans une pâte à frire.

GASTRIQUE : réduction de vinaigre et de sucre servant à préparer des sauces chaudes destinées à accompagner des apprêts comportant des fruits.

GIBELOTTE : ragoût de lapin au vin blanc.

GOUJONNETTES : petites tranches de 1 à 1,5 cm de large détaillées en biais dans les filets de poisson à chair ferme.

GRANITÉ : sirop semi-pris de fruit, d'alcool ou de vin que l'on gratte à l'aide d'une fourchette ou d'un rabot, ce qui permet d'obtenir une texture grenue.

GRENADIN : médaillon de veau de 2 cm d'épaisseur et de 7 cm de diamètre qui est piqué de lard gras.

HABILLER : préparer une volaille (flamber, vider, brider), un poisson (ébarber, écailler, vider, laver) avant cuisson.

HÂTELET : brochette en argent servant à recevoir un décor.

HISTORIER : si le terme *historier* signifie décorer, en cuisine, il s'applique surtout à la décoration des citrons (historier en dents de loup veut dire séparer le citron en deux parties en pratiquant des incisions en forme de triangle).

JULIENNE : fines lanières de légumes de 4 cm de long et quelques millimètres de largeur.

LAITANCE : sperme de poisson utilisé dans la confection de certaines omelettes. Les laitances de carpe, de hareng et de maquereau sont les plus usitées.

LUTER : fermer hermétiquement le couvercle d'un ustensile en le collant avec un cordon de pâte.

MARINER : laisser une pièce de gibier immergée dans une marinade pendant plusieurs jours pour développer son arôme et l'attendrir. Se dit aussi lorsqu'on laisse des petites pièces s'imprégner dans une marinade instantanée (marinade de citron vert pour le poisson cru, par exemple).

MATELOTE : ragoût de poisson mouillé au vin blanc ou rouge et qui s'applique généralement aux poissons d'eau douce.

MONTER : donner du volume à un liquide en le fouettant.

MORTIFIER : laisser vieillir, rassir. S'applique surtout au gibier.

MOUILLER : ajouter un liquide dans une préparation.

NAPPER : verser une sauce sur toute préparation salée ou sucrée pour la recouvrir le plus complètement et le plus uniformément possible.

NOISETTE : terme de boucherie, en principe réservé aux ovins, désignant le morceau obtenu en désossant une côtelette.

OFFICE : partie d'un établissement où sont réalisées les préparations à base de fruits et de sucre. On y conserve également le pain.

PAILLARD : escalope très fine de veau bien aplatie que l'on fait griller ou sauter à la poêle.

PASTILLAGE : préparation faite d'un mélange de sucre glace et d'eau, additionné de gélatine que l'on peut étaler facilement et détailler pour former des sujets de décors.

PICCATA : petite escalope de veau ronde. On prévoit en principe trois piccatas par personne.

PILAF : riz cuit au gras avec oignon et bouillon, puis dressé en couronne. Le centre est garni de viande, volaille, poisson, crustacés, abats en sauce.

PINCER : colorer au four des os ou des abattis de volaille pour réaliser des fonds de couleur brune.

PLUCHE : séparer les feuilles du cerfeuil de la tige.

QUATRE-ÉPICES : mélange de poivre blanc, girofle pulvérisée, muscade râpée et gingembre.

RÉDUIRE : diminuer de volume un liquide par évaporation.

RELIGIEUSES : entremets de pâtisserie à base de pâte à choux, couchés en forme d'éclairs, fourrés de crème pâtissière et accolés les uns aux autres sur un socle de pâte sucrée.

REPÈRE : farine délayée avec de l'eau et du blanc d'œuf. Cette préparation sert à luter les couvercles des plats en terre, pour réaliser des cuissons hermétiques.

RÉSERVER : mettre de côté un aliment que l'on va utiliser dans la même recette.

ROEMERTOPF : récipient en terre cuite d'origine alsacienne qui permet les cuissons à l'étouffée tout en limitant l'ajout de corps gras.

ROUELLE : épaisse tranche de forme ronde détaillée dans un gigot ou dans le jarret de veau (osso-buco).

ROUX : mélange de farine et de beurre en proportions égales, cuit et utilisé comme liaison dans de nombreuses sauces brunes ou blanches.

RUBAN : mélange d'ingrédients qui, après avoir été bien travaillé au fouet, se plisse comme un ruban lorsqu'on le fait retomber d'en haut.

SALAMANDRE : appareil de cuisson à plafond rayonnant qui émet une chaleur intense qui permet de cuire rapidement, de glacer, de caraméliser ou de gratiner des mets salés ou sucrés.

SANGLER : refroidir un produit, un appareil, dans un récipient contenant de la glace et du gros sel.

SINGER : saupoudrer de farine les morceaux d'une préparation à cuire « en sauce » après les avoir fait revenir et avant de les mouiller avec de l'eau, du vin, un bouillon, etc.

SONDE : appareil servant à mesurer la température à cœur d'un mets.

SPOOM : sorbet mousseux réalisé à partir de meringue que l'on incorpore dans un sirop à base de jus de fruit, vin, alcool, lorsque celui-ci commence à prendre.

SUER : cuire doucement un aliment dans de la matière grasse légèrement chaude afin de lui faire donner ses sucs sans qu'il perde sa forme et sa couleur.

VANNER : remuer à l'aide d'une spatule une sauce pendant son refroidissement pour la rendre homogène.

VERJUS : fond de sauce médiéval confectionné à partir de raisins verts.

INDEX

Crédit photographique

couverture : © SCORPIUS

p. 5 (h) : Roger-Viollet ; **p. 5 (b)** : Bulloz ; **p. 7 (h et b)** : Bulloz ;
p. 9 (h) : Bulloz ; **p. 9 (b)** : Collection Viollet ; **p. 11 (g)** : Roger-Viollet, **p. 11 (d)** : Rapho/Sabine Weiss ;
p. 15 (g) : Top/A. Rivière, **p. 15 (d)** : Rapho/J.E. Pasquier ; **p. 17** : Hoa-Qui/Thibaut ;
p. 19 (g) : Top/P. Hussenot, **p. 19 (d)** : Bios ; **p. 21 (g)** : Branger-Viollet ;
p. 21 (d) : Rapho/Sabine Weiss ; **p. 25** : Top/P. Hussenot ; **p. 27** : Top/H. Champollion ;
p. 29 : Top/D. Czap ; **p. 35** : Publicité Young et Rubicam-dessin Kiraz ; **p. 41** : Gamma/C. Vioujari ;
p. 59 : Source G.D.F. ; **p. 61** : Jerrican/Lerosey ; **p. 67** : Roger-Viollet ; **p. 97** : TOP/M. Barberousse ;
p. 99 : Hoa-Qui/Valentin ; **p. 103** : Jerrican/Darque ; **p. 105** : F. Hanoteau ;
p. 129 (hg) : F. Hanoteau, **p. 129 (hd)** : Top/C. Fleurent ; **p. 129 (bg)** : Top/A. Rivière ;
p. 129 (bd) : Top/Reyman/Cabannes ; **p. 139** : Marie-Claire/photo Pataut.

Édition : Cécile Geiger
Édition/Maquette : Annie Herschlikowitz
Maquette de couverture : Favre-Lhaik
Illustration de couverture : Guillaume de Montrond - Arthur Vuarnesson
Illustrations : Fractale
Iconographie : Laure Penchenat
Fabrication : Jacques Lannoy
Composition et photogravure : Compo 2000

N° de projet : 10072739 - (III) - 10,5 - (CSBPC) - 80° - C2000 - Décembre 1999
Imprimé en France par CLERC S.A. - 18200 Saint-Amand-Montrond - N° d'imprimeur : 7191